Jerónimo Lobo

Reise nach Habessinien

Jerónimo Lobo

Reise nach Habessinien

ISBN/EAN: 9783743677562

Hergestellt in Europa, USA, Kanada, Australien, Japan

Cover: Foto ©Andreas Hilbeck / pixelio.de

Weitere Bücher finden Sie auf **www.hansebooks.com**

P. Hieronymus Lobo's,
eines portugiesischen Jesuiten,

Reise nach Habessinien,

und

zu den Quellen des Nils.

Aus dem Französischen.

Mit einer
Einleitung, Anmerkungen, Zusätzen, zweifachem Anhange,
und einer
Beschreibung von Habessinien,
vermehrt und herausgegeben
von
Theophil Friedrich Ehrmann.

ABBA GREGORIUS,
HABESSINUS.

Zweyter Theil.

Zürich, bey Orell, Geßner, Füßli und Compagnie, 1794.

Beschreibung von Habessinien.

Nach
den beßten älteren Schriftstellern, vorzüglich nach Ludolf ausgearbeitet, und mit J. Bruce's neuern Nachrichten verglichen..

(Lobo's Reise II. Theil.)

Einleitung.

Hätte Ritter Jakob Bruce uns in seiner bänderei̇chen, geschwäzzigen Reisebeschreibung statt seiner Abentheuer, statt seiner unnüzzen Deklamazionen und Digressionen, in welchen er eine erborgte Gelehrsamkeit so marktschreierisch auskramt, statt seiner weitschweifigen Auseinandersezzung wahrer Nebensachen und Kleinigkeiten — eine glaubwürdige, ausführliche Beschreibung des neuern Zustandes von Habessinien, der Sitten und Gebräuche der Habessinier und der mit ihnen vermischten Völker geliefert — und hätte er die zerstreuten Nachrichten, die er uns darüber mittheilt, nicht selbst durch seine ekelhafte Windbeutelei und erwiesene Unwahrheiten höchst verdächtig gemacht, so wäre jezt eine der beträchtlichsten Lükken in unserer Erdkunde ausgefüllt.

Aber Bruce entsprach den gerechten Erwartungen des Publikums nicht — seine Vertheidiger und Lobredner gestehen es selbst ein — und er hätte es wahrscheinlich doch gekonnt; denn daß er wirklich in Habessinien war, und dabei gar kein ungeschikter Mann ist, dieß bleibt wohl keinem Zweifel mehr unterworfen. — Er haschte hingegen mehr nach Flitterglanz, als nach bleibendem Ruhme; seine unbeschränkte Eigenliebe blendete ihn; er pralte mehr, als er erzählte, und sein Werk, so viel Gutes es auch enthält, bleibt doch mehr ein Denkmal seiner Eitelkeit, als seiner Verdienste um die Erdkunde.

Ein andrer Umstand, welcher auf Bruce's Verdienste einen finstern Schatten wirft, ist seine rastlose

Bemühung, seine Vorgänger zu verkleinern, um auf den Trümmern ihres Ruhms zur Unsterblichkeit emporzusteigen — selbst einen Ludolf kann er nicht unangetastet lassen, so wenig er auch im Stande war, das Werk desselben uns entbehrlich zu machen — und doch entlehnte er manche schöne Stelle seines Buchs von diesen verläumdeten Männern, ohne es einzugestehen; so daß man wirklich oft nicht weiß, was sein oder nicht sein ist, und in Versuchung geräth, das Ganze für bloße Kompilazion zu halten.

Bei diesen Umständen, bei der Unzuverlässigkeit dieses Schriftstellers, bei der Magerkeit und Mangelhaftigkeit seiner Nachrichten von Habessinien, bleibt dem Geographen, welcher dieses Land genauer erforschen will, nichts übrig, als zu den älteren Schriftstellern, vorzüglich zu Ludolf's Hauptwerk seine Zuflucht zu nehmen, aus diesen sich das Brauchbare auszuheben und mit Bruce's zerstreuten Nachrichten zu vergleichen.

Einen Versuch dieser Art liefre ich hier — Ludolf's Werk liegt dabei zum Grunde; doch sind auch Alvarez, Goes, Bermudes, Lobo, Poncet und Andre, wie die Zitate beweisen, zu Rathe gezogen, und mit allen diesen hier in ein Ganzes gebrachten Nachrichten, ist jedesmal auch Bruce verglichen worden, um dem Forscher das mühsame Zusammenklauben der einzelnen zerstreuten Nachrichten desselben zu ersparen.

Ich muß auch hier dem Kenner zurufen:
— Si quid novisti rectius istis,
Candidus imperti, si non, his utere mecum!

Beschreibung von Habessinien.

Erster Abschnitt.

Allgemeine Uebersicht. Lage, Gränzen und Grösse von Habessinien.

Habessinien ist ein Land, das in mehr als einer Rücksicht dem Historiker, so wie dem Erd- und dem Menschenforscher wichtig ist. Ein alter christlicher Staat in der Mitte von Afrika, ein Land, so reich an kostbaren Naturprodukten und Naturseltenheiten, so merkwürdig durch seine natürliche und sittliche Beschaffenheit, ein halbkultivirtes Volk, umringt von rohen Barbaren, ein Volk, in dessen Mitte der Schauplatz sehr interessanter Begebenheiten war — dies alles ist wichtig genug, die Aufmerksamkeit jedes Beobachters und Forschers zu fesseln — und diese und noch viele andren Merkwürdigkeiten vereinigt das Land in sich, das wir Habessinien nennen.

Dieses Land — nicht als Staat, sondern als Land betrachtet, das mehrere ehmals unter einem Herrscher verbundene Reiche und Völkerschaften umfaßt — ist seiner Merkwürdigkeiten ohngeachtet, der grossen Rollen ohngeachtet, welche Europäer darinn spielten, noch jezt ein den Geographen sehr wenig bekanntes Land *).

---

*) Die Ursachen liegen am Tage; noch hat kein Geograph, kein Philosoph, mit allen nöthigen Hülfsmitteln ausgerüstet, dies Land bereiset; die Jesuiten leisteten vieles, aber.... sie waren Glaubensbo-

Noch im vorigen Jahrhunderte waren die wahre Lage und die Gränzen desselben so unbekannt, daß die Landkartenverfertiger sich nicht scheuten, es südwärts bis zum 2ısten Grade Süderbreite auszudehnen und ihm überhaupt ein Länge von mehr als 600 deutschen Meilen zu geben, indem sie seine nördliche Gränze unter den 20sten Grad Norderbreite brachten *). — Dis rührte theils von alten, schlechten Karten her, theils von der Unbekanntschaft mit den inneren Theilen von Südafrika **).

Die erste brauchbare Karte von Habessinien haben wir den Jesuiten zu danken, welche in dem Lande selbst die nöthigen Beobachtungen anstellten, und geschikt genug waren, die Grade der Breite gehörig zu bestimmen; mit den Graden der Länge waren sie nicht so glüklich, und mußten sich mit Berechnung der Entfernung der Orte nach Tagreisen behelfen; doch scheint es, daß sie auch dabey viele Genauigkeit beobachtet haben. Diese Karte ist es, welche Tellez seinem Werke über

---

ten, eifrige Apostel, nicht unbefangene Beobachter. Ludolf fühlte es genug, und sein guter, ehrlicher, aber nur zu unwissender Abba Gregorius konnte dem Mangel an zuverläßigen und ausführlichen Nachrichten nicht ganz abhelfen, und wie wenig Bruce in unsern Zeiten dazu that, ist schon mehrmals erinnert worden.

*) Nach Ludolf's Vermuthung war wol Paulus Jovius der Urheber dieses Irrthums, welchen andere, sogar noch in diesem Jahrhunderte ihm getreulich nachschrieben. Man sehe z. B. die Seutzersche Karte von Afrika, auf welcher Habessinien ganz die oben angegebene ungeheure Ausdehnung hat. — Weit weniger ist sich zu wundern, daß auch Dapper's Karten diesen Fehler haben: denn er schrieb vor Ludolf.

**) Theils auch, um ja kein Fleckchen auf den Karten leer zu lassen; denn man hielt es doch für besser, die leeren Räume mit Namen, als mit Elefanten und Nashörnern anzufüllen.

Habessinien beigefügt hat. — Ludolf verbesserte dieselbe dann noch weiter, theils aus gedruckten Nachrichten, theils aus den mündlichen Angaben seines habessinischen Freundes Abba Gregorius, und so entstand die Ludolfische Karte, die man bei seiner ethiopischen Geschichte findet. Diese wurde seither von allen Geographen und Landkartenmachern bei ihren Nachrichten und Karten von Afrika überhaupt und von diesem Theile insbesondere zum Grund gelegt *).

Auch Ritter Bruce hat, wie der Augenschein bei Vergleichung beider Karten lehret, bei seiner grossen, schönen Karte die Ludolfische zum Grund gelegt. Dies ist unläugbar; dennoch würde die Brucesche Karte dem Geographen das angenehmste, willkommenste Geschenk — in ihrer Art ein Meisterstük alles Dankes werth seyn — wenn nicht ein zu sehr gegründetes Mißtrauen, in ihres Verfertigers mathematische Geschiklichkeit, Gewissenhaftigkeit und Glaubenswürdigkeit**), ihm den fatalen Gedanken beibrächte: Bruce mag wol hie und da eigne gute Beobachtungen gemacht haben, aber wer bürgt uns dafür, daß er nicht die Ludolfische Karte bloß nach seiner Manier verschönert hat? — Bruce giebt uns selbst zu wenig Nachrichten von der Entstehungsart seiner Landkarte. Er sagt uns freilich, er habe da, er habe dort astronomische Beobachtungen angestellt — ihre Richtigkeit ist ein Problem — er versichert uns, einen grossen Theil von Habessinien durchreiset zu haben; das mag seyn! Wenn wir aber seine

---

*) Von den ältern gehört besonders die brauchbare Haßische Karte von Afrika hieher.

**) Man erwäge z. B. nur was Niebuhr im Juniushefte 1791 des neuen deutschen Museums, und besonders auch was die Recensenten in der allg. Litteratur-Zeitung, und in Zimmermann's Annalen der Geographie und Statistik darüber gesagt haben.

Reiseroute überblikken, so finden wir, daß ihm noch viele Theile dieses Landes zu durchwandern übrig blieben, wenn er ganz aus eigener Erfahrung und Beobachtung uns eine neue Karte von Habessinien liefern wollte, die an Zuverlässigkeit alle älteren überträfe. Daß sie sie an Schönheit übertrift, das ist gewiß; wer aber die Kunst Landkarten an Ort und Stelle aufzunehmen, mit allen ihren Schwierigkeiten und Erfordernissen kennt, der wird billig an der vollen Zuverlässigkeit der Bruceschen Karte zweifeln, besonders wenn man bemerkt, daß der Urheber derselben auch bei Gegenden, die er nicht bereiset hat, z. B. bei den südlichen Theilen von Habessinien, die den Jesuiten weit bekannter gewesen sind, Veränderungen gemacht hat, zu welchen er uns keinen Grund angiebt. Dieser Vorwurf würde sehr entkräftet worden seyn, hätte Bruce uns bloß eine — so weit seine eigenen Beobachtungen und Erfahrungen reichten — verbesserte Ludolfische Karte geliefert, oder hätte er wenigstens die Gewährsmänner genannt, nach welchen er jene eigenmächtigen Veränderungen machte *).

Diese Betrachtungen müssen uns allerdings bei dem Gebrauche der Bruceschen Karte behutsam machen. Daß die Ludolfische mit so vieler Mühe und Sorgfalt entworfene Karte, noch grosser Verbesserungen bedurfte; dies sah ihr Verfasser selbst gar wol ein; ob aber Ritter Bruce der Mann dazu war, muß dahin gestellt bleiben.

Da beide, die Ludolfische und Brucesche Karte in der Hauptsache meist mit einander übereinstimmen, so läßt

---

*) Ein andrer Umstand, welcher gar sehr zum Nachtheil der Bruceschen Karte spricht, ist der, daß Bruce's Karte und geographischen Nachrichten an mehreren Stellen einander geradezu widersprechen. (Man sehe Prof. Tychsen's Bemerkungen darüber in seinen Anmerkungen zu Bruce's Reisen, in V. B. der deutschen Uebersetzung, S. 308.)

sich aus ihrer Vergleichung und kritischen Beurtheilung doch eine Spur von Gewißheit finden, mit welcher wir uns einstweilen begnügen müssen.

Aus dieser Vergleichung ergeben sich folgende Bemerkungen über Habessiniens Lage, Gränzen und Grösse.

Habessinien nach seinem ehmaligen Umfange betrachtet — wenn wir nämlich auf das Land, nicht auf den Staat sehen — liegt in dem mittlern Theile von Afrika, auf der Ostseite dieses Erdtheils, zwischen dem 7 und 16ten Grade Norderbreite, und dem 52 und 62 Grad der Länge von Ferro — oder dem 34 und 44 Grad der Länge von Grenwich, nach Bruce *).

Nach diesem Umfange gränzt Habessinien ostwärts an das Königreich Adel und an das rothe Meer; nordwärts an Nubien, oder eigentlicher an Sennaar; westwärts an einen Theil von Sennaar — wovon der Nil es scheidet — und an Gallaerländer, und südwärts an das Königreich Sendero oder Dschindischro (Gingiro), an unbekannte Gallaerländer und an das Königreich Adel.

So umfaßte Habessinien einen Flächenraum von mehr als 20,000 Quadratmeilen, eine Strekke Landes von 150 deutschen Meilen in der Breite, und beynahe gleicher Länge.

Aber jezt ist das Gebiet des Habessinischen Staates sehr verengt; auf allen Seiten ist es verkürzt wor-

---

*) Nach dessen Karte. — Obige Angabe der Länge ist nach Hasens, nicht nach Ludolf's Karte genommen, weil die Projektion dieser letzteren unrichtig; denn nach derselben, so wie nach den älteren Karten von Afrika liegt Habessinien zwischen dem 63 und 73 Grad der Länge.

Beschreibung

den; die südlichen Theile sind in die Hände der Gallaer gefallen, und die Küste am rothen Meere steht jezt unter türkischen Bottmässigkeit, so daß Habessinien nun von dem Meere ganz abgeschnitten ist.

Doch davon in der Folge noch ein Mehreres!

Zweiter Abschnitt.

Natürliche Beschaffenheit. Klima von Habessinien.

Habessinien liegt in dem heissen Erdgürtel; folglich ist der Schluß ganz leicht, daß es ein heisses, ein sehr heisses Land sein müsse; dies wird auch durch die Leibesfarbe seiner Einwohner bestätigt, die wirklich schwarz sind.

Aber Habessinien ist deswegen doch nicht ein durchgehends heisses Land; es ist bergicht, und sein Klima ist nach der verschiedenen Lage seiner einzelnen Theile sehr verschieden. In den flachen und tiefen Gegenden, welche von den Habessiniern Kolla*) genannt werden, ist die Hizze beinahe unausstehlich; die Steine glühen, der brennende Sand lekt die Haut von den Füssen des Wanderers, und Alles schmilzt an dem sengenden Feuer der Sonne**). Am heissesten ist die Küste am rothen

---

*) Bruce (IV. B. S. 330.) sagt, das Wort Kolla bedeute Hölle, und versichert, die Habessinier geben diesen Namen vorzüglich dem auf der nördlichen Gränze von Habessinien liegenden flachen und heissen Lande der Schangallas.

**) Man vergleiche damit Bruce II. B. S. 14. 536. 537. IV. B. 329. 330. — Von der unbeschreiblichen Hizze in Dankali spricht Lobo (im I. Thl. d. W. S. 133.) und der Patriarch Alfons Mendez beklagte sich noch weit mehr darüber.

Meere, und zu Suakem soll die Sonnenglut wie höllisches Feuer brennen *). — In den Gebirgsgegenden, selbst in denen, die jener heissen Küste ganz nahe sind, ist das Klima hingegen sehr gemässigt, und in mehreren Strichen — nach dem Zeugnisse der portugiesischen Jesuiten — gemässigter, als in dem nördlicher liegenden Portugal **). Ja in den bergichtsten Theilen, wie z. B. in Samen wird die Kälte mehr gefürchtet, als die Hitze; doch ist auch in den kältesten Gegenden der Schnee selten***); statt dessen fällt bisweilen ein ganz feiner Hagel.

Diese gemässigte Beschaffenheit des Klima's in vielen Theilen von Habessinien beweist, daß die Luft gesund ist, dafür zeugt auch die Munterkeit der Habessinier und das hohe Alter, das viele derselben, oft über hundert Jahre hinaus erreichen. Auch sind Seuchen sehr selten; nur in der Landschaft Tigre herrschen Fieber im Anfang des ethiopischen Frühlings, nämlich im September und October †).

Starke, fürchterliche Donnerwetter mit heftigen Plazregen sind in diesem Lande sehr häufig. Der Himmel überzieht sich dann mit schwarzen Gewitterwolken, die Alles in Finsterniß verhüllen; der Donner rollt dann so gräßlich, daß die ganze Natur erbebt; mehrere Wetter stossen gewöhnlich zusammen, und von allen Seiten durchschneiden furchtbare Blizze die Luft; der Regen stürzt in Strömen herab, von den Bergen ergiessen sich allverwüstende Fluten, die Flüsse schwellen

---

*) Nach dem Ausdruk des Abba Gregorius (beim Ludolf)
**) Man sehe oben I. Thl. S. 154.
***) Abba Gregorius hatte, als er nach Deutschland kam, noch keinen Schnee gesehen; in Tyrol sah er zum ersten Male welchen, und hielt ihn für Mehl (Ludolf. L. I. C. 5.)
†) Lobo (I ter Thl. S. 176.) nennt die Regenzeit sehr ungesund.

an, und überschwemmen die Ebenen, und machen die Thäler zu weiten Seen*).

Diese Ungewitter machen vorzüglich den habessinischen Winter aus; denn Habessinien liegt zwischen den Wendezirkeln und hat folglich die tropischen Regen. Sein Winter ist also die Regenzeit, welche vom 25. Junius bis zum 25. September dauert.

Die Habessiner zählen vier Jahrszeiten, nämlich:

I. Der Frühling, welchen sie Matzau nennen; und vom 25. September bis zum 25. Dezember rechnen. In dieser Jahrszeit grünen die Felder, und die Regen hören auf.

II. Den ersten und angenehmern Sommer, welchen sie Tzadai nennen, und vom 25. Dezember bis zum 25. März rechnen. Dies ist die Zeit der Aerndte.

III. Den zweiten, hohen Sommer, welchen sie Hagai nennen, und vom 25. März bis zum 25. Junius rechnen. Dies ist die heisseste, schlimmste Jahrszeit.

IV. Den Winter, welchen sie Kramt nennen und vom 25. Junius bis zum 25. September rechnen. Dies ist die Regenzeit, in welcher die heftigsten Plazzregen fallen, die Flüsse austreten und das ganze Land unter Wasser gesezt wird, weßwegen die Habeßinier ihre Häuser alle auf erhabene Orte, Anhöhen und Berge bauen.

Man sieht hieraus, daß Habeßinien eigentlich nur drei Jahrszeiten hat, nämlich den Frühling, den Sommer, und den Winter, oder die Regenszeit.

---

*) M. s. Lobo am angeführten Orte. Verglichen mit Bruce, III. B. S. 662. u. ff.

Was die Taglänge betrift, so ist sie sich bei der nahen Lage dieses Landes an der Linie, wie leicht zu erachten, beinahe immer gleich*), und die Morgen- und Abenddämmernng ist äusserst kurz.

Auf den Anhöhen und Gebirgen wehen öftere, sehr angenehme Winde, welche die Luft erfrischen und die Hizze mässigen. Die niedrigen tiefliegenden Gegenden entbehren diese Erquikkung, und haben meist eine dikke, ungesunde, erhizte Luft, oder wo auch in denselben ein Luftzug ist, da weht ein glühender Wind, der die Hizze beinahe erstikkend macht. Dies Leztere gilt vorzüglich von den Küsten und Inseln des rothen Meers."**)

Heftige Orkane und besonders sehr furchtbare Wirbelwinde sind hier gar nicht selten. Die lezteren werden von den Habessiniern Sendo, das heißt: Schlange genannt, und wüten oft so gräulich, daß sie Schiffe, Häuser, Bäume, Felsen, alles was ihnen im Wege steht, mit sich fortreissen ***).

---

*) Genauer bestimmt liegt Habessinien in dem zweiten Klima (in Rüksicht auf Tag- und Nachtlänge) folglich ist der längste Tag in diesem Lande nur 13 Stunden lang.

**) Auf der heissen Insel Suakem weht bei der höchsten Sonnenglut gar kein Wind. Daher die Antwort jenes Kaufmanns von dieser Insel, welcher einer habessinischen Prinzessinn so schöne Waaren vorzeigte, daß sie entzükt ausrief: „Was muß nicht Alles zu „Suakem zu kaufen seyn! — Alles (erwiederte der Handelsmann) „nur kein Wind! Denn wenn wir diesen kaufen könnten, so wären wir glüklich!" — (Ludolf, L. 1. C. 5.)

***) Dieser furchtbare Wirbelwind ist nach Ludolf's Meynung der τυφῶν der Griechen.

Dritter Abschnitt.

Boden. Berge. Flüsse und Seen.

Habessinien ist ein sehr bergichtes Land; hohe, steile Gebirgsketten ziehen sich durch alle Theile desselben hin*). Von der Küste des rothen Meeres an erheben sich, die in einer Entfernung von zwei Tagreisen längs derselben hinlaufenden Tigrischen Gebirge**), unter welchen der hohe Lamalmon sein Haupt gegen die Wolken emporstreckt; ein steiler, mit gräulichen Abgründen umgebener Berg, über welchen ein schmaler äusserst gefährlicher Weg sich hinzieht***).

Die Landschaften Bagemder, Gojam, Walaka, Schoa, und alle übrigen Theile dieses Reichs, die

---

*) Die portugiesischen Jesuiten sprechen von den Habessinischen Bergen, als ob die Pirenäen und Alpen nur Hügel (nicht Maulwurfshügel, wie Bruce zitirt) dagegen wären. (Ludolf L. I. C. 6.) Bruce hingegen nennt sie zwar auch sehr hoch, aber nicht höher als die Alpen und Pyrenäen; dennoch läßt er sich den Widerspruch zu Schulden kommen, daß er an einem Orte (III. B. S. 65.) den Taranta einen der höchsten Berge in der Welt nennt, der sein Haupt in den Wolken verberge, und an einem andern Orte (III. B. S. 125.) wo er die Jesuiten der Uebertreibung beschuldigt, denselben kaum so hochschätzt, als den St. Bernhardsberg. (Man sehe Hofr. Blumenbachs Bemerkung darüber im V. B. von Bruce's Reisen, S. 263.)

**) Der genannte Taranta ist der erste, den man mit grosser Beschwerlichkeit übersteigen muß, wenn man von Arkiko herkömmt. (Bruce, III. B. S. 65. u. f.)

***) Der Lamalmon liegt auf der Westseite von Tigre in der Landschaft Abargale, und gehört zu den Gebirgen von Samen. Der Weg von Sire nach Gondar geht über diesen Berg; ist aber äusserst gefährlich. (Bruce III. B. S. 180.) womit Tellez übereinstimmt (Ludolf Comm. p. 104.)

einzige flache Landschaft Dembea ausgenommen, sind nicht weniger von hohen Gebirgen durchschnitten und begränzt; am höchsten aber sollen die Berge von Amhara und Samen seyn. Diese rauhen, steilen, mit schauerlichen Klüften und Abgründen umzingelten Berggipfel sind das Schrekken der Wanderer und bilden schröklich erhabene Aussichten.

Schroffe, oft ganz isolirte Felsen von mancherley Gestalt wechseln mit diesen Bergen ab. Einige haben die Gestalt von himmelhohen Thürmen, andere von Pyramiden; einige sehen wie Schlösser und Vestungen aus, andre haben so glatt und senkrecht abgeschnittene Felsenwände, daß man in Versuchung geräth, sie für Werke menschlicher Kunst zu halten*). Alle sind sehr steil, die meisten so sehr daß man nur mit Leitern und Strikken den gefahrvollen Weg hinauf finden kann; andre scheinen leichter zu ersteigen zu seyn, aber plözlich verläßt den Hinanklimmenden der schmale Pfad, und er findet keine Stelle mehr, wohin er seinen Fuß sezzen kann. Viele dieser Felsen haben auf ihrem Rükken ziemlich weite Flächen, mit Aekkern, Wiesen, Wäldern, unversiegbaren Quellen, ja sogar mit Fischteichen, und bieten daher einen sichern, angenehmen und wohlversehenen Aufenthalt an. Die Habessinier nennen diese Art Felsen Ambas**).

---

*) Bruce (III. B. S. 125.) sagt: „Nicht sowohl die Höhe, als die Menge und die mannichfaltige sonderbare Gestalt der habessinischen Berge sezt den Fremden in Erstaunen. Einige sind flach, schmal und vierekkig, wie ein Heerdstein, oder eine Platte, und scheinen nicht Fuß genug zu haben, um sich gegen den Wind erhalten zu können. Andre sehen aus wie Pyramiden oder wie Obelisken, oder wie ein Prisma, und einige, welche das sonderbarste Ansehen haben, wie umgekehrte Pyramiden."

**) Bruce (III. B. S. 287.) sagt, auf dem Gipfel des Lamal

Besonders merkwürdig ist der hohe und steile Berg oder vielmehr Felsen Geschen (Amba Geschen) in der Landschaft Ambare, an den Gränzen von Schoa. Dieser gleicht einem hohen in Felsen gehauenen Castell dessen schroffe Wände unersteiglich sind; zwar zieht sich im Anfang ein leichter Pfad hinauf, aber bald hebt sich der Felsen so steil himmel an, daß man die Ochsen, die doch sonst in Habessinien wie die Gemsen an den Bergen herumklettern, mit Strikken hinauf ziehen muß. Sein Gipfel hat eine Fläche von einer drittels-deutschen Meile; sein Fuß hingegen hat eine halbe Tagreise im Umkreis *).

Nicht minder merkwürdig ist ein gewisser ganz ausgehöhlter Felsen in der Landschaft Gojam. Andre haben einen so starken Wiederhall, daß man jedes Wort, das man auf dem Gipfel derselben ganz leise spricht, weit umherschallen hört, wie das Tosen einer grossen Menge.

So häufig als steile Felsen und hohen Bergen sind auch in Habessinien tiefe Schluchten, weite Felsenklüfte, und Schauer erwekkende Abgründe, die sich bis in den Mittelpunct der Erde hinabzuziehen scheinen. Diese unabsehbaren Vertieffungen machen die Ersteigung der Berge dusserst gefährlich, und geben einen Anblik, der den kühnsten zurükschrökt. —

Aus dem, was von den zahlreichen, hohen, weit ausgedehnten Bergstrekken Habessiniens gesagt worden ist, läßt sich leicht schliessen, daß dieses ganze Land meist nur aus Höhen und Thälern besteht. Grosse Ebenen
sind

---

mon sei eine grosse Ebene, welche reich an Quellen ist, gute Viehweide und einen so fruchtbaren Boden hat, daß man drei Mal des Jahrs ärndten kann. —

*) Von diesem und einigen andern merkwürdigen Bergen wird noch in der Folge gesprochen.

sind wirklich hier selten; die größte Fläche ist am See Tzana oder Dembea; diese ist ungefähr sechszehn deutsche Meilen lang und drei bis viere breit.*)

Habessinien ist also ein Gebirgsland wie Helvezien; aber darum nichts weniger als rauh und unfruchtbar; der Boden ist überall, wo er angebaut werden kann, äusserst ergiebig. Die starke Bewässerung desselben und dann die wohlthätige Wärme der Sonne machen ihn so fruchtbar, daß Saat und Aerndte schnell auf einander folgen, und daß man in manchen Gegenden zwei auch drei Mal arndten kann.

Die Gebirge dieses Landes sind aber demselben nicht nur gar nicht nachtheilig, sondern sogar vortheilhaft; denn eben diese Bergketten mässigen die glühende Hitze der Sonne, geben den Einwohnern angenehme, kühlere Wohnplätze und Zufluchtsörter bei den jährlichen Ueberschwemmungen, dienen ihnen statt der Vestungen, indem sie die sicherste Freystätte bei den häufigen Einfällen der Feinde sind, und überdies beschenken diese Berge das Land reichlich mit Quellen, Bächen und Flüssen, welche allein einen Erdstrich in der heissen Zone bewohnbar und fruchtbar machen können.

Habessinien hat also keinen Mangel an Wasser, es hat grössere und kleinere Flüsse und mehrere Seen.

Der wichtigste, merkwürdigste und einzige Hauptfluß dieses Landes ist der berühmte Nil**); ein Fluß, der durch seinen weiten Lauf, durch sein gutes, gesundes Wasser und durch sein für Egypten so wohlthätiges re-

---

*) Ludolf, L. I. C. 6.
**) Bruce (IV. B. S. 652.) will den Namen Nil aus dem Arabischen ableiten und dollmetschen blau; aber Jablonski's (Vantheon Ægypt. II. p. 156.) ägyptische Etymologie ist weit wahrscheinlicher. (Tychsen's Anmerk. V. B. S. 352.)

(Lobos Reisen II. Theil.)

gelmässiges jährliches Austretten in grosses Ansehen gekommen ist.

Dieser Fluß, welcher auch von den Griechen, wegen seines zur Zeit der Anschwellung von dem Schlamme schwärzlichen Wassers der Schwarze (μελας) genannt wurde, führt in der gemeinen habessinischen Sprache den Namen Abawi*), der väterliche, in der Gerz- oder Büchersprache aber den Namen Gejon oder Gewon, weil man ehmals irrig glaubte er sei der Gihon oder Gehon der Bibel. Die alten Egypter nannten ihn aus Dankbarkeit den Erhalter, die Sonne, Gott, Vater u. s. w.

Seine Quellen waren lange Zeit ganz unbekannt; man wußte zwar, daß der Fluß aus Ethiopien komme, aber die Unzugänglichkeit dieses Landes und andre Nebenumstände vereitelten die schon in frühen Zeiten angestellten Versuche zur Entdekkung seiner Quellen**). Man kannte also ihre wahre Lage nicht, und die Geographen sezten sie auf den Karten tief in Südafrika hinab, in ein Gebirg, das sie die Mondsberge nannten.

Den Beherrschern und Bewohnern Egyptens mußte immer daran gelegen seyn, den Lauf und die Quellen eines Flusses zu kennen, von welchem das ganze Wohl dieses Landes abhängt; aber ihre Bemühungen in dieser Absicht waren alle vergeblich; sie wußten lange nicht einmal die wirkenden Ursachen seines regelmässigen Austre-

---

*) Bruce (am angeführten Orte) schwazt Allerlei über diesen Namen und seinen Ursprung; gegründter ist Ludolfs Meinung, in der zweiten Ausgabe seines ethiopischen Wörterbuchs, daß nämlich der Name Abawi von dem arabischen (Abab) herkomme, welches eine grosse Flut bedeutet. (Ixchsen am angef. Orte.)

**) Wovon, Lobo 1ter Theil. Einleit. S. 38. u. ff.

tens, ja sie wähnten, es stehe in der Macht der Ethiopier, dieses Austreten zu verhindern, oder ihnen den Fluß ganz abzuschneiden.

Erst durch die portugiesischen Jesuiten, welche im sechszehnden Jahrhunderte als Glaubensboten nach Habessinien kamen, wurde die wahre Lage und Beschaffenheit der so lange verborgenen Nilquellen bekannt.

Der Pater Peter Pays *) war, aller Wahrscheinlichkeit zu Folge der erste derselben, welcher diese Quellen selbst sah und beschrieb **). Er sagt von ihnen ***):

„Im Königreich Gojam und zwar in dem westlichen Theil desselben, nämlich in der Provinz Sabala, welche von Agaus bewohnt wird, findet man zwei runde Quellen, welche sehr tief sind und erhaben liegen; der Boden umher ist schwankend und sumpfig, doch zeigt sich das Wasser nicht daselbst, sondern hat seinen Ausfluß am Fuße des Bergs. Diese Quellen bilden allmählig einen Bach, der einen Büchsenschuß weit ostwärts fließt; dann wendet er sich gegen Norden und nimmt in der Entfernung einer Drittels-Meile einen andern Bach auf; bald darauf vereinigen sich noch zwei andre aus Osten kommende mit ihm und weiterhin erhält er noch mehrern Zuwachs. Nach einer zurükgelegten Tagreise empfängt er den Fluß Jema, biegt sich dann 21.

---

*) Er reiste im J. 1588. nach Habessinien, fiel aber den Arabern in die Hände, welche ihn sieben Jahre lang in harter Sclaverei gefangen hielten. Im Jahr 1603. kam er wieder nach Habessinien, machte grosse Fortschritte in seinem Missionswerke, wurde Beichtvater des Königs, und starb in diesem Lande am 20 Mai 1622.

**) Wie übel sich Bruce gebärdet, drehet und windet, um die Erzählung des P. Pays für eine Lüge zu erklären, kann man S. 615. im III. B. seiner Reisebeschreibung sehen.

***) Ludolf, H. Æth. L. I. C. 8.

deutsche Meilen lang gegen Westen, endlich wieder gegen Osten und tritt in einen sehr grossen See."

Beinahe mit denselben Worten beschreibt Pater Tellez die Nilquellen. Er sagt: *)

„Unter dem 12ten Grade Norderbreite, westwärts von Gojam, in der Landschaft Sakahala liegt ein Feld mit einem ganz kleinen See, der sein Wasser aus zweien Quellen erhält, die einen Steinwurf weit von einander liegen. Von da läuft das Wasser einen Büchsenschuß weit ostwärts unter der Erde hin, doch verräth es seinen Lauf durch die grünenden Kräuter über demselben; bald aber fließt es als ein Bach gegen Norden zu, und wird durch die Vereinigung mit mehreren anderen Bächen ein Fluß, welcher den grössern Fluß Gema aufnimmt, sich wieder ostwärts wendet, und mit den Wassern der Flüsse Kelty und Branty verstärkt in den See von Dembra tritt, welchen er durchströmt, ohne sich mit demselben zu vermischen."

Lobo, welcher die Nilquellen selbst auch besucht hat, beschreibt sie eben so, doch noch weitläuftiger**).

Mit diesen portugiesischen Berichten stimmt die Beschreibung des Abba Gregorius***), welcher die Lage der Nilquellen noch genauer angiebt, indem er die Anhöhe auf welcher sie liegen, Dengla und den Distrikt zu welchem dieselbe gehört, Sekut nennt — und zum Theil auch mit der Nachricht des Thevenot †) überein, welche ein habessinischer Abgesandter zu Kahira sag-

---

*) Ebendaselbst. Diese Stelle ist ein neuer Beweis gegen Bruce.

**) Im ersten Thl. d. W. S. 218. u. ff.

***) Ludolf, am angeführten Orte, wo die Erzählung dieses Habessiniers in ethiopischer Sprache ausführlich steht.

†) In seiner Reisebeschreibung.

te, der Nil entspringe im Lande der Agaus auf einer Ebene Ovenbramme genannt, 12 Tagreisen von Gandar *).

Aus all diesem folgt unwiedersprechlich, daß die wahren Nilquellen über hundert Jahre vor Ritter Bruce's Reise zu denselben schon bekannt und von Europäern besucht und gesehen worden waren.

Was den Lauf des Nils betrifft, so bildet er Anfangs beinahe einen Zirkel; er durchströmt von Westen nach Osten den See Tzana oder von Dembea so, daß man seinen Durchfluß leicht sehen kann, indem sich sein dunkleres Wasser von dem des Sees deutlich auszeichnet, und gleichsam auf diesem zu schwimmen scheint; nachher krümmt er sich wieder südwärts und westwärts und nimmt dann seinen Lauf gerade gegen Norden, und macht dabei die Gränze zwischen Habessinien und Sennaar; nachdem er hierauf die Sandwüsten von Nubien bewässert hat, bringt er den Egyptern Fruchtbarkeit und Nahrung, und stürzt sich hierauf in zwei Hauptaerme zertheilt in das mittelländische Meer.

Sein Lauf beträgt von seinen Quellen an, die Krümmungen alle mitgemessen, bis zu seinen Mündungen, gegen fünfhundert deutsche Meilen **), bei Alt-Kahira ist seine Breite 2946 Fuß ***). Er hat auch mehrere beträchtliche Fälle, die schon in den Zeiten des Alterthums berühmt waren.

Sein Flußgebiet ist, wie aus dem Gesagten erhellet, sehr ansehnlich, doch hat er verhältnißmäßig wenig

---

*) Nach Bruce's Karte sind die Nilquellen nicht über 30 deutsche Meilen entfernt. Merkwürdig ist es, daß jener habessinische Gesandte dem Thevenot schon Gondar als die Hauptstadt von Habessinien nannte.

**) Nach Bruce's Karte.

***) Nach Niebuhr. (Reise nach Arabien.)

Nebenflüsse. Nur Habessinien bereichert ihn mit seinen Flüssen, von welchen die meisten in den Nil fallen; die vorzüglichsten derselben sind — von seinem Ursprung an zu rechnen —: der Gemma oder Jemma, Kelti, Branti, Muga, Gamala, Abaja, Baschlo, Zohba, Aswari, Kesem, (nach Bruce: Geschen) Temej, Samba, Jema, Gult, Roma, Zul, Beto, Senf, Guangue *) und Takazze **).

Der ansehnlichste von allen diesen habesinischen Nebenflüssen des Nils ist der leztgenannte Takazze, welcher welcher auf dem Berge Aschguagua in der Landschaft Angot entspringt, durch Tigre und Walkait strömt, und in Nubien sich mit dem Nil vereinigt ***).

Noch ansehnlicher aber ist sein Hauptnebenfluß, der Maleg oder Bahr el Abiad †) welcher auf der Gränze von Gafat und Damot entspringt, dann den Fluß Anguer aufnimmt, und westwärts vom Nil, beinahe parallel mit demselben das Königreich Sennaar durchströmt und sich endlich 120 Meilen von seinem Ursprunge, mit dem Hauptflusse vereinigt.

Auf seinem weitern Laufe durch Nubien und Egypten wird der Nil durch keine Nebenflüsse mehr bereichert.

Die alte Sage, der Niger, welcher das innere Nigrizien bewässert, sei ein Arm des Nils ist in neueren Zeiten ganz ungegründet befunden worden ††), so

---

*) Bruce nennt den Senf — Dender, und den Guangue — Rahad.

**) Welches der Astaboras der Alten seyn soll.

***) Nach Bruce wird der Takazze durch mehrere kleinere Flüsse verstärkt, als den Korar, Angrab u. s. w

†) Oder der weiße Fluß, zum Unterschied von dem Nil, welcher auch Bahr el Azrak oder der blaue Fluß genannt wird.

††) Diese Sage findet man schon beim Herodot, auch wurde sie von

wie man auch jezt nicht mehr glaubt, der Senegal und Niger seien nur ein Fluß.

Die Aehnlichkeit welche der Senegal und Niger darinn mit dem Nil haben, daß sie alljährlich zur bestimmten Zeit austreten, auch der Umstand, daß der Senegal, wie der Nil Krokodille und Flußpferde hat, mag zum Theil jene Meinung veranlaßt haben. Diese Vermuthungsgründe schwinden aber in ihr Nichts zurük, wenn man bedenkt, daß jenes Austreten der Flüsse zwischen den Wendezirkeln überall gleiche Ursachen hat, und daß jene Thiere, die man für eigenthümliche Geschöpfe des Nils hielt, weil man sie zuerst nur in diesem gefunden hatte, auch in den meisten übrigen afrikanischen Flüssen bis zum Kap der Hofnung hinunter getroffen werden.

Das periodische Austreeen des Nils hat ehemals in Rüksicht seiner Ursachen zu mancherlei sonderbaren Meinungen Anlaß gegeben; denn Einige glaubten, die Meerwellen seien Schuld daran, welche die Wasser des Nils zurüktrieben; Andre schrieben es auf Rechnung der etesischen Winde; wieder Andre ließen den Schnee auf den hohen Mondsgebirgen schmelzen, um den Nil anzuschwellen. Doch dies sind nichts als Träume, deren Ungrund leicht zu erweisen ist; denn sobald man die Lage der Nilquellen und die Beschaffenheit ihres Vaterlandes kennt, ist das Räthsel sogleich aufgelöst. Die dreimonathlichen Plazregen, welche im habessinischen Winter das platte Land unter Wasser sezzen und

---

den Arabern geglaubt, welche den Niger, Nil al Sudan, den Nil der Schwarzen nennen. (Herbelot, Artikel Nil.) Ludolf ließ sich von dem Scherif Edrisi verleiten, dieser Meinung beyzupflichten. (Hist. æthiop. L. 1. C. 8.) Aufschlüße hierüber findet man in dem Berichte von den Unternehmungen der engl. Gesellschaft zur Entdekung des Innern von Afrika, und im I B. von Bruns und Zimmermanns Repositorium.

die Flüsse anschwellen, sind es welche dem Nil den grossen Wasservorrath liefern, womit er das flächere, tiefer liegende Egypten so wohlthätig überschwemmt. Dies ist ausser allem Zweifel.

Ob es aber dem Beherrscher von Habessinien möglich sei', durch Abgrabung des Nils den Bewohnern Egyptens die Wohlthat seiner Ueberschwemmungen zu entziehen, dies ist eine schwerere Frage.

In der Vorzeit, als man die wahre Ursache jener Ueberschwemmungen noch nicht kannte, glaubte man allgemein, es stehe ganz in der Macht des ethiopischen Monarchen, das Austretten des Nils nach Willkühr zurükzuhalten.

Der arabische Geschichtschreiber Elmazin *), erzählt, daß als um's Jahr 1089. (unserer Zeitrechnung) das gewöhnliche Austretten des Nils in Egypten zurükblieb, Mustansir, der muhamedanische Beherrscher dieses Landes, von jener Meinung überzeugt, den jakobitischen Patriarchen Michael mit reichen Geschenken nach Habessinien geschikt habe, um den ethiopischen Monarchen dahin zu bewegen, daß er die Ursache der zurükgebliebenen Ueberschwemmung heben, und dadurch der Noth der bedrängten Egypter abhelfen möchte. Darauf habe der König von Habessinien den Damm, welcher den Anwachs des Nils verhinderte, sogleich durchbrechen lassen, und das Wasser des Flusses sei' dann in einer Nacht um drei Ellen gestiegen. Der Abgesandte kehrte nach Egypten zurük, und wurde von Mustansir reichlich belohnt. —

---

*) Georg Elmazin lebte im Anfang des 13 Jahrhundert, war ein Krist, dennoch aber Sekretär bei einem muhammedanischen Fürsten in Egypten, und schrieb eine Geschichte der Sarazenen in arabischer Sprache.

So weit Elmazin. — Wie viel an dieser Erzählung wahr ist, läßt sich nicht leicht entscheiden; doch scheint der Umstand von dem Damme, welcher das Wasser des Nils zurükgehalten haben soll, sehr unwahrscheinlich; denn ein solcher Damm würde ja, wenn dem Wasser bei der Anschwellung des Nils kein andrer Ablauf angewiesen würde, wovon aber hier nicht die Rede ist, nichts anders als eine so gräuliche Ueberschwemmung von Habessinien bewirken, welche das ganze Land zu Grunde richten müßte. Dann ist auch noch die Frage, ob eine solche Eindämmung des hochangeschwellten Nils wohl möglich, für Habessinier möglich wäre, die von der Wasserbaukunst gar keinen Begriff haben?

Voraus gesezt, daß die Hauptsache dieser Geschichte, nämlich die Sendung des Patriarchen, historisch wahr ist, könnte nicht die vorgebliche Durchstechung des Dammes eine leere Vorspiegelung des habessinischen Monarchen gewesen seyn, welchem daran gelegen seyn mußte, die Egypter in dem Wahn zu erhalten, es stehe in seiner Macht, ihnen die unentbehrlichen Ueberschwemmungen des Nils abzuschneiden*), — und welcher, bekannt mit den wahren Ursachen dieser Ueberschwemmung, leicht vorhersehen konnte, wie bald der Fluß zu der erforderlichen Höhe anschwellen würden? — Oder war es vielleicht eine Erdichtung des jakobitischen Patriarchen, der seinen Glaubensgenossen dadurch bei dem muhamedanischen Fürsten in noch grösseres Ansehen sezzen wollte?

Eines wie das Andere scheint glaublich zu seyn? — Genug man ward durch diesen Vorfall noch mehr über-

---

*) Noch im Anfange dieses Jahrhunderts drohte der König von Habessinien den Egypteren, er wolle ihnen den Nil abschneiden.

zeugt, daß es allein von dem guten Willen des ethiopischen Monarchen abhänge, Egypten durch den Nil bewässern und befruchten zu lassen, oder es durch Zurükhaltung der Ueberschwemmung in eine unfruchtbare, unbewohnbare Wüste zu verwandeln.

Was aber die Möglichkeit betrift, den Nil abzugraben, und in das rothe Meer zu leiten, da sind die Meinungen getheilt. Einige wollen beweisen, daß es keine so schwere Unternehmung wäre; den Nil, da wo er sich bei dem Austritt aus dem See Tzana gegen Osten wendet, durch einen künstlichen Kanal in das rothe Meer zu leiten; Andre aber zeigen noch deutlicher, daß die vielen Berge und Felsen, welche dazwischen liegen, die Ausführung eines solchen Entwurfs ganz unmöglich machen würden; noch Andre glauben der Nil könnte am leichtesten bei den grossen Wasserfällen, wo nur ein einziger Berg dem neuen Kanal im Wege stände, abgegraben werden *).

Jezt ist aber dies, wenn es auch natürlich möglich wäre, dem König von Habeßinien politisch unmöglich, da sein Land zu sehr verengt worden, und er nicht mehr Herr über die Küste ist.

Ehmals sollen wirklich Versuche dieser Art gemacht aber nicht ausgeführt worden seyn**). Auch soll es der Plan des berühmten Ulbuquerque, portugiesischen Vi-

---

*) Dies ist die Meinung des Abba Gregorius. (Ludolf, l. c.) Man sehe auch was Bruce, III. B. S. 710. u. ff. hierüber sagt.

**) Abba Gregorius erzählt, es habe einmal ein habeßinischer König, den Nil abgraben wollen, sei aber durch die Bitten der Christen in Egypten wieder davon abgebracht worden. — Bruce (I. B. S. 573.) erzählt, König Lalibala habe um's Jahr 1200. wirklich angefangen einen Kanal zur Ableitung des Nils graben zu lassen, wovon noch heut zu Tage die Reste sichtbar seyn sollen. Das Projekt gedieh zu keiner Reife.

zekönigs von Indien gewesen seyn, die Türken in Egypten durch die Entziehung des Nils zu Grund zu richten. Aber noch ist dies menschenfeindliche Projekt seither nicht ausgeführt worden, und wird es wohl auch nie werden.

Ausser dem Nil und seinen genannten Nebenflüssen hat Habessinien noch drei andre hier anzumerkende Flüsse, welche nicht in jenen Hauptfluß sich ergiessen.

Diese sind: Der Mareb, welcher in der Landschaft Tigre, nicht weit von der Küste entspringt, eine weite Krümmung macht, denn eine Strecke lang sich unter der Erde verbirgt, endlich aber wieder erscheint, um sich bald darauf an der Gränze von Nubien in der Landschaft Dezhin im Sande zu verlieren*).

Der Hanazo entspringt an der Ostgränze von Begember, nimmt den Sabalet auf, und fällt dann, nachdem er sich auch im Sande beinahe verloren hat, in die Bai von Zeila.

Der Hawasch kömmt aus den Gränzgebirgen von Nieder-Schoa, nimmt bald darauf den Matschi zu sich, welcher aus dem See Zawaja herfließt, und durchströmt dann das Königreich Adel, wo er von den Einwohnern zur Bewässerung ihres dürren Bodens in so viele kleine Bäche zerschnitten wird, daß er am Ende ohne je das Meer zu erreichen, sich in dem Sande verliert.

Als Grenzfluß ist noch der Zebeh zu bemerken, welcher in der südwestlich von Damot gelegenen Landschaft Enarea entspringt, sich in einem halben Zirkel gegen Norden dreht, dann sich wieder gegen Süden wen-

---

*) Nach Bruce's Karte kömmt der Mareb wieder aus dem Sande hervor, und fällt dann in den Takazze.

det, das Königreich Zendero oder Dschindschiro durchströmt, und, wie man vermuthet, bei Mombaza in das Meer fallen soll. —

Habessinien hat auch mehrere Seen, unter welchen allen der größte und merkwürdigste, der von Tzana ist, von den Habessiniern Bahr Tzana, das Meer von Tzana, oder auch Bahr Dembea, das Meer von Dembea genannt. Den erstern Namen hat er von einer seiner Inseln, den andern von der Landschaft Dembea, zu welcher er grossen Theils gehört. — Seine Länge soll sich auf ungefähr 25., und seine Breite auf 10. deutsche Meilen*) belaufen. Sehr viele kleine Flüsse und Bäche fallen in diesen See; auch enthält er mehrere Inseln, als: Tzana, die größte derselben — Berghida — Dábra Antons (St. Antons-Kloster) — Dábra Marjam (Marien-Kloster) — Dága — Dek, welche zum Staatsgefängnisse dient, wohin Vornehme verwiesen werden — Gálila — Mezrahha — Mezle — Ghebran — Rima**). Alle diese Inseln, Dek ausgenommen, sind von Mönchen bewohnt.

Ferner sind noch folgende Seen zu bemerken: Haik, in Amhara, in welchem See das St. Stephanskloster auf einer Insel — der See Zawaja, aus welchem der obengenannte Fluß Matschi kömmt, in der Landschaft Wed — und ein Namenloser in der Landschaft Ganz.

---

*) Nach Bruce's Spezialkarte im III. B. ist dieser See nur 15. deutsche Meilen in seiner weitesten Ausdehnung lang, und 8 Meilen breit.

**) Auf derselben Spezialkarte sind nur die Inseln: Dek — Redami Areb — Meskalaros — Mimun — Metraha und Tschokla Wumz: angezeigt. Die größte ist Dek; die andern sind nur ganz klein.

Die Habessinier benuzzen ihre Flüsse nicht zur Schiffahrt, denn von dieser verstehen sie gar nichts. Nur allein den See Tzana befahren sie in elenden aus einem Stamme, gemachten Kähnen, in welchen sie keiner geringen Gefahr ausgesezt sind.

Vierter Abschnitt.

Produkte. Mineralien und Pflanzen.

Habessinien ist reich an mancherlei kostbaren und nüzlichen Naturprodukten; nur Schade, daß seine Bewohner diese Vorzüge und Vortheile ihres Landes nicht gehörig zu nuzzen wissen!

Daß Habessiniens weit ausgebreiteten Gebirge einen grossen Schaz von allerley Mineralien in sich verschliessen, ist ausser allem Zweifel; die portugiesischen Jesuiten behaupten es einmüthig, auch sprechen alle Umstände und Erfahrungen dafür — und daß an manchen Orten, besonders in den Landschaften Damot und Enarea sehr reichhaltige Goldminen in den Eingeweiden der Erde verborgen liegen, dies wird durch die Goldkörner bewiesen, die man von der Grösse einer Erbse und von dem feinsten Korn so häufig in dem Sande mehrerer Flüsse findet; ja man trift diesen Goldsand so gar an den Wurzeln der Bäume und bisweilen auf der Oberfläche der Erde an*). Die beiden genannten

---

*) Schon Alvarez spricht im 40. 133. u. 147. Abschnitte seiner Reisebeschreibung von der grossen Menge Goldsand, die man in Habessinien, besonders in der Landschaft Damot finde. — Bermudes (beim La Croze, S. 222.) sagt: „Es wäre damals (zu seiner Zeit) leicht gewesen, den König von Habessinien mit Gewalt der Waffen zur Einführung der katholischen Religion zu zwingen;

Landschaften bezahlen auch ihren Tribut mit diesem Golde.

Alle diese unzweideutigen Anzeigen von der Reichhaltigkeit der Goldadern, welche in den Gebirgen dieses Landes verschlossen sind, konnten aber bisher die Habessinier nicht reizen, ihnen nachzugraben; denn die Erde zu durchwühlen; in dunkeln unterirdischen Gängen nach Metallen zu spüren, und sich des Sonnenlichts zu berauben, um in tiefen Schachten Reichthümer zu suchen, deren sie bei ihren wenigen Bedürfnissen so leicht entbehren können; dies sind Dinge, zu welchen dieses Volk sich ewig nicht entschließt*). Auch ist ihm die Bergwerkswissenschaft und die Schmelzkunst gänzlich fremde. Der Habessinier verlacht den Europäer, der sich so vieler Mühseligkeiten und Gefahren unterzieht, um unnöthige Schäzze zu sammeln, und hält den für einen Thoren, der auf Gold und Edelsteine einen so hohen Werth sezt. Ueberdies steht er noch in dem Wahn die Benuzzung der unterirdischen Schäzze seines Vaterlandes würde nur für die Türken eine Lokspeise seyn, ihn derselben zu berauben**).

---

auch würde man grossen Vortheil davon gehabt haben, Da dieses Land, besonders Damot und die benachbarten Landschaften, reicher an Gold sei als Peru, und dies Gold mit weniger Kosten gewonnen werden könnte." — Damit stimmt auch Poncet überein. Le Grand (in seiner Abhandlung über die Königinn von Saba, Lobo p. 341.) sagt hingegen, das eigentliche Habessinien habe wenig Gold.

*) Sollten nicht auch die jährlichen Ueberschwemmungen den Bergbau in diesem Lande hindern?

**) Nicht auch die Europäer? — Aus der oben angeführten Stelle des Bermudes scheint zu erhellen, daß die Jesuiten nicht nur auf das Seelenheil der Habessinier, sondern auch auf ihr Gold ein Auge hatten! Wenigstens wollten sie die weltliche Macht dadurch loksen, ihnen mit Waffen beizustehen.

von Habessinien.

Von Silber hat man noch keine sichere Spuren gefunden *); doch Blei giebt es ganz gewiß in diesem Lande; am meisten aber wird das Eisen gesucht, weil es den Habessiniern zu ihren Waffen und anderen Geräthschaften unentbehrlicher ist**). Um dieses Metall zu finden bedürfen sie auch keiner Anstrengung und keiner Kenntniß des Bergbaus, denn es zeigt sich ihnen auf der Oberfläche der Erde***).

Edelsteine hat man in Habessinien noch nicht gesucht und noch nicht gefunden. Die Einwohner schäzzen sie nicht, und selbst die Steine in der Königlichen Krone sind unächt.

Desto mehr schäzzen die Habessinier das Salz, und andre ihnen nüzliche Mineralien.

Das Salz, das hier auch die Stelle des Geldes vertritt und in grossem Werthe steht, ist weisses Bergsalz, welches in unbeschreiblichem Ueberflusse, in ganzen Bergen sich über die Erde erhebt, und das Salzland bildet, welches an den Gränzen von Tigre, Angot und Dankali liegt †). Es wird ohne Mühe gegra-

---

*) Alvarez spricht doch von Silberminen in Habessinien, und sagt auch im 131sten Kapitel seiner Reisebeschreibung, Peter Rovillan habe ihm berichtet, in der Landschaft Begemder finde man einen Berg, der so reichhaltig an Silber wäre, daß die Habessinier, um es zu gewinnen nichts anders thun dürften, als Gruben hinein graben, diese dann mit Holz anfüllen, welches sie anzünden, worauf das geschmolzene Silber herausfliesse. — Bermudes spricht auch von Kupferminen in Habessinien.

**) Alvarez sagt im 53. Kap. flache Eisenstükke cursiren in der Landschaft Angot und den benachbarten Gegenden für Geld.

***) Bruce (III B. S. 252) sagt, die Berge von Begemder sind voll von Eisengruben.

†) Worüber nachzusehen, was Lobo im I. Thl. S. 136 u. f. f. davon erzählt.

ben, denn es ist weich und wird erst hart, wenn es an die Luft kömmt. Es wird in Tafeln zerschnitten. Ganze Heere von Menschen und Lastthieren ziehen in grossen Karavanen dahin, um dieses Salz abzuholen und dann durch ganz Habessinien zu verführen.

Es soll auch irgendwo in Habessinien einen Berg von rothem Salze geben, dessen medizinische Kräfte sehr gerühmt werden *).

So sehr als das Salz wird das Spießglas geschätzt — die Habessinier nennen es mit dem arabischen Namen Kohol **) — welches sie für ein trefliches Augenmittel halten, und als Schminke gebrauchen, indem sie es zerstossen und mit feuchtem Russe vermischt mittelst eines spizzigen Stäbchens auf die Augenlieder schmieren ***). Von mineralischen Wassern in Habessinien finde ich nirgends Erwähnung, ausser in einer einzigen Stelle bei Bruce †), wo er von der Quelle des Flusses Ingerohha, der in Samen entspringt und in den Takazza fällt, erzählt, daß sie warm sei, und nach der Aussage der Bauern, zur Regenzeit heiß werde und dämpfe.

Ei-

---

*) Nach dem Berichte des Patriarchen Alvons Mendez.

**) Es ist eigentlich graues Spießglaserz — Antimonium crudum.

***) Diese Sitte ist nicht nur in Habessinien, sondern auch in andern benachbarten Ländern gebräuchlich. — Sollte nicht auch das Köchhel, womit nach Niebuhr's Bericht die Araberinnen und selbst auch männliche Stuzzer in Arabien sich die Augenlieder, unter dem Vorwand, daß es das Gesicht stärke, schwarz schminken — Spießglas seyn? — Zwar sagt er, diese Schminke werde aus Bleierz verfertigt; aber ich vermuthe, daß das Wort Köchhel nur die verborbene Aussprache von Kohol, und daß folglich diese Schminke nichts als graues Spießglaserz sei.

†) Reisebeschreibung, III B. S. 162.

von Habessinien.

Eine reichere Aerndte findet der Naturforscher, wenn er das Pflanzenreich in Habessinien betrachtet, da das Mineralreich daselbst noch so wenig erforscht ist; doch bleibt auch hier noch gar vieles zu wünschen übrig, kein Botaniker hat je dieses Land bereiset, und Ritter Bruce hat als Naturbeobachter zu viele Blössen schon gegeben, als daß man seinen botanischen Nachrichten vollen Glauben schenken könnte, auch hat er hierinn gar nichts ganzes, nichts Systematisches geliefert *).

Wir wollen unterdessen hier die merkwürdigeren, bisher bekannt gewordenen Pflanzen dieses Landes kurz aufzählen:

Von Getreide-Arten findet man in Habessinien folgende:

Weizen, Gersten, wälschen Hirse, Sorgosamen oder Dora **) aber keinen Roggen ***), dagegen haben die Habessinier ein ihrem Lande eigenes Getreide, nähmlich

Den Teff (Poa abyssinica L.) eine schöne Art Rispengras, welches zwei Fuß hoch wächst und eine Menge ganz kleiner Körnchen trägt, die ein gutes Mehl ge-

---

*) Wie wenig Bruce Naturforscher war kann man aus Hofr. Blumenbachs Anmerkungen, im V B. der deutschen Uebers. von der Reise des Ritters von Kinnaird nur zu deutlich sehen.

**) Eine Gattung Pferdgras (Holcus Sorghum. L.) welche man für die fruchtbarste aller Getraide-Arten hält. — Ausserdem erwähnt Bruce noch einer anderen Getraideart, die in Habessinien wächst, nähmlich des Tokussograses, das schwarze Körner trägt, aus welchem ein sehr schwarzes Brod gebacken, aber ein gutes Bier bereitet wird. (III. B. S. 93. V. B. S. 87.

***) Ludolf sagt, Abba Gregorius habe ihn versichert, daß deutsche Roggenbrod sei an Geruch, Geschmak und Farbe dem habessinischen Teffbrode ganz gleich.

(Lobo's Reise II. Theil)

ben, aus welchem die Habeſſinier ihr Brod baken; dieſes Mehl iſt feiner und weiſſer je nachdem dieſe Getreides Art in einem Boden wächst, oder auch nachdem ſie früher oder ſpäter geärndtet wird; doch hängt auch die Feinheit und Weiſe des Mehls von der Sorgfalt beim Malen ab. Das Teffbrod oder eigentlich Kuchen aus Teffmehl ſind die gewöhnlichſte Speiſe des Volks; nur die Vornehmſten eſſen Weizenbrod *).

Der Haber wächſt in Habeſſinien wild; die Einwohner bauen ihn nicht, weil ſie ihn für zu gering das zu halten; ſie füttern ihre Pferde mit Gerſte und mit Gras; denn ſie machen auch kein Heu; ihre Wieſen ſind immer grün, und verſchaffen ihrem Vieh das ganze Jahr hindurch ein geſundes nahrhaftes Futter. Doch würde es ihnen, wegen der Verwüſtungen, die ſo oft von den Heuſchrekken angerichtet werden, ſehr vortheilhaft ſeyn, wenn ſie auf dieſen Fall mit Heuvorrath verſehen wären.

Das Gras das in Habeſſinien wächſt iſt ſehr ſchön, fett und ſehr hoch; überhaupt iſt die Viehweide in dieſem ſo ſtark bewäſſerten Lande ganz vortreflich. —

Von Hülſenfrüchten findet man hier auch rothe Erbſen, Kirchererbſen, gemeine und türkiſche Bohnen nebſt andern Küchengewächſen. — Doch wird in dieſem Lande der Gartenbau ſehr vernachläſſigt **).

---

*) Der Teff wird in verſchiedenen Schriftſtellern auch Thif, Thipha und Tofa genannt. Dieſe Art Riſpengras iſt ſchon längſt auch in Europa bekannt. Jacquin hat ſie in ſeinen öſterr. Miszellaneen genau beſchrieben. (M. ſ. das Linnéſche Pflanzenſyſtem, nach Hauttuyn, XII. B. S. 338. u. ff.) Nicht ſo botaniſch genau iſt Bruce's Beſchreibung, im V. B. S. 84. u. ff.

**) Alvarez, im 147. Kap. — Bruce, III. B. 292. u. a. O.

von Habessinien.

Unter den vielen heilsamen medizinischen Kräutern, welche man in diesem Lande findet, sind vorzüglich folgende zwei zu bemerken:

Amadmagda, ein Kraut, welches zur Heilung gebrochener oder verrenkter Beine vortreflich seyn soll *).

Noch weit wunderbarer ist die Eigenschaft des Krautes Assazon, welches nach den Berichten der portugiesischen Jesuiten das beste Gegengift gegen Schlangengift ist, ja die Kraft besitzen soll, die schädlichsten, giftigsten Schlangen ganz zu betäuben, daß sie wie todt daliegen, wenn sie nur damit berührt werden; schon der Schatten dieses Gewächses soll diese Wirkung, doch in etwas geringerm Grade auf die Schlangen äussern, so daß man sie dann ohne Scheu in die Hände nehmen kann. Wer die Wurzel dieses Krauts ißt soll ohne Furcht mit allen Schlangen umgehen können, ja diese Eigenschaft soll noch mehrere Jahre nachher fortdauern. Man hat Habessinier gesehen, die sich dieses Mittels bedienten und dann die giftigsten Schlangen gleich unschädlichen Aalen in die Hände faßten und wie eine Halsbinde sich um den Hals wikkelten; so daß man auf diese Art dieses furchtbare Ungeziefer ohne Mühe tödten kann **). — Vielleicht, daß die vormals so berühmten

---

*) Tellez erzählt dies. Ich konnte sonst nirgends einige Nachricht davon finden.

**) Bermudes (beim La Croze, S. 198.) spricht auch von einem Schlangenkraut, das den Schlangen so sehr zuwider seyn soll, daß sie davor fliehen, und auch denen nicht zu nahe kommen, welche es bei sich tragen. Dies Kraut soll als Pflaster auf die Wunde gelegt, alle Schlangenbisse heilen. — Bruce berichtet (V. B. S. 211 u. 212.) daß die Negern in Sennaar aus Kräutern und Wurzeln eine Arzney zu kochen wissen, mittelst welcher man sich vor den Schlangen, so verwahren kann, daß man die giftigsten anfassen darf;

Schlangenbändiger, die Psyllen, sich dieses Krauts bedienten, um ihre Gaukeleien mit den Schlangen vor dem Volke zu treiben *)? —

Ferner gehört zu den in Habessinien einheimischen und häufigen Pflanzen, der gemeine Saflor (Carthamus tinctorius, L.) welchen die Habessinier Danguelat nennen, und aus dessen Saamen sie ein Oel pressen, das gegen die Hypochondrie und gegen Verstopfungen besonders wirksam seyn soll **).

Sie haben auch noch eine andere Oelpflanze Nuk oder Nugo genannt, welche als Blume im Getreide wächst ***).

Ausserdem giebt es hier auch Sesam (Sesamum orientale L.) aus welchem ein sehr gutes Oel gekocht und gepreßt wird †).

Hopfen haben sie nicht; sie brauen ihr Bier ohne denselben ††).

---

ohne von ihnen gebissen zu werden; ja er sagt, die Schlangen wurden ganz schwach, schienen krank zu seyn, schlossen die Augen und wandten den Kopf weg, sobald ein solcher Neger sie angriff u. s. w.

*) Ludolf hat diesen Gegenstand weitläufig abgehandelt. Man vergleiche damit, was Bruce (am angef. Orte.) darüber sagt.

**) Abba Gregorius brachte von diesem Saflorsaamen als eine grosse Seltenheit mit nach Deutschland.

***) Alvarez, im 49. Kap. — Bruce nennt bloß diese Pflanze (III. B. S. 98.) ohne sie genauer zu bestimmen.

†) Dies scheint das Oel zu seyn, von welchem auch Poncet spricht. (Lettres edif. T. III. p. 339.) — Bruce nennt den Sesam; im III. B. S. 98. — und erwähnt (III. B. S. 116) noch eines kleinen Korns Telba genannt, aus welchem auch Oel gemacht wird.

††) Abba Gregorius hielt den Hopfen als ein zur Bereitung des Biers so trefliches Gewächs so hoch, daß er Samen von demselben

von Habeſſinien.

Weinſtöcke giebt es in dieſem Lande, welche vortrefliche Trauben tragen; aber es wird kein Wein daraus gekeltert. Entweder wiſſen die Einwohner nicht damit umzugehen oder die Hizze macht die Trauben zu ſchnell ſauer *).

Zucker wächst in Menge, aber die Habeſſinier verſtehen die Kunſt nicht, ihn zu ſieden und zu läutern **). hingegen fehlt es an andern Gewürzen, als Pfeffer, Ingwer ***). u. ſ. w. Wahrſcheinlich iſt weder Boden

---

bei ſeiner Rükreiſe mit ſich nahm. — die Habeſſinier bereiten ihr Bier, das ſie Bouza (Bouſa?) nennen, aus Teff- oder Gerſtenkuchen, über welche ſie warmes Waſſer gieſſen. Es iſt aber ein elendes Getränke. (Bruce, V. B. S. 85.)

*) So ſagt Ludolf. Auch Poncet verſichert (S. 309.) daß der Wein nicht geſchäzt werde, weil er ſich wegen der Hizze nicht lange halte. — Dieſem wiederſpricht Bruce (III. B. S. 333.) indem er ſagt; es werde in den Diſtrikten Drida und Karuta ein guter Wein in ziemlicher Menge gewonnen, da ihn aber die Habeſſinier nicht ſchäzzen, ſo wird er meiſt in die ſüdlichen Galla-erländer geführt. (S. 251.) Er trank ſelbſt einen rothen Wein von Karuta, von welchem er ſagt, daß er vortreflich und ſehr ſtark war. (S. 291.) — Poncet (S. 336.) ſah in der Gegend von Emfras, Trauben, deren eine 8 Pfund wog und deren Beeren ſo groß waren, wie Nüſſe! — der Herbſt der Habeſſinier fällt in den Februar. — In den Wäldern von Tigra wachſen kleine ſchwarze Trauben wild. (Bruce, III. B. S. 333.)

**) Alvarez, im 147. Kapitel.

***) Poncet (S. 321.) will Karbamamen und Ingwer auf den Feldern in Habeſſinien geſehen haben; dieſe Gewürze werden aber, nach Bruce, III. B. S. 384., aus den an die ſüdliche Gränzen von Habeſſinien ſtoſſenden Ländern, durch muhammedaniſche Kaufleute geholt.

noch das Klima daran Schuld, sondern bloß die Nachlässigkeit und Unerfahrenheit der Einwohner.

Aus einer Wurzel Namens Taddo bereiten die Habessinier ein Getränke *).

Die Pflanze Suff liefert ihnen die einzige Farbe, die sie haben, nämlich die gelbe. Andre Farben wissen sie nicht zu bereiten **). Von schönen Blumen hat dieses Land eine angenehme Mannigfaltigkeit. Man sieht hier Schasmin, Tulpen, Schonkillien, Lilien und viele andere Arten ***).

Poncet sah auch Aloen †).

Unter den Sträuchen und Bäumen dieses Landes verdienen vorzüglich folgende angemerkt zu werden:

Die Pisangstaude, Paradies-Muse der Paradiesfeigenbaum, arabisch موز — Maus (Musa Paradiliaca. L.) — Ein Baum, der in Mittelasien, Ostindien, Guinea, und Westindien wächst und vortreffliche Früchte trägt ††).

Der Ensete — ein in allen heissen und feuchten Gegenden von Habessinien wachsender krautartiger Baum †††) — ist schon von Lobo ziemlich gut be-

---

*) Poncet, Lettres edif. T. III. p. 309.

**) Bruce, III. B. S. 125.

***) Poncet, S. 322. — Bruce, III. B. S. 114 u. a. O.

†) Lettres edif. T. III. p. 296.

††) Ludolf verweilt sich lange bei dieser Frucht, um zu beweisen, daß sie das Dudaim der heil. Schrift sei.

†††) Hofr. Blumenbach (Bruce V. S. 280.) vermuthet, daß der

beschrieben worden †). — Von diesem sonderbaren Gewächse wird der ganze, weiße innere Theil, besonders von gemeinen Leuten gegessen. Mit Milch oder Butter gekocht giebt diese Pflanze ein sehr gutes, gesundes nahrhaftes und leicht verdauliches Nahrungsmittel *).

Unsere gemeinen europäischen Obstbäume findet man in Habessinien nicht; hingegen Zitronen-, Pomeranzen-, Pfersich- und Granatbäume.

Godignus erwähnt noch eines andern merkwürdigen habessinischen Baums, dessen Frucht alle Monat von den Habessiniern, als Arzneimittel gegessen wird, um die Würmer zu vertreiben, die sich durch den häufigen Genuß des rohen Fleisches in ihren Eingeweiden erzeugen **).

Auch fehlt es nicht an Bäumen, welche gutes

Ensete eine Gattung des Musa-Geschlechts sei, obgleich Bruce das Gegentheil zu beweisen sucht.

*) Im I. Thl. d. W. S. 232. — Hofr. Blumenbach lobt diese Beschreibung in der erst angeführten Anmerkung.

*) Bruce, V. B. S. 47. u. ff.

**) Dies ist der Baum Kuffo. — Bruce (V. B. S. 81.) sagt, die Habessinier beiderley Geschlechts sind einer schröcklichen Krankheit unterworfen, nämlich, alle Monate geben sie eine grosse Menge Spulwürmer von sich. Das spezifische Mittel dagegen ist die Blüte des Kuffobaums, von welcher man eine Handvoll nimmt und Bier darüber gießt, welches man über Nacht stehen läßt und am anderen Morgen trinkt. — Daß diese Würmer nicht vom Genuß des Teffsbrod, sondern des rohen Fleisches entstehen, hat Bruce, wie er (S. 87.) zu glauben scheint nicht zuerst bemerkt; denn Ludolf giebt diese Ursache schon an.

Bauholz geben *), ob man gleich Tannen und Fichten hier vermißt **). —

Bruce beschreibt (in seinem naturhistorischen Anhange) noch folgende merkwürdige habessinische Pflanzen:

Die bekannte Papierpflanze (Cyperus papyrus. L.) eine Gattung Zypergras, welche an den Ufern des Nils wächst, und ehmals das Papier zum Schreiben lieferte ***).

Den Myrrhenbaum, Saſſa (Oppocalpaſum) fand derselbe bei Emfras, am See Tzana, wohin er von den Einwohnern verpflanzt worden ist.

Zwei Gattungen von Mimosen, in Habeſſinien Ergett y Dimmo und Ergett el Krone genannt.

Den Baum Koll-quall, der einen scharfen Milchsaft von sich giebt, und von den Habeſſiniern zum Gär-

---

*) Auſſer den hiergenannten Bäumen und Geſträuchen nennen Alvarez, Poncet und Bruce an mehreren Orten, noch manche andere, z. B. den wilden Oelbaum (Alvarez, 48. Kap.) Den Ebenholzbaum vorzüglich in Kuara (Poncet, S. 294. Bruce, V. B. S. 74.) — Den Maulbeerfeigenbaum (Poncet, S. 294. Bruce III. B. S. 75.) — die virginische Zeder (Bruce, II. B. S. 706. III. B. S. 85 u. 159.) — Den Darubaum (Bruce, III. B. S. 93.) — Den Baobab oder Affenbrodbaum (Bruce, III. B. S. 147. 159.) — Akazien (Bruce III. B. S. 101. 383.) — Tamarisken. (Bruce, III. B. S. 159.) Kapernbäume (Bruce, III. B. S. 73.) u. s. w. An Bäumen aller Art ist kein Mangel. Alle Kirchen sind mit Bäumen umgeben. Die niedrigen flachen Gegenden sind reichlich mit Holz bedekt; die hohen hingegen sind davon entblöst; denn der untere Theil der habeſſinischen Gebirge wird zum Getreidebau benutzt, und der obere ist mit Gras und Kräutern bedekt. (Bruce, II. B. S. 536.)

**) Welches Abba Gregorius besonders bedauerte.

***) M. s. Linné's Pflanzensystem, nach Houttuyn. XII. B. S. 108.

ben gebraucht wird. Er ist wahrscheinlich eine Gattung Euphorbia *).

Der Rak, einen grossen Baum, dessen Holz, weil es im Wasser hart und wegen seiner Bitterkeit von den Würmern nicht angegriffen wird, zum Schiffsbau sehr tauglich ist. — Er scheint mit Forskals Cissus arborea übereinzukommen.

Den schönen, aber sehr lästigen Dornstrauch Kantuba.

Den Baum Gaguedi; wahrscheinlich eine Gattung Protea.

Den Baum Wanzey, der ein vestes und schweres Holz hat.

Den schönen Strauch Jarek (Bauhinia acuminata. L.)

Den schönen Baum Kuara (eine Gattung Erythrina) der Bohnen trägt, welche als Goldgewicht gebraucht werden.

Den Baum Walkuffa.

Den Strauch Wudschinus, dessen Wurzel ein spezifisches Mittel gegen die Dysenterie ist.

Den Kusso, dessen schon gedacht worden ist.

Fünfter Abschnitt.
Zahme und wilde Thiere. Vögel. Amphibien. Ungeziefer. Fische.

Habessinien wimmelt von Thieren mancherlei Art; es hat grosse Heerden zahmes Vieh, Wildpret und Geflügel in Menge, grosse Haufen wilder reissender Thiere merkwürdige Amphibien, sehr schädliches Ungeziefer und mancherlei Arten Fische.

---

*) Nach Hofr. Blumenbachs Vermuthung. (Bruce V. B. S. 231.

Von zahmen vierfüssigen Thieren findet man hier vorzüglich einen reichen Ueberfluß an grossem Rindvieh, dessen Zucht einen Hauptgegenstand der Beschäftigung der Habessinier ausmacht. Sie haben Ochsen von ganz ungeheurer Grösse, die beinahe doppelt so groß und stark seyn sollen, als die gewöhnlichen grossen europäischen. Ihre Hörner sind ausserordentlich groß. Auch fehlt es diesem Vieh, wie wir schon angemerkt haben; nicht an vortreflicher Weide, die bei der starken Bewässerung des Bodens, und befruchtenden Sonnenhizze das Gedeihen dieses nüzlichen Viehs so ungewöhnlich befördert *).

Treffliche, muthige, dauerhafte Pferde hat auch dieses Land, sie werden aber gewöhnlich nur zum Kriege und zu Wettrennen gebraucht, nie zum Zuge; sie werden nicht beschlagen. Zum Reisen, zum Lasttragen, zur Ersteigung der Gebirgswege werden bloß Maulesel gebraucht, die zum Reiten und zum Klettern auf Felsenpfaden besonders abgerichtet werden. Die Habessinier ziehen sie in dieser Rücksicht ihren Pferden vor; auch steigen sie jedes Mal vom Pferde und auf den Maulesel wenn sie über ein Gebirg müssen, auf solchen Wegen werden die Pferde immer geführt.

Man findet auch wilde und zahme Esel.

Kameele giebt es nur in flachen Gegenden; denn diese Lastthiere sind für die glühenden Sandebenen vortreflich; aber für Gebirgsgegenden taugen sie nicht.

Das Schaaf mit dem Fettschwanze (Ovis arabica platyura) ist in diesem Lande einheimisch. Es

---

*) Von Ochsen mit Buckeln spricht Bruce, im III. B. S. 190. Es giebt auch wilde Büffel, besonders in den waldichten Ebenen; sie werden von den Grossen gejagt. (Bruce, II. B. S. 524.)

ist bekannt, daß dieser Schwanz der Art Schaafe ein köstlicher Fettklumpen ist, der oft zehn bis zwölf Pfunde wiegt, und von den Einwohnern, damit er durch das Nachschleppen auf der Erde nicht verdorben werde, auf ein kleines Wägelchen gelegt wird, welches von dem Schafe gezogen werden muß*).

Andre zahme Thiere, als Ziegen und Schweine hat Habessinien mit Europa gemein.

Von wilden vierfüssigen Thieren hat Habessinien vorzüglich folgende:

Das größte aller Landthiere, der ungeheure Elefant (Elephas maximus L.) zieht in Heerden zu Hunderten in diesem Nahrungsreichen Lande umher, und richtet in Feldern und Wäldern die gräulichsten Verwüstungen an; er mähet ganze Getreide-Aekker ab, und was er nicht frißt, das zertritt er; die Bäume zerknikt er, wie Strohhalmen um ihr Laub und die jungen Zweige desto bequemer verzehren zu können; denn diese machen sein meistes Futter aus, ohne welches diese zahllosen Heerden Pflanzenfressender Thiere selbst in diesem Grasreichen Lande verhungern müßten. Zu dem Ende hat ihnen die Natur auch ein besonderes Futter angewiesen, nämlich einen bei uns unbekannten Baum von der Höhe eines Kirschbaums, welcher wie der Hollunderbaum ganz voller Mark ist, und ein so weiches Holz hat, daß diese Thiere ihn wie Gras fressen**). — Wo ein Zug von Elefanten hintrabt, da bahnt er eine Straß-

---

*) Auch findet man hier den Abimain oder das ethiopische Schaaf (Ovis africana, vel guineensis) das eine Haarähnliche Wolle hat. Bruce sah in Tigre lauter schwarze; sie waren sehr groß, so wie auch die Ziegen. (III. B. S. 83.)

**) Damit stimmt auch Bruce (V. B. S. 103.) überein, der jedoch sich das Ansehen giebt, als habe er diese Bemerkung zuerst gemacht.

se, die den Reisenden in diesem unwegsamen Lande oft sehr zu Statten kömmt. — Ungereizt beleidigen diese Thiere nicht leicht den ruhigen Wanderer; doch ist ihre Nähe immer unangenehm. — Die Habessinier zähmen die Elefanten nicht, welches überhaupt in Afrika nicht Sitte ist.

Ein anders ungeheures vierfüßiges Thier ist das Fluß- oder Nilpferd, der Behemot, in ethiopischer Sprache Bihat, in amharischer, Gomari genannt, (Hippopotamus amphibius. L.) welches ausser seinem Gewieher keine Aehnlichkeit mit dem Pferde hat. Dieses dem Erdtheil Afrika eigenthümliche Thier lebt in Flüssen und auf dem Lande; frißt zwar nur Pflanzennahrung, ist aber dem Menschen sehr gefährlich; doch kann es durch Feuer ohne Mühe verjagt werden. Es findet sich im Nil und im See Tzana, auf welchem es die Schiffahrt sehr unsicher macht, indem es oft die Kähne umstürzt, und die Menschen umbringt*).

Ein anders nicht minder gefährliches grosses wildes Thier ist das Nashorn oder Rhinozeros, welches auch seine Nahrung aus dem Pflanzenreiche zieht, und so wie der Elefant Laub und Baumzweige frißt**).

Es giebt in Habessinien eigne Leute, welche Jagd auf dieses Thier machen, und sein Fleisch speisen; aus seiner dikken Haut werden Schilde gemacht.

Die Dschiraffe, der Kameelparder (Giraffa Camelopardalis. L.) arabisch زرافة (Surafa) habessinisch Schiratakäzin, das heißt: Dünnschwanz — ***) ist ebenfalls ein Pflanzenfressendes, sonderbar ge-

---

*) Man sehe besonders Sparrmann's Nachrichten von diesem Thiere, in seiner interessanten Reisebeschreibung.

**) Hierüber kann auſſer Sparrmann, auch Bruce im V. B. und Blumenbach in den Anmerkungen dazu nachgelesen werden.

***) Bruce (II, B. S. 623.) übersetzt jenen Namen Langschwanz.

staltetes Thier, nämlich es ist vorne ungleich höher als hinten, und hat einen sehr langen Kameelshals *). Uebrigens ist dies Thier sehr gutartig.

Auch das Zebra oder Zekora (Equus Zebra. L.) gehört zu den wilden Thieren, die ihre Nahrung im Pflanzenreiche suchen. Dieser schön gestreifte wilde Esel zeichnet sich durch seine herrliche Gestalt aus. Schade, daß man ihn nicht zähmen kann! —

Unter den in Habessinien so zahlreichen fleischfressenden Raubthieren steht billig der Löwe oben an. Er ist zu bekannt, als daß ich ihn hier umständlicher beschreiben sollte. Die Habessinier ziehen bisweilen junge Löwen auf, und zähmen sie, aber es ist ihnen doch nicht immer zu trauen.

Leoparden, Pantertiere und **Hyänen** richten oft in diesem Lande grosse Verwüstungen an, und machen die Wälder unsicher**).

Schakalle, Füchse und **kleine Wölfe** gibt es auch; aber keine **Bären***).

Ausser diesen Raubthieren nährt Habessinien eine ungeheure Menge grosser und kleiner Affen und Pavianen von mancherlei Arten. Sie leben meist in grossen Haufen beisammen, und verwüsten gemeinschaftlich die Felder und Gärten mit einander. Sie fressen auch Würmer und Ameisen, die sie sehr gierig aufsuchen. — Diese Heere von Affen würden bei ihrer starken Vermehrung ganz Habessinien bald aufzehren, wenn sie selbst nicht so häufig eine Beute der Raubthiere würden

---

*) Was Ludolf von der ungeheuern Grösse der Dschiraffe sagt, ist Uebertreibung seiner Berichtgeber.

**) Tiger giebt es in Habessinien, so wie in ganz Afrika nicht.

***) Bruce beschreibt auch (V. B. S. 152.) einen habessinischen Luchs den er den gestiefelten nennt.

vor welchen sie sich nur mit der Flucht zu retten suchen, oder, wo dies nicht möglich ist, trachten sie ihre Feinde durch Wolken von Staub abzuhalten, die sie ihnen in die Augen werfen.

Ein ganz unschädliches, niedliches kleines Aeffchen, von bläulichter Farbe wird auch in Habessinien gefunden, und in ethiopischer Sprache Jonkese und in amharischer Guereza genannt.

Ferner gibt es von Gewild in den habessinischen Wäldern: **Hirsche, Rehe, Gazellen, Stachelschweine, wilde Schweine, wilde Ziegen, Zibetthiere, Hasen und Kaninchen***).

Was das **Einhorn** betrift, welches die portugiesischen Jesuiten in Habessinien gesehen zu haben behaupten, so müssen wir die Sache noch auf sich beruhen lassen. Es sind Gründe für und wider die Existenz dieses sonderbaren Thieres da. Mehrere Missionare versichern in vollem Ernste dasselbe einzeln und in Haufen beisammen gesehen zu haben, wiewohl es seiner Schüchternheit wegen sich sehr selten blikken läßt, indem es nur die einsamsten Gegenden der dichtesten Gehölze bewohnt. Einem der portugiesischen Jesuiten wurde sogar einmal ein junges Einhorn gebracht.

Ob dies, wie **Ludolf** vermuthet das Thier ist, welches sein Freund **Gregorius** in ethiopischer Sprache **Arweharis** nannte, und als stark und wild beschrieb? — Ob es möglich ist, daß die portugiesischen Jesuiten welche

---

*) Bruce spricht auch (III. B. S. 103.) von einer wilden Ziege, Agazan genannt, die so groß ist, wie ein Esel. Sollte dies nicht eine Antelopen-Art seyn? — Von vierfüßigen Thieren in Habessinien nennt Bruce ferner: Den Klippdachs, Aschkoko (Cavia capensis) — Die Springmaus, Jerboa, Razzen und Mäuse.

keine erfahrene Naturforscher waren, eine Gazellen- oder Antelopen-Art, für das wunderseltsame Einhorn ansahen? — Und ob Bruce's Machtsprüche die Behauptung mehrerer Jesuiten, dieß Thier selbst gesehen zu haben, umzustoßen vermögend sind? — Diese Frage will ich den Naturkündigern zur Untersuchung überlassen.*)

An allerlei Geflügel, besonders an Raubvögeln, Habichten, Geiern, Weihen, auch an Körnerfressenden Vögeln, vorzüglich an Tauben, auch an Schwalben hat dieses Land einen grossen Ueberfluß. Wasservögel sind seltener, und Gänse giebt es hier gar nicht**).

Unter den habessinischen Vögeln bemerken wir vor andern:

Den Strauß, (Struthio Camelus L.) — Diese Vögel findet man besonders häufiger in den Sandwüsten der Schangallaer, welche die nördliche Gränze von Habessinien ausmachen***).

Den Kasuar (Struthio Casuarius L.) habessinisch Aba-Gunba — welcher Schlangen fressen soll †) — versezt Ludolf auch nach Habessinien ††).

---

*) Ich habe schon in der Anmerkung zu S. 157. des 1. Thl. d. W. Mehreres hierüber gesagt.

**) Dem Abba Gregorius gefielen besonders die in Habessinien unbekannten weichen Federbetten, die er in Deutschland fand; die Gänse schienen ihm daher sehr schätzbare Thiere zu seyn. — Alvarez spricht (im 24. Kap.) von wilden Gänsen, wilden Enten und Krammetsvögeln, die er in Habessinien sah.

***) Bruce, II. Band, S. 541.

†) Der Kasuar frißt, so viel ich in Naturhistorikern finden konnte, keine Schlangen, und der Abba Gumba oder Erkum, dessen Bruce (V. B. S 172.) erwähnt, ist kein Kasuar, sondern nach Blumenbachs Vermuthung Buceros abyssineus — der habessinische Nashornvogel.

††) Ich finde sonst nirgends Erwähnung desselben in meinen habessinischen Schriftstellern.

Den **Ibis**, (Tantalus Ibis L.) welchen die Habeſſinier **Abu Hannes** (Vater Johannes) nennen. Ein Vogel, der beſonders durch die Egypter berühmt geworden iſt*).

Den **Pipi** oder **Marok**, von welchem ſchon oben (im erſten Theile d. W. S. 160.) geſprochen worden. **).

Andre Schriftſteller erwähnen der Vögel **Minga** und **Kurvanez**, ohne ſie gehörig zu beſchreiben***).

Lobo nennt auch noch folgende Vögel, den **Abagun** †) — **Kardinäle** — **weiſſe Nachtigallen** und **Rebhüner**.

Bruce ſpricht ferner von **Lämmergeiern**, habeſſiniſch **Niſſer Werk**, (Vultur barbatus L.) — von den Raubvögeln, **Niſſer Tokum** (Falco coronatus L?) von **Erdgeiern**, **Rachama** (Vultur percnopterus L.) von **Scheregring** (Coracias abyſſinica) u. ſ. w. ††) — Auch von **Perlhünern**†††) — **Tauben** u. ſ. w.

Von Amphibien, Schlangen, und Inſekten — Plagen, mit welchen Habeſſinien mehr als zu viel heimgeſucht iſt — ſind vorzüglich folgende hier zu bemerken:

Das **Krokodill** (Lacerta Crocodilus) dieſer bekannte gefährliche Milbewohner wird auch im Fluſſe Takazza gefunden, aber nicht im See Tzana*).

Der

---

*) M. ſ. Bruce's Beſchreibung, im V. B. 175. u. ff. —

**) Adhuc ſub judice lis. eſt. Abba Gregorius berichtete dem Ludolf aus eigener Erfahrung ebendaſſelbe, was oben Lobo von dieſem Vogel erzählt.

***) Le Grand in ſeinen Zuſätzen zu Lobo's Reiſebeſchreibung, I. B. S. 293.

†) Der Abba Gumba (I. Theil. S. 160.)

††) Im V. Band, S. 159. u. ff.

†††) Im III. Band, S. 383.

*) Bruce, III. S. 401.

Der Angueg — der Schleuderschwanz (Lacerta Caudiverbera. L.) eine grosse häßliche Wasser-Eidexe, die sehr häufig in diesem Lande gefunden wird*).

Von andern Eidexen-Arten gibt es viele und mancherlei in Habessinien. Bruce beschreibt besonders die Eidexe El Adda, die er in Atbara fand**).

Grosse und kleine Schlangen verschiedener Art, Vipern, Wasserschlangen u. s. w.

Von der Riesenschlange (Boa Constrictor. L.) spricht Bermudes***).

Abba Gregorius erzählte dem Ludolf von einer armlangen, braunen Schlange in Habessinien, die durch ihren giftigen Hauch Menschen und Thiere tödet†).

Die Brillen- oder Kappenschlange (Coluber Naja. L.) soll auch in Habessinien einheimisch seyn††)

Auch die Hornschlange (Coluber Cerastes. L.) findet sich daselbst,†††) und noch eine Menge anderer Arten von Schlangen.

Schädlicher als alle Eidexen und Schlangen sind die Heuschrekken (Gryllus cristatus. L.) welche in ungeheuern Haufen, wie eine schwarze Wetterwolke auf das Land herabfallen, und in dem ganzen Striche, auf den sie sich heißhungrig stürzen, Alles aufzehren, Kraut, Laub, Früchte, Baumrinde, so daß ihre Verwüstungen auf mehrere Jahre hinaus wirken, und die schröklichste Hungersnoth erzeugen.

---

*) M. s. die Beschreibung des Abba Gregorius, bei Ludolf, L. I. C. 11.

**) Bruce, V. Band, S. 197.

***) Beim La Croz. S. 199.

†) Ludolf, L. I C. 13. Dies kann wenigstens zur Entschuldigung Lobo's dienen, über das was er S. 236. im I. Thl. d. W. erzählt.

††) Bermudes, am angeführten Orte.

†††) Bruce V. Band, S. 200. u. ff

Ameisen giebt es auch in Menge, besonders von dreierlei Arten, deren die größte von den Habessiniern Gundan genannt wird. (wahrscheinlich die Vagvaguen, Tercues fatalis. L.) Diese ziehen in grossen Heeren in gewisser Ordnung umher, und fressen Alles auf; Die zweiten von mittlerer Gattung, werden die Knechte der Gundan genannt; sie sind kleiner als erstere und sammeln sich Vorrath in ihre Löcher, welches die ersteren nicht thun. (Dies scheinen bauende Wagvagum zu seyn.) Die kleinsten Ameisen heissen Tzatzuce.

Die nüzlichen Insekten die Bienen, sind in diesem Lande so häufig, daß sie die Habessinier in grossem Ueberflusse mit Honig und Wachs versehen. Die habessinischen Bienen sind aber von den unsrigen verschieden; sie sind kleiner, schwarz, haben keinen Stachel, und bauen sich daher unter der Erde an.

Von der Fliege Tsaltsalya, mit welcher Bruce seine Leser durch sein ganzes Werk verfolgt, spricht er besonders in seinem naturhistorischen Anhange *) sehr viel; aber weder seine Beschreibung noch seine Zeichnung können den Naturforscher befriedigen **). Derselbe erwähnt auch kleiner schwarzer Scorpionen, die er im nördlichen Habessinien fand ***).

Die Flüsse und Seen von Habessinien sind sehr fischreich †); aber die Reisebeschreiber sagen uns nicht, welche Arten von Fischen hier gefunden werden. Sie nennen uns nur einen merkwürdigen Fisch nämlich:

---

*) Im V. Bde. seiner Reisebeschreibung.

**) M. s. Blumenbachs Anmerkung dazu im V. B. S. 291.

***) Bruce, IV. B. S. 315.

†) Ludolf, L. I. C. 11. Bruce, III. B. S. 114. 160. 161.

Der Zitterfisch, Zitteraal oder Drillfisch (Gymnotus electricus. L.) findet sich auch in den habessinischen Gewässern, und wird von den Habessiniern als spezifisches Mittel gegen drei- und viertägige Fieber gebraucht. Die Kur ist aber sehr gewaltsam. Der Kranke wird nämlich auf ein Bret vestgebunden, und dann legt man ihm jenen Fisch lebendig auf den Leib, wodurch er die unerhörtesten Schmerzen leiden muß; aber auch ganz sein Fieber verliert.

Dies ist Alles, was sich von Habessiniens Naturgeschichte und Produkten aus den vorhandenen Nachrichten zusammenklauben läßt. Es ist sehr wenig, aber doch genug, um zu beweisen, welch eine reiche Aerndte der Naturforscher hier zu hoffen hätte, und wie wenig Ritter Bruce auch in diesem Punkte die hochgespannten Erwartungen des Publikums erfüllt hat, da er eine so dürftige Nachlese aus einem so reichen, noch unbesuchten Felde lieferte! —

Sechster Abschnitt.
Geographische Beschreibung der einzelnen Länder und Provinzen von Habessinien.

Nach der oben bestimmten Ausdehnung welche Habessinien vormals hatte, begriff es mehrere unmittelbar und mittelbar unterworfene Königreiche und Landschaften unter sich, deren Zahl sehr verschieden angegeben wird, wovon die Ursache theils darinn liegt, weil Einige die grossen Landschaften in kleinere Theile zerstükten, theils auch darinn daß Andre, Königreiche und Länder dazu rechneten, welche nie zu Habessinien gehörten, oder schon allzulange davon getrennt waren, oder welche nur mit diesem Reich in gutem Vernehmen standen. *).

---

*) So rechneten Einige 40. Andere 60 Landschaften zu Habessinien. Ludolf. L. I. C. 3. — Godignus rechnet Abel, Danlali, Alschu-

Beschreibung.

Nach Angabe seines habessinischen Freundes des oft-erwähnten Abba Gregorius zählt Ludolf dreissig grosse Landschaften, welche meist auch den Titel Königreiche führten, und sechs kleinere Landschaften, die unter besondern Statthaltern standen,*) und welche alle vormals zum habessinischen Reiche gehörten**).

Ludolf nennt uns die dreissig grossen Landschaften und Königreiche in alfabetischer Ordnung:

1. Amhara. 2. Angot. 3. Bagember. 4. Bali. 5. Bizamo. 6. Bugna. 7. Cambat. 8. Conut. 9. Damot. 10. Dawaro. 11. Dembea. 12. Enarja. 13. Fatagar. 14. Gafat. 15. Gajghe. 16. Gann. 17. Ganz. 18. Gedm. 19. Gojam. 20. Gombo. 21. Gonga. 22. Guraghe. 23. Jfat. 24. Samen. 25. Set. 26. Sewa oder Schoa. 27. Schat. 28. Tigre. 29. Walaka. 30. Wed.

Die sechs kleineren einzelnen Statthalterschaften sind:

1. Emfras. 2. Mázága. 3. Mugar. 4. Tzágáde. 5. Wágára. 6. Wálkasir.

Wir wollen nun alle diese grösseren und kleineren Landschaften nach Ludolfs Abtheilung und nach seiner Karte, verglichen mit der Bruceschen, in der Ordnung wie sie von Norden nach Süden liegen, kurz beschreiben***).

---

bschiro, Fajullo u. s. w. zu Habessinien, welche Länder doch nie dazu gehörten. (Ludolf. Comment. p. 85. sq.)

*) Die g ossen Statthalterschaften oder Vizekönigreiche werden Menghest — die kleineren oder Distrikte Schumet genannt, von Schum Landvogt.

**) Hierinn stimmt Bruce meist mit Ludolf überein.

***) Ich lege Ludolf's Karte und 3tes Kapitel seines Werks hiebei zum Grund, benütze aber auch alle andre Schriftsteller dazu! — Was kein besonders Zitat hat, ist aus Ludolf genommen.

von Habessinien.

1. Die Landschaft Mazaga oder Mázága *) macht den nördlichsten Theil von Habessinien aus, sie liegt am Takazza, und stößt ostwärts an Tigre.

Diese Landschaft wird von Schangallaern, **) einer Negernazion bewohnt, welche zwar unabhängig von Habessinien ist, aber sich gefallen lassen muß, daß die habessinischen Monarchen und Statthalter von Zeit zu Zeit Menschenjagden auf ihre Kosten anstellen, ihr Land verheeren und ihre Kinder als Sklaven wegschleppen ***).

In dem östlichen Theile dieses Landstriches ist zu bemerken.

Berkuhm, ein grosser Wohnort der Schangallaer am Flusse Mareb.

Zu diesem Lande der Schangállaer gehört auch die Landschaft Terkin oder Derkin (nach Bruces Karte) zwischen den Flüssen Atbara (Takazze) und Mareb. Nordöstlich davon wohnen die Takas oder Takaer ein Hirtenvolk.

Zu der Landschaft Mazaga konnte auch die Landschaft Atbara gerechnet werden, welche westlicher liegt und unter einem arabischen Scheik steht †.

---

*) Dies ist eigentlich kein geographischer Name; denn Mazaga bedeutet in der habessinischen Sprache: eine fette, schwarze, lokkere Erde, und die Habessinier geben dem ganzen Lande der Schangallaer diesen Namen, weil es einen solchen Boden hat, der aber zum Getreidebau untauglich ist; auch nennen sie es die Kolla. Das Klima ist unbeschreiblich heiß. (Bruce, II. B. S. 542. u. 559. IV. B. S. 329. u. 330.

**) M. s. Bruce's ausführliche Nachrichten von diesem Volke, im II. B. S. 433. 539. 543. u. ff.

***) Bruce am angef. Orte.

†) Nach Bruce, IV. B. S. 353. u. ff. Seine Karte stimmt nicht mit seiner Angabe der Breite von Teawa überein. Nach Ludolfs

54 Beschreibung

Der Hauptort ist:

Teawa (14°. 2'. 4''. N. B.) Die Residenz des Scheik; ein elender Ort, mit etwa 1200. armseligen Einwohnern, arabischer Abkunft; die Besatzung desselben und Leibwache des Regenten besteht aus 25. Reutern.

2. Die grosse Landschaft Tigre oder Tegre, ein Vizekönigreich, deren Regent von grossem Ansehen ist, und Tigre-Makuennen genannt wird, wodurch die portugiesischen Jesuiten aus Unkunde der Sprache verleitet wurden, der ganzen Statthalterschaft irriger Weise den Namen Tigremahon zu geben.

Diese grosse Landschaft streckt sich in einer Länge von achtzig deutschen Meilen, von der Nordgränze Habessiniens bis zum Reiche Dankali hinab, längs dem rothen Meere hin, dessen Küste — die Küste Habesch (nicht Aber) genannt — vormals auch dazu gehörte.

Sie ist sehr gebirgig; dennoch ist der Boden sehr fruchtbar und ergiebig; was aber den natürlichen Reichthum derselben noch weit erhöht, ist der Handel, der durch diese Provinz zwischen Habessinien und Arabien und Indien mittels des Hafens Arkiko getrieben wird. Dies vergrössert auch die Macht und das Ansehn des Statthalters von Tigre, welcher diesen wichtigen Handel in seiner Gewalt hat.

Der Statthalter oder Vizekönig von Tigre behauptet auch den ersten Rang unter den Statthaltern und Vasallen des habessinischen Monarchen.

Die einzelnen Provinzen dieser grossen Landschaft sind *): —

1.) Abargale, an der Gränze von Dembea.

Karte gränzt Atbara an Tigre; der Name des Landes fehlt auf der Bruceschen.

*) Nach Ludolf's Aufzählung in alphabetischer Ordnung.

2.) Aksum, ostwärts von Sire, im nördlichen Theile von Tigre. Hier ist:

Aksum oder Axum (von den Portugiesen irrig Charume genannt) die ehemalige ansehnliche Hauptstadt von ganz Habessinien, die aber jetzt grossen Theils ganz verfallen ist, doch zeigen noch ihre Ruinen, daß sie vormals eine prächtige Stadt war *) — Diese Stadt ist sehr alt. Bruce wähnt (I. B. S. 424.) sie sei schon zu den Zeiten Abrahams von den Kuschiten (die er zu den Ureinwohnern Habessiniens macht) erbaut worden. Diese Vermuthung ist aber ganz ohne historischen Grund. Wahrscheinlich ist Axum später, vielleicht von den aus Arabien eingewanderten Hamjariten (Hameriten) die von den alten Schriftstellern auch Axumiten genannt werden, gegründet worden. Gewisses kann wol hierüber nichts gesagt werden.

Wahrscheinlich gehören auch folgende beide Orte zu diesem Distrikt:

1.) Adowa, die Hauptstadt von Tigre, in einer mit Bergen eingefaßten Ebene; die Häuser sind von Bruchsteinen. Die Dächer kegelförmig mit einer Art Rietgras gedekt. Hier ist eine wichtige Manufaktur von grobem Baumwollzeug **).

2.) Fremona, der ehmalige Hauptort der Jesuiten, ein von ihnen bevestigter Platz, der jetzt sehr im Verfall ist ***).

3.) Adet. (Dieser Name findet sich weder auf Ludolf's noch Bruce's Karte.

4.) Afá Mákuonen. (desgleichen)

5.) Agamja. Südöstlich von Aksum, mit einem Orte gleiches Namens.

6.) Amba Sánet, südlich von vorigem, mit einem gleichnamigen Hauptorte.

7.) Bora, östlich von Abargale, an der Gränze von Begember.

---

*) Bruce, III. B. S. 128.
**) Ebend. S. 117.
***) Ebend. S. 125.

8.) **Ober-Bura,** der nördliche und

9.) **Unter-Bura,** der südliche Distrikt Bura oder Bur, welche beide nicht weit von dem Meere liegen und an Dankali gränzen.

10.) **Betd-Abba-Garima.** (Findet sich nicht auf den Karten.) — Bruce erwähnt eines Klosters Namens Bet Abba Garima, welches eines der berühmtesten Klöster in Habessinien ist, 9 (engl.) Meilen von Adowa nordöstlich liegt und ehmals einem habessinischen Könige zur Residenz diente *). Wahrscheinlich ist dies der Hauptort jenes Distrikts.

11.) **Doba oder Dobas,** im südlichen Theile von Tigre. Dobas ist der Name eines heidnischen nomadischen Stammes **).

12.) **Enderta,** im südöstlichen Theile von Tigre, gränzt an die Azabs und Dobas ***). — Der Name findet sich nicht auf den Karten.

13.) **Gáralta.** (Findet sich nicht auf den Karten.)

14.) **Hazárat.** (desgleichen)

15.) **Membertá.** (Auch nicht.)

16.) **Nader.** (Auch nicht.)

17.) **Sáhart,** südlich von Temben, mit dem Hauptorte gleiches Namens.

28.) **Sáláwa** (auf Bruce's Karte: Salao) südlich von Abargale.

19.) **Sánafe,** an den Gränzen von Dankali, mit einem Orte gleiches Namens.

---

*) Bruce, III. B. S. 122. wo er auch sagt, man habe daher ehmals irrig den Namen Germe als den der Hauptstadt von Habessinien angegeben.

**) Bruce, II. B. S. 639.

***) Ebendaselbst, und III. B. S. 249.

von Habeſſinien.

20.) Sire, der nordweſtliche Theil von Tigre, zwiſchen Akſum und dem Takazze, iſt ungefähr 6 deutſche Meilen lang, und eben ſo breit; eine ſehr fruchtbare Landſchaft, die ehmals eine eigene Statthalterſchaft ausmachte; dann zu Tigre geſchlagen wurde; zu Bruce's Zeit aber wieder zu dem Rang einer Statthalterſchaft erhoben wurde.

Die Hauptſtadt iſt:

Sire (14°. 4'. 35". N. B. 38°. 0'. 15". O. L. von Greenwich) liegt in der Geſtalt eines halben Mondes am Rande eines ſteilen engen Thals, iſt groß, und liefert Baumwollenzeuge *).

21.) Täderár, ſüdlich von Doba, mit einem gleichnamigen Hauptorte.

Nach Bruce's Karte liegt ſüdweſtlich von dieſer Provinz Täderár.

Dofarſe, nach Alvarez **) eine beträchtliche Stadt, welche gegen 1000 Familien in ſich ſchließt, eine Kirche und mehr als hundert Mönche und Nonnen hat, die aber nicht beiſammen in Klöſtern, ſondern zerſtreut in Bürgershäuſern wohnen.

22.) Támben oder Temben, nördlich von Sahart, in der Mitte von Tigre.

23.) Tarat. (Fehlt auf den Karten)

24.) Tzáma. (Ebenfalls)

25.) Tzeran, ſüdöſtlich von Temben. (Hier wohnen Agaus, welche Tzeras-Agaus genannt werden.)

26.) Wag, (findet ſich nicht auf den Karten.)

27. Wairat, ſüdöſtlich von Bora, mit einem Orte gleiches Namens.

Hiebei iſt (nach Ludolf) anzumerken, daß dieſe ein

---

*) Bruce, II. B. S. 452. III. B. S. 117. 151. 250.
**) Im 49ten Kapitel, Seite 125. der franz. Ueberſetzung.

zelnen Landschaften nicht alle eigene Statthalter oder Landvögte (Schum) sondern mehrere stehen oft unter einem Schum.

Ferner gehört zu Tigre:

Die Statthalterschaft Midra-Bahr (d. h. Seeland, oder Land am Meer.) welche den Küstenstrich begreift, wozu ehmals die von den Türken jezt besezten Plätze Arkiko und Maſſuah gehörten. Der Statthalter dieſer Landſchaft führt den Namen Bahr Magaſch, d. h. Befehlshaber des Meers *). — Sein Gebiet beſteht aus folgenden Diſtrikten:

1. Bâkla — Nach Ludolfs Karte iſt dies der Name eines umherziehenden Hirtenvolks, das nördlich von Midrabahr seine Wohnplätze hat.

2.) Egâla (findet ſich nicht auf den Karten **).

3.) Hamaſen — ein kleiner Diſtrikt, ein Volk und ein Ort, nordweſtlich von Arkiko ***).

4.) Marſan — ein kleiner Diſtrikt und Ort oder Kloſter südwärts von Hamaſen.

5.) Mârata — fehlt auf den Karten.

6. Sârawe — (nach Bruce's Karte) nordweſtlich von Tigre. — Dieſe Landſchaft ſoll die beßten Pferde in Habeſſinien haben †).

7.) Zângâren — fehlt auf den Karten.

---

*) Die Portugieſen hielten den Namen Bahrnagaſch (den ſie Barnagas ſchrieben) für den Namen des Landes. Doch Alvarez wuſte ſchon, daß es Titel des Statthalters iſt.

**) Auf Ludolf's Karte finde ich dieſen Namen im ſüdweſtlichen Theile von Tigre.

***) Bruce, II. B. 528.

†) *Poncet*, Lettres édif. T. III. p. 354.

Bruce sagt *): — Das Gebiet des Bahrnagasch besteht aus einem langen Streifen längs dem rothen Meere hin, der aber nur schmal, und nirgends über 9. deutsche Meilen breit ist. Der nördliche Theil desselben heißt Habab, oder das Land der Agaazi, d. i. der Hirten.

Auf den Gränzgebirgen und in den Ebenen gegen Arkiko hin wohnen die schwarzen Völker Schiho und Hazorta. Dieser Strich Landes wird Samhar genannt, und derjenige Theil desselben, den die Hazorta bewohnen heist Hadassa**).

Auf dieser Gränze, zwischen Arkiko und Dixan erhebt der hohe Berg Taranta sein Haupt.

In dem eigentlichen Gebiete des Bahrnagasch sind folgende Oerter zu bemerken:

(1) Dobarwa, die Hauptstadt und ehmalige Residenz des Bahrnagasch liegt am Flusse Mareb, welcher hier dieses Gebiet von Tigre scheidet. Sie ist der Schlüssel von der Provinz Tigre und dem Hochlande von Habeßsinien***). Diese Stadt hat ungefähr 2. Stunden im Umfang; sie ist in die obere und untere Stadt abgetheilt, hat lauter steinerne Häuser, mit flachen Dächern und ist die Hauptniederlage der Waaren, die vom rothen Meere her nach Habessinien gebracht werden†). Jetzt ist diese Stadt an den Naib von Massuah verpachtet.

(2) Dixan (14° 57′. 55″. N. B. 7° 30′.0. L. von Grenwich) eine Stadt auf einem Hügel, der die Gestalt eines Zuckerhuts hat, und rings um von einem tiefen Thale, wie von einem Graben umgeben ist. Ein schnekkenförmig gekrümter Weg führt hinauf. Diese Lage macht den Ort sehr vest.

---
*) Bruce, III. B. S. 242.
**) Derselbe, III. B. S. 72.
***) Derselbe, II. B. S. 207.
†) Poncet, p. 355.

Daher wiedersezten sich die Einwohner dem Statthalter von Tigre Ras Michael *), wurden aber durch den Mangel an Wasser bezwungen und ausgerottet. Ras Michael verpachtete hierauf diese Stadt mit ihrem ansehnlichen Distrikte und mehreren Dörfern dem Naib von Massuah. — Die Stadt selbst wird in die obere und untere Stadt eingetheilt; jene wird von Muhammedanern, die von dem Naib abhängen, der in derselben einen Statthalter hat; diese von Christen bewohnt, die unter einem eigenen Statthalter stehen, welcher zugleich der Zolleinnehmer des Vizekönigs von Tigre ist. An diesem Orte wird ein starker Handel besonders auch mit Sklaven getrieben; die zum Theil aus gestohlnen Kindern christlicher Habessinier bestehen **).

(3). Hadawi ein Dorf von achtzig Häusern, auf einem Berge, jezt der Siz des Bahrnagasch, der dasselbe nebst dem dazu gehörigen kleinen Gebiete an sich gekauft hat, nachdem der Vizekönig von Tigre den grössten Theil von Midre Bahr, theils von seinem Gouvernement geschlagen, theils dem Naib von Massuah verpachtet hatte ***).

So tief ist der Bahrnagasch, der vormals in so grossem Ansehen stand, zu Bruce's Zeiten herabgesunken gewesen; er führte noch diesen Titel, aber er war bloß ein Sklave des Vizekönigs von Tigre, dem er diente auf den Naib von Massuah, ein wachsames Aug zu haben. Schon früher hatte er aber den grössten Theil seiner Vorrechte verloren †).

Zu dem Gebiete des Bahrnagasch gehörte ehmals auch die ganze Küste Habesch, folglich auch die jezzige Herrschaft des Naib von Massuah, welche besteht aus

1.) Der kleinen Insel Massuah (15°. 35'. 5" n. B.) an der habessinischen Küste; sie ist kaum eine Viertel-

---

*) Dieser war zu Bruce's Zeiten Generallieutenant und erster Minister des habessinischen Reichs. (Bruce, III. B. S. 85. u. 249.)
**) Wovon Bruce ein merkwürdiges Beispiel erzählt. (III. B. S. 89.)
***) Bruce, III. B. S. 95.
†) Derselbe, III. B. S. 248.

ſtunde lang und eine halbe Viertelſtunde breit; auf derſelben findet man einige Häuſer, eine elende lehmerne Hütte, die das Kaſtell genannt wird, aber nur eine Kanone hat, Ziſternen und einen Begräbnißplaz. Die Inſel hat aber einen treflichen Haven, und treibt einen Handel, der jezt lange nicht mehr ſo beträchtlich iſt, als ehmals *).

2. Die Stadt Arkiko auf der Küſte im Hintergrunde der Bai von Maſſuah, an deren Eingang die Inſel dieſes Namens liegt. Dieſer Ort iſt die Reſidenz des Naib und hat etwa 400 Häuſer, von welchen die meiſten von einem ſtarken rohrartigen Graſe, die wenigſten aber von Thon gebaut ſind **).

3.) Die Wüſte Samhar, von Hamaſen nordwärts bis zum Berge Taranta ſüdwärts wurde dem Naib von Maſſuah von dem Könige von Habeſſinien zum Genuſſe eingeräumt, wogegen jener die Zolleinkünfte von Maſſuah mit dieſem theilen ſollte ***).

4.) Die Städte Dobarwa und Diran mit ihren Gebieten, die an den Naib verpachtet ſind. (Wovon oben)

Dies iſt das Gebiet des Naibs von Maſſuah, eines muhammedaniſchen Mohrenfürſten, der ſein Daſein auf folgende Art erhielt. In der erſten Hälfte des 16ten Jahrhunderts nahmen die Türken unter Sultan Selim, Maſſuah und Arkiko in Beſiz. Zu dieſer Eroberung verhalfen ihnen die Belowi, ein muhammedaniſcher Hirtenſtamm auf dieſer Küſte, und der türkiſche Baſſa übergab zur Belohnung dem Oberhaupte derſelben die bürgerliche Regierung von Maſſuah, unter dem Titel eines Naib †). Dieſer Naib wurde nach der Entfernung des Baſſa unumſchränkter Herr; die dahin verpflanzten Janitſcha-

---

*) Bruce, II. Band, Seite 451. III. B. S. 32. 54. 247.

**) Derſelbe III. Bd., S 64.

***) Derſelbe, III. Bd. S. 72.

†) Derſelbe, III. Bd, S. 2. u. ff. — Naib bedeutet einen Lieutenant, Statthalter, Gerichtsdeputierten, u. ſ. w.

ren unterworfen sich ihm; er riß sich nach und nach von der türkischen Oberherrschaft los, bezahlte den versprochenen Tribut nicht mehr nach Dschilba, unter dessen Statthalter er stehen sollte; hielt mit Habeßinien Freundschaft, und machte sich am Ende so unabhängig, daß es bloß eine leere Zeremonie ist, wenn er sich noch jezt von der Pforte in seiner Würde bestätigen läßt. Von dieser Seite hat er wol wenig zu befürchten; aber den Habeßiniern wäre es ein leichtes ihn durch Hunger aufzureiben, da er alle seine Lebensmittel aus ihrem Lande, besonders von Dobarwa beziehen muß *).

Nordwestlich von Tigre, südwärts der Länder der Schangallaer liegt:

3. Samen oder Semen, eine kleinere ganz gebirgige Landschaft welche etwa 15 deutsche Meilen lang und höchstens 7. Meilen breit, in manchen Gegenden aber noch weit schmäler ist. Hier ist der Wohnsitz der habeßinischen Juden, welche in diesem Erdwinkel noch ihren besondern König und Königinn — Gideon und Judith haben, die aber Vasallen des habeßinischen Monarchen sind **).

Hier ist besonders der sehr hohe und steile Judenberg oder Judenfels zu bemerken, auf welchem die Hauptstadt dieses jüdischen Reichs, als eine von der Natur selbst gemachte Vestung liegt ***).

Ueberhaupt sind diese Juden — sie werden in Habeßinien Falasjan oder Falaschas †) genannt —

---

*) Bruce, III. B. S. 4. u. 5.

**) Derselbe, III. B. S. 250.

***) Bermudes floh nach der Niederlage des Kristoff's von Gama dahin. (La Croze, S. 127.)

†) D. H. Verbannte. (davon weiter unten)

von Habessinien.

Bergbewohner und erwählten sich zu ihrer Sicherheit die höchsten Berge zu Wohnplätzen.

Bruce schäzt die Zahl dieser jüdischen Bewohner von Samen auf 100,000 streitbare Männer, also in allem auf etwa 400,000 Seelen*).

Nordwestlich von Samen, zwischen den Flüssen Guangue oder Angrab liegt nach Bruces Karte die Landschaft Waldubba, und macht hier die Gränze von Habessinien aus. Sie ist ein heisses und flaches Land**). — Ob dies nicht die Provinz Walwad ist, die Ludolf zu der Landschaft Dembea rechnet?

4. Die kleine Provinz Tzágáda oder (nach Bruce) Tzegade. — westwärts von Waldubba. Nach Ludolfs Karte liegt sie längs dem Augral hin; auf der Bruceschen fehlt sie.

5. Die Provinz Walkajit, noch weiter gegen Westen hin, südlich von Mazaga.

Bruce nennt noch folgende Distrikte und Oerter an der nördlichen Gränze von Habessinien, die bei Ludolf fehlen, und hier einstweilen eine Stelle finden mögen, da die Landschaft nirgends angegeben ist, zu welcher sie gehören, oder gerechnet werden dürfen***).

1) Das Gebiet von Tscherkin.

Tscherkin (13°. 7′. 30″. N. B.) Ein geringes Dorf, an einem Berge, auf welchem das Haus eines vornehmen Habessiniers liegt. Hier wird alle Sonnaben-

---

*) Dies wäre eine ausserordentliche Bevölkerung für ein Bergland, das kaum 50 Quadratmeilen umfaßt; da kämen 8000 Menschen auf eine Quadratmeile! — Die Landschaft Samen fehlt auf Bruce's Karte ganz.

**) Bruce, III. B. S. 250.

***) Ich vermuthe, daß sie nach Ludolf's Eintheilung zur Mazaga gerechnet werden, wohin sie auch wirklich gehören.

de ein Markt von roher Baumwolle, Vieh, Honig und groben Baumwollen Zeugen gehalten. Dies Dorf mit seinem Gebiete liegt in der Kolla nordwärts von Gondar und gränzt an die Länder der Schangallaer*).

In dieser Gegend giebt es viele Elefanten, Rhinozerosse, wilde Schweine und Büffel; diese leztere sind besonders kühn und toll, indem sie Reisende und Jäger anfallen. Hier herum giebt es mehrere Dörfer von Elefanten- und Rhinozeros-Jägern bewohnt, welche Agaschier (Agageer) genennt werden**).

2). Sankaho, westlicher, ein Gränzdistrikt, mit einem eigenen Befehlshaber***).

Hauptort:

Sankaho, eine Stadt oder Flekken mit etwa 300. aus Rohr artig gebauten Häusern. Die Einwohner sind Baasa, oder Abkömmlinge von Schangallaern, die Muhammedaner geworden sind.

3). Ras el Fihl (Ras el Feel) Eine Gränzprovinz, welche zum Theile schon in der Magaza liegt, und ihren eigenen Statthalter hat. Ehmals bestand sie aus 39 Dörfern, und trieb starken Handel mit den Bewohnern von Atbara und andern Nachbarn; seit diese Landschaft aber dem Könige von Habessinien ganz unterworfen wurde, ist sie sehr in Verfall gerathen †).

Hor Kakamut (13° 1′ 33″. Der Hauptort liegt in einer Ebene mitten in einem Walde ††).

6. Die

---

*) Bruce, IV. B. S. 296. u. ff.

**) Derselbe, IV. B. S. 300. 301. u. ff. wo auch die Büffeljagd beschrieben ist.

***) Derselbe, IV. B. S. 319.

†) Bruce III. B. S. 258. IV. B. S. 328.

††) Derselbe, IV. B. S. 328. u. 335.

6. Die kleine Landschaft Wagara oder Wágára (bei den portugiesischen Schriftstellern Ogara — Bruce schreibt Woggora) liegt zwischen Tigre, Samen, Dembea und Bagender *). Der hohe Berg Lamalmon und der Fluß Makara machen die nordwestliche Gränze. Diese Landschaft liegt hoch, ist aber eben und sehr fruchtbar, besonders an Weizen; sie hat jährlich drei Aerndten und versieht Gondar mit Lebensmitteln; aber die grossen Ameisen, die Feldrazzen und Mäuse — welches Ungeziefer hier besonders häufig ist — richten in den Feldern unbeschreiblichen Schaden an; auch hat diese Provinz schon sehr viel von den innern Unruhen gelitten, welche Habessinien verwüsten **). Durch dieselbe geht der Weg von Gondar nach Tigre und Massuah.

> Woggora, ein Dorf, ist der Hauptort. In dieser Landschaft, die sonst auch zu Samen gerechnet wird, wohnen viele Juden.

7. Die grosse Landschaft Bagender liegt zwischen Tigre, Dembea und Amhara, und strekt sich bis an den See von Dembea. Ihre grösste Länge beträgt etwa 45 und ihre Breite ungefähr 15 deutsche Meilen. Alvarez hält sie für die grösste Landschaft von Habessinien ***). Unstreitig ist sie eine der wichtigsten; theils wegen ihrer grossen Fruchtbarkeit und natürlichen Reichthümer — sie hat den grösten Ueberfluß an schönem Rindvieh, und sehr ergiebigen Eisengruben — theils wegen der Streitbarkeit ihrer tapfern Einwohner, welche die beßte Reuterey zu den habessinischen Armeen liefern. Auch sind die Abgründe, Schlünde und schroffen Felsen auf ihren südlichen Gränzen eine sichere Vormauer

---

*) Fehlt auf Bruce's Karte.
**) Bruce, II. B. S. 673. III. B. S. 189. 192. 194.
***) Im 136. Kapitel.

Lobo's Reise II. Theil)

gegen die wilden Gallaer *). — Die ganze Landschaft ist stark bewässert **).

Um dieser Wichtigkeit willen wird die Statthalterschaft dieser Provinz immer nur Männern von hohem Range und bekannten Karakter anvertraut, welche beständig ein beträchtliches wohlgeübtes Heer unterhalten können ***).

Nach Ludolf sind die einzelnen Distrikte und Provinzen von Bagender folgende:

1). Andabet, am Flusse Baschilo — das Vaterland der Hornbläser und Pfeiffer.

2). Atkána, auf der westlichen Gränze, mit dem Hauptorte gleiches Namens.

3). Dabr — fehlt auf den Karten — ist aber vielleicht der Distrikt, nordwärts von vorigen wo Debra Mariam liegt?

4). Este.
5). Guna. } Diese fehlen auf den Karten.

6). Koma — ostwärts von Andabet mit dem Hauptorte gleiches Namens.

7). Máket — nordöstlicher.

8). Máschálámia — (fehlt)

9). Náfasmauza — (Nefas Musa nach Bruce) über Andabet westlich von Koma. — Hier fangen die schröklichen Abgründe an.

Nefas Musa ist der Hauptort.

---

*) Bruce, III, B. S. 251. u. 252.
**) Abba Gregorius verglich daher diese Landschaft mit Deutschland (Ludolf L. I. C. 4.)
***) Bruce am erst angeführten Orte.

von Habessinien.

10). Smada
11). Tzáma } Fehlen auf den Karten.

12). Wainagd — liegt nach Ludolf's Karte auf der Westseite des Sees Tzana, welches aber wohl ein Irrthum ist*).

13). Wudo — fehlt.

Im nördlichen Theile von Begemder liegt der Bergdistrikt Belsen oder Belassen, wo der Berg Wechna, das Staatsgefängniß der königlichen Familie, zu bemerken ist**).

Nach Bruce***) müssen noch folgende Distrikte oder kleinere Provinzen zu der grossen Landschaft Begemder gerechnet werden:

1). Lasta, ein Bergdistrikt im nördlichen Theile von Begemder,†) welcher von einem Stamme Agaus bewohnt wird, die grosse, starke Leute sind, und für die beßten Soldaten in ganz Habessinien, aber auch für die grausamsten, ungesittetsten und unruhigsten aller Bewohner von Habessinien gehalten werden. Sie bezahlen einen jährlichen Tribut von tausend Unzen Goldes, stehen aber seit einigen hundert Jahren unter einem besondern Erbfürsten ††).

2). Foggora, ein schmaler Streif am See Tzana; von 9. Meilen in der Länge und 3. Meilen in der

---

*) Nach Bruce liegt eine Landschaft Wainadscha auf der Westseite des Sees von Dembea, welche aber nicht zu Begemder gerechnet werden kann.

**) Bruce, II. B. S. 411.

***) Dritter Band, S. 251.

†) Auf Bruce's Karte scheint die Lage dieses Landes unrichtig angegeben zu seyn.

††) Bruce, II. B. S. 679. verglichen mit III. B. S. 251.

Breite; war zu Bruce's Zeit von Begember getrennt.

> Der Hauptort ist (nach Ludolf's Karte) Foggora am See Tzana *).

3). Drida (Dreeba) und

4). Karuta, nordwärts von Foggora, zwei kleine Statthalterschaften, die einzigen Distrikte, in welchen Wein gebaut wird.

8). Emfras, am See Tzana südwärts von Gondar, und nordwärts von Foggora, eine kleine Landschaft **).

> Emfras (12°. 12′. 38″. N. B. u. 37°. 38′. 30″. O. L. von Greenwich) die Hauptstadt derselben liegt sehr anmuthig auf einem steilen Hügel, von welchem man den ganzen See übersehen kann; sie hat ungefehr 300 Häuser, die mit Gärten umgeben sind. Hier war ehmals die königliche Residenz ***).

9. Dembea, westwärts von Tigre zu beiden Seiten des Sees Tzana oder Dembea, bis nordwärts gegen Majaga hinauf; eine flache, stark bewässerte, sehr fruchtbare Landschaft, in welcher der beste Weizen wächst, der für die königliche Hofökonomie bestimmt ist, daher auch (wie Bruce sagt) — diese Landschaft Ate-Kolla oder des Königs Nahrung †) genannt wird.

Diese Landschaft ist jetzt die Haupt- und Residenzstadt des Königs. Der Statthalter derselben, welcher den Titel Kantiba führt, hat aber nicht gleichen Rang

---

*) Auf Bruce's Spezialkarte von den Quellen des Nils und dem See Tzana ist dieser Ort nicht zu finden.

**) Bruce scheint diese Landschaft zu Dembea zu rechnen.

***) Bruce, III. B. S. 385. Poncet, p. 335.

†) Dies scheint, nach der oben angegebenen Bedeutung des Wortes Kolla (heses, niedriges, heisses Land) nicht gut gedollmetscht zu seyn.

mit den übrigen Statthaltern, und auch nicht Siz im königlichen Rathe; seine Stelle ist jedoch sehr einträglich *).

Nach Ludolf sind die einzelnen Theile dieser ansehnlichen Landschaft folgende:

1.) Arebja.
2.) Dekul-Arwa.
3.) Dehhana.
4.) Eden **).
5.) Gába.

} Diese Namen finden sich weder auf Ludolf's noch auf Bruce's Karten.

6.) Guender nordöstlich von dem See Tzana — hier

(1) Gondar oder Guender (Gundur) die königliche Haupt- und Residenzstadt von Habessinien 12°. 34'. 30". N. Br. u. 37°. 33'. O. L. von Greenwich) wurde an der Stelle, wo vormals nur ein königliches Hoflager war, von K. Hannes I. um's J. 1680. erbaut ***). Diese jezt sehr ansehnliche Stadt liegt auf einem beträchtlichen hohen Hügel, dessen Rükken eben ist; um diesen Hügel her zieht sich ein tiefes Thal, welches nur drei Ausgänge hat; durch dasselbe fließen die Flüsse Kahha und Angrab, die sich eine halbe Viertelstunde von der Stadt miteinander vereinigen. — Die Stadt selbst ist groß, aber nicht schön; denn die meisten Häuser sind nur von Lehm gebaut und mit kegelförmigen Strohdächern bedekt. Die Zahl der Einwohner kann sich in Friedenszeiten auf 10,000 Familien (also gegen 80,000 Seelen) belaufen. — Am westlichen Ende der Stadt liegt der königliche Palläst. Er ist unter der Regierung des Facilidas (also zwischen dem J. 1632. und 1665) von habessinischen Baumeistern,

---

*) Bruce, III. B. S. 256. u. ff.

**) Auf Ludolfs Karte liegt ein Ort dieses Namens nördlich von Kuara, aber schon im Gebiete von Sennaar.

***) Bruce, II. B. S. 486. Folglich konnte Ludolf und die portugiesischen Missionare noch nichts davon wissen.

welche die Kunst von den Jesuiten erlernt hatten, und von Maurern aus Ostindien aufgeführt worden. Der ganze Pallast macht ein Vierek aus und ist mit einer 30 Fuß hohen Mauer umgeben, welche Schießscharten und innen einen bedekten Gang hat. Der Umfang dieser Mauer kann eine halbe Stunde betragen. Der Pallast selbst war ehmals ein ansehnliches, vier Stokwerke hohes, vierektes, und an jeder mit einem vierekten Thurme versehenes Gebäude, von dessen Gipfel man eine herrliche Aussicht über den ganzen See von Dembea und die südlichen Ländereyen hatte. Jetzt liegt aber dieser Pallast durch mehrere Feuersbrünste verheert, zum Theil in Ruinen. Nur in den zwei untern Stokwerken sind noch bewohnbare Zimmer, wo auch der 120 Fuß lange Audienzsaal ist. Um den Mangel der zerstörten Zimmer zu ersezzen, haben verschiedene Könige kleine Häuser von Lehm an den Pallast angebaut — *).

Am andern Ufer gegen Gondar über liegt die Mohrenstadt, oder Stadt der Muhammedaner, welche sehr thätige, arbeitsame Leute sind, die im Krieg zu der Bagasche und dem Lagerschlagen gebraucht werden, und ein eigenes Korps ausmachen. Diese Stadt ist groß; denn sie hat gegen tausend Häuser **).

(2) Koskam — nahe bei Gondar auf der Nordseite, am Fusse des Debra Tzai oder Sonnenbergs, der Pallast der Königin, der aus einem drei Stokwerke hohen vierekten Thurme mit plattem Dache besteht, und mit einer hohen Mauer eingefaßt ist, die etwa eine Viertelstunde im Umfang haben kann. Innerhalb derselben sind auch die Wohnungen der Bedienten, Soldaten, u. s. w. ***).

Nordöstlich von Gondar gegen Samen hin ist eine Bergstrekke, die von den Kemmonts bewohnt wird,

---

*) Bruce, II. B. S. 438. 614. 674. III. B. S. 152. und 378.
**) Derselbe, III. B. S. 380. Aber Seite 196. desselben Bandes sagt er, diese Stadt habe dreitausend Häuser.
***) Derselbe, II. B. S. 694. und IV. B. S. 275.

einem Volke, das von den Falascha oder Juden abstammt, sich aber von diesen abgesondert und das Christenthum angenommen, wovon diese Leute aber gar wenig verstehen; sie halten noch den Sabath, reinigen sich, haben einen Abscheu vor Fischen, und haben ihre ganz besondern Sitten *).

7.) **Kuara** — nach Ludolfs Karte nördlich, nach Bruce's Karte westlich vom See Tzana **) — Nach Bruce ist und war die Provinz schon lange eine eigene Statthalterschaft. — Diese Landschaft ist sehr bergicht und ungesund; sie bekömmt aber vieles Gold von ihren Nachbarn den Schangallaern, Nubarn und Gubaern. — Der Statthalter dieser Provinz ist einer von den hohen Kronbedienten und hat grosse Vorrechte.

In den niedrigen Gegenden von Kuara, gegen Sennaar hin, wohnen die Ganjar ein schwarzes heidnisches Volk, das von der Jagd und der Räuberei lebt***).

8). **Nara** — eine Gränzprovinz, nordöstlich von Kuara†) — der Name fehlt auf den Karten.

9). **Sdrako.** — (Nach Ludolfs Karte) — nordwestlich von Gondar ††).

10). **Sera-kára** ⎫ Diese beiden Namen fehlen
11). **Takueza.**   ⎭ auf den Karten.

12). **Tenghel oder Tenkel** — (nach Bruce's Spezialkarte von den Nilquellen und dem See Tzana) — auf der Nordseite des Sees, mit einem Hauptorte gleiches Namens.

---

*) Bruce, IV. B. S. 278.
**) Aber im III. B. S. 257. sagt er, es liege südlich von Dembea.
***) Ebenderselbe, am erst angeführten Orte.
†) Derselbe, III. B. S. 258.
††) Dahin gehört wahrscheinlich die Handelsstadt Serke, auf der Gränze von Sennaar, von welcher Bruce, im II. B. S. 471. spricht.

13). **Tschelga** — nördlich von Gondar eine Gränzprovinz, in welcher der enge Paß, der nach Sennaar führt*) — zu bemerken:

1). **Tschelga**, der Hauptort, eine beträchtliche Handelsstadt, in welcher (zu Poncet's Zeit) der König von Sennaar auch einen Zolleinnehmer hält.

2). **Barko**, eine kleine niedliche Stadt in der Mitte einer sehr schönen Ebene**).

14). **Walwad** — fehlt auf den Karten.

Bruce gedenkt (III. B. S. 501. u. ff.) mehrerer bemerkenswerther Städte und Oerter, die im Umfange der Landschaft Dembea, nicht weit von den Ufern ihres grossen Sees liegen; aber er sagt uns nicht, zu welcher Provinz oder Distrikt sie gehören, und da weder seine noch Ludolf's Karte die Lage der einzelnen Theile von Dembea, besonders derer am See, gehörig angibt, so sind wir auch nicht im Stande, sie korographisch richtig zusammen zu reihen; da sie aber doch genannt zu werden verdienen, so wollen wir sie hier, als Anhang zur Landschaft Dembea ganz kurz beschreiben.

Diese Städte und Oerter sind (nach Bruce's Spezialkarte vom See Tzana) von Norden nach Westen und Süden, folgende:

(1) **Abba Abraham** (auf der Nordseite des Sees, etwa 4. deutsche Meilen von Gondar) eine Kirche und ein Dorf, nahe bei welchem zehn bis zwölf Dörfer liegen, welche zusammen **Ghendi** heißen, und dem Abuna gehören. Mehrere Abunas sind hier begraben. Die Gegend ist stark bewässert.

(2) **Gorgora**, eine Halbinsel auf der Nordseite des Sees und ehmals ein beträchtlicher Ort Gorgora, auf der-

---

*) Poncet, p. 297.
**) Ebenderselbe. — Vermuthlich ist dieser Ort einerley mit dem Bartscho von welchem Bruce, II. B. S. 590.

selben. Hier stand vormals die erste und prächtigste Kirche und Kloster, der Hauptsitz der portugiesischen Jesuiten in Habessinien. Der damalige König Susneus (Socinias oder Melek Segued) war ihr eifriger Beschützer, schenkte ihnen Boden und Kosten dazu, und wählte endlich auch selbst hier seinen Landsitz. Die Jesuiten führten die Gebäude mit eigenen Händen auf, und täfelten sie sehr zierlich mit Zedernholz. Sie hätten keine reizendere Lage dazu wählen können; die Aussicht ist ganz vortrefflich.

(3) Bab Baha, ein Haufen stark bevölkerter Dörfer, nahe am See Tzana, westwärts von Gorgora. Die Gegend ist eine der fruchtbarsten von ganz Habessinien. Hier sind auch mehrere Häuser und Landgüter, welche der Königinn und ihren Verwandten gehören.

(4) Dingleber, ein königliches Wohnhaus (wahrscheinlich auch mit anderen Häusern umgeben) auf einem hohen Felsen, welcher hier an der Westseite des Sees Tzana einen engen Paß bildet.

(5) Derdera, ein Haufen kleiner Dörfer in dem Distrikte Bed, auf der Südseite des Sees Tzana, zwischen diesem und dem kleinern See Court Ohha.

Hier verdient auch noch Einiges aus Bruce's zerstreuten Nachrichten*) von dem See von Dembea oder Bahr Tzana angemerkt zu werden.

Der See von Dembea ist von Dingleber bis Lamgue etwa 9. deutsche Meilen**) breit — dies ist in gerader Linie von Westen nach Osten seine größte Breite — diese nimmt aber an beiden Enden beträchtlich ab, so daß der See hin und wieder nicht über 3 Meilen breit ist. Seine größte Länge von Norden nach Süden beträgt nur 12 bis 13. Meilen. — In den troknen

---

*) Im III. B. S. 331. 385. 386. 401. 502. u. s. w.

**) Bruce rechnet durchgehends nach englischen Meilen, deren er 60 auf einen Grad des Aequators zählt.

Monaten nimmt sein Umfang noch mehr ab. — Sein Wasser ist sehr kalt; dies ist vermuthlich die Ursache, warum man keine Krokodille, aber desto mehr Nilpferde darin findet — Er ist in manchen Gegenden sehr fischreich, besonders an zwei Arten von Brassen (Cyprinus Brama L.) welche gefangen werden, indem man zerstossene Krähenaugen (nux vomica) in das Wasser wirft, wodurch die Fische betäubt werden*). — Die Habessinier zählen 45 bewohnte Inseln in diesem See; Bruce hält dies aber für Uebertreibung, und glaubt, es seien ihrer nicht mehr als eilfe, worunter die vornehmsten: Dek, Daka oder Daga (Hügel) — Halimun — Briguida und Galila. Diese Inseln dienen theils zu Staatsgefängnissen, theils zu freiwilligen Zufluchtsörtern für Leute, die sich nach erlittenen Unglüksfällen oder Beleidigungen der Welt entziehen wollen, theils auch zu Sicherheitsplätzen, wohin man in unruhigen Zeiten seine Kostbarkeiten flüchtet.

10). Gaigbe (Gascheg — nach Bruce: Guesgue) nordöstlich von Kuara — nach Ludolfs Karte südwestlich — Eine kleine Provinz.

11). Gonga — eigentlicher das Land der Gongaer — südwestlich von Dembea, am Nil und Maleg, oder Bahrel Abiad. — Dieses Land, das wohl nie unmittelbar mit Habessinien verbunden war, ist sehr wenig bekannt **)

12). Gojam (Goscham) südlich vom See Tzana, wo der Nil, der hier entspringt, diese Landschaft beinahe zu einer Insel macht. Ihre Länge beträgt etwa 20.

---

*) Bruce glaubt, daß dies die Ursache war, warum der Genuß dieser Fische ihm jedes Mal übel machte; doch sagt er, die Vornehmen essen sie in der Fasten, ohne solche Folgen zu empfinden.

**) Bruce und Ludolf berichten nichts davon.

und ihre Breite 10. Meilen. Es ist ein flaches Land, das sehr wenige aber hohe Berge hat, und zur Viehweide ganz vortreflich ist; auch hat es einen grossen Ueberfluß an Vieh*).

Diese Statthalterschaft soll in 20. kleinere Provinzen oder Distrikte abgetheilt seyn, deren Namen aber nicht angegeben werden**).

Westlich von Gojam liegt — nach Bruce***)— Das Land der Agaus,†) wozu auch ehmals der flache Strich Landes Maitscha genannt, zu beiden Seiten des Nils, südwestlich vom See Tzana gehörte. Dieser wurde aber in neuern Zeiten, nachdem er durch Verheerung menschenleer geworden war, einigen Kolonien friedlicher Gallaer, vornehmlich den Djawi (alschawi-Gallaern) eingeräumt. Das Land der Agaus (die man auch Agaus von Damot nennt) überhaupt und Maitscha insbesondere sind reiche, fruchtbare Landschaften, wo die Stadt Jbaba der Hauptort dieser Landschaft, eine grosse Marktstadt, in welcher auch eine königliche Residenz ist. Hier wächst der Ensete.

13). Damot, südlich von Gojam, nördlich vom Nil; die Länge dieser Provinz beträgt etwa 10. und die Breite 5. bis 6. Meilen††). Es ist eine mit Bergen umgebene sehr fruchtbare und an Rindvieh besonders reiche Landschaft.

Das Land der Gafater (wovon weiter unten) liegt nach Bruce südwärts von Damot.

---

*) Bruce, III. B. S. 254.
**) Ludolf. L. I. C. 3.
***) Im III. Band, S. 255.
†) Bruce, II. B. S. 442.
††) Derselbe, III. B. S. 255.

Nach Alvarez soll Damot an ein Amazonenland gränzen, das immer von einer Königinn regiert wird*).

14). **Walaka** (Von den Portugiesen Olaka genannt) südwärts von Begemder, und nordwärts von Schoa, zwischen den Flüssen Geschen und Samba, eine niedrige, ungesunde, doch fruchtbare Landschaft, welche ehmals eine Provinz von Schoa war, jezt aber von Edschu-Gallaern bewohnt wird, welche der Fürst von Schoa dahin berief, um sie als Scheidewand zwischen sein und das habessinische Gebiet zu stellen, und seine Unabhängigkeit desto mehr zu sichern**).

15. **Schoa** (Sewa, Schewa) ein beträchtliches Fürstenthum, südwärts von Walaka, ostwärts von Damot. Es wird in Ober- und Unter-Schoa abgetheilt, jenes ist der nördliche, dieses der südliche Theil, und steht unter einem unabhänglichen kristlichen Fürsten, der aber mit dem Könige von Habessinien immer in Freundschaft lebt, und seiner ungekränkten Unabhängigkeit ohngeachtet, diesem in jedem Nothfall mehr mit Gold und Truppen beisteht, als er, da er noch Vasall war, zu leisten schuldig war. Doch hat er sein Land zu mehrerer Bevestigung seiner Sicherheit mit Edschu-Gallaern umringen lassen, die er doch leicht wieder verjagen könnte, da er die tapfersten und aufs bäste ausgerüsteten Reuter von ganz Habessinien in seinen Diensten hat***).

16). **Amhara**, sonst dem Range nach; die erste Statthalterschaft von Habessinien, liegt zwischen den Flüssen Baschilo und Geschen, gränzt gegen Osten und Nordosten an Gheden und Angot, gegen Norden und Nordwesten an Begemder, gegen Süden an Walaka

---

*) Im 133. Kap. Dasselbe sagt Bermudes, beim La Croze, S. 195.
**) Bruce, III. B. S. 253.
***) Bruce, am angeführten Orte.

und Marrabet und ist (nach Bruce) etwa 30 Meilen lang und nicht viel über 10. Meilen breit*).

In dieser Landschaft wohnen sehr viele adeliche Familien; auch werden die amharischen Männer für die schönsten und tapfersten in ganz Habessinien gehalten**).

Diese Landschaft begreift (nach Ludolf) folgende Distrikte***).

1). Akamba, im südlichen Theile, mit gleichnamigen Hauptorte.
2). Ambasel, beinahe in der Mitte; wo der hohe Berg Ambasel.
3). Ambasit } Diese fehlen auf den
4). Armon-em } Karten.
5). Atronzá-Marjam im westlichen Theile mit einem Orte gleiches Namens.
6.) Bádá-bád.
7.) Bárara.
8.) Bátáta.
9.) Beda-Gádál.
10.) Dada.
11.) Dad.
12.) Demah.
13.) Exprata.
14.) Ewárza.
15.) Feres-bahr.

} Die Namen aller dieser Distrikte fehlen auf Ludolfs und Bruce's Karte.

16.) Gánáta Ghiorghis nordöstlich von Akamba, mit gleichnamigem Hauptorte.

---

*) Mit dieser richtigen Angabe der Lage von Amhara (III. B. S. 253.) stimmt Bruce's Karte gar nicht überein.

**) Bruce, am angef. Orte.

***) Die meisten Landschaften haben Hauptörter von gleichem Namen.

17.) Geschá-Bár.
18.) Grunghe.
19.) Ghel
20.) Ghescheh.
} Diese fehlen.

21.) Gheschen, westlich von Ambasel. Hier ist der Berg Gheschen zu bemerken, auf welchem ehmals die königliche Familie gefangen gehalten wurde.

22. Hagárá-Christos, nördlicher, mit einem Ort gleiches Namens.

23.) Kárná-Marjam, südöstlich von Ambasel.

24) Kisarja } fehlt.

25.) Lai-Kuejta } fehlt.

26.) Mákaná-Selase südöstlich von dem See Haik in welchem auf einer Insel des St. Stephans-kloster liegt.

27.) Málza.
28.) Shegla.
29.) Tabor.
} Finden sich auch nicht auf den Karten.

30) Tádbabá-Marjam, südwestlich von Geschen.

31.) Tat-Kuejta.
32.) Walsa.
33.) Waro.
34.) Wágda.
35.) Wánz-egr.
36.) Zar-amba.
} Auch alle diese Distrikte finden sich nicht auf den Karten.

17. Bugna (bei den Portugiesen: Abugona) nach Ludolfs Karte zwischen Tigre, Begender, Amhara und Angot. — Alvarez nennt es ein Saltes Land *).

Anmerkung. Gerade auf dieser Stelle hat Bruce auf seiner Karte die Provinz Giannamora oder Jan-

---

*) Im 53. Kapitel.

von Habessinien.

namora angezeigt *), von welcher auch Alvarez spricht **).

18. **Angot** (Hangot) südlich von Tigre und östlich von Amhara, ein plattes Land, in welchem der Hauptarm des Takazze entspringt ***). Jezt ist die Provinz, (deren Statthalter vormals Angot-Ras genannt wurde, bis auf wenige Dörfer in den Händen der Gallaer †). Ihr Oberhaupt nennt sich Gangoul.

19. **Gedm** — östlich von Amhara — fehlt auf Bruce's Karte, auch fehlen uns nähere Nachrichten von dieser Landschaft, sie ist wahrscheinlich jezt auch, wie beinahe alle hier nachfolgende Landschaften in der Gewalt der Gallaer.

20. **Dawaro**, noch weiter ostwärts, an der Gränze des Königreichs Adel.

21. **Bali**, südwestlich von Dawaro, und südlich von Amhara. Von hier aus thaten die Gallaer im Jahre 1559. ihren ersten Einfall in Habessinien.

22. **Gann** (Gannje) westlicher — fehlt auf Bruce's Karte.

23. **Jfat** — südöstlich von Schoa.

24. **Fatagar** oder **Fatigar** — südlich von Jfat. Ein ebenes und sehr fruchtbares Land ††).

25. **Wed** (bei den Portugiesen Ogge) westlich

---

*) Auch in seiner kurzen geographischen Skizze von Habessinien, III. B. S. 259.

**) Im 51. Kapitel, wo er sagt, sie sei ein sehr bergiges Land, und habe sehr kriegerische Einwohner. Es scheint, Bugna, welches nach Alvarez südlicher liegt, sei ein Distrikt von Giannamora, weil derselbe den Beherrscher dieses leztern einen sehr mächtigen Herrn nennt.

***) Bruce, III. B. S. 156.

†) Ebendaselbst, u. S. 251.

††) Alvarez, im 112ten Kapitel.

von Fatigar. — Hier ist der See Gawaja zu bemerken. Zu Bermudes Zeiten soll der mächtige Beherrscher dieses Landes, damals ein Schwager des regierenden Königs von Habessinien ein Mönch gewesen seyn, Namens Bruder Michael *).

26. Lizamo — südwestlicher.

27. Mugar — nordwärts über vorigem.

28. Gombo. — westlich von Mugar, ist nur klein.

29. Ganz — südwestlich von Schoa, ist auch sehr klein.

30. Gafat — nach Ludolfs Karte südlich vom Nil, nach Bruce's nördlich, gerade unter Damot **); Das Land soll sehr fruchtbar und reich seyn. — Die Einwohner, die Gafater sind Heiden ein grausames, barbarisches, kriegerisches Volk ***).

31. Kambat im südwestlichen Theile von Habessinien nach seinem ehemaligen Umfange. Die Einwohner werden (nach Ludolf, Seb-a-Had-ya genannt, woraus einige den Namen Adea oder Hadea gemacht, und dem ganzen Lande gegeben haben †).

Sangara ist (nach Ludolfs Karte) die Hauptstadt.

32. Guraghe westlich von vorigem ††). — nördlich von diesem findet sich auf Bruce's Karte der grosse Landstrich Guderu, welcher bei Ludolf fehlt.

33. Set

---

*) Bermudes, beim La Croze, S. 188. (Die geographischen Nachrichten dieses habessinischen Patriarchen sind mir sehr verdächtig.)

**) Abermals ein Widerspruch! Im I. B. S. 448. sagt Bruce die Gafater wohnen südlich vom Nil! —

***) Alvarez, im 134. Kap. Bermudes beim La Croze, S. 191.

†) Bruce setzt gar auf seine Karte ein Königreich Kambet und ein Königreich Hadea übereinander.

††) Bermudes (beim La Croze, S. 189.) läßt diese Landschaften an Quiloa und Mongale gränzen, und macht ihre Einwohner zu gewaltigen Zauberern.

33. **Set** oder **Jet**, noch weiter gegen Westen. (Fehlt auf Bruce's Karte.)

34. **Konnt** (**Kontsch**) nordwestlich von Set; soll ein grosses mächtiges Königreich seyn, von Heiden bewohnt *). Fehlt bei Bruce.

35. **Schat**, südlicher, zwischen Konnt und Enarea. Bangan ist (nach Ludolfs Karte) der Hauptort.

36. **Enarja** oder **Enarea** (auch **Narea** genannt) soll eine sehr goldreiche Landschaft seyn, deren Bewohner nebst ihrem Fürsten in der lezten Hälfte des sechszehnten Jahrhunderts die christliche Religion angenommen haben **).

Gonea ist (nach Bruce's Karte) der Hauptort.

Südlich von Enarea findet sich auf Bruces Karte das bergige Land **Kaffa** angezeigt, welches ein christlicher Staat seyn soll.

Dies sind die Landschaften, Königreiche und Provinzen, welche vormals theils unmittelbar, theils mittelbar zu dem Staate von Habessinien gehörten. Aber die Gallaer und Mohren haben über die Hälfte davon abgerissen, so daß das Staatsgebiet des Königs von Habessinien jezt kaum noch einen Flächenraum von 4000. Quadratmeilen umfaßt. Die Landschaften und Provinzen welche jezt noch (zu Bruce's Zeit.) zu dem habessinischen Reiche gehören, sind.

1). Ein Theil von **Mazaga**, wohin wir nämlich die Distrikte und Provinzen **Tscherkin**, **Sankhar** und **Ras el Fihl** rechnen müssen.

---

*) Bermudes (S. 196.) macht den Beherrscher dieses Landes, den er Azgagze (Herr der Reichthümer) betitelt, zu einem sehr mächtigen Fürsten.

**) Bruce, II. Band. S. 228.

2). Tigre, (nebst Giannamora) ohne die Küste welche die Türken oder vielmehr die Mohren inne haben.

3). Samen ein Fürstenthum unter habessinischer Landeshoheit.

4). Die kleine Provinz Tzágáde.

5). Die Provinz Walkait *).

6). Wagara oder Woggora.

7). Begemder, nebst Lasta, Soggora, Driba und Karuta.

8). Emfras —

9). Dembea, nebst Kuara, u. s. w.

10). Gojam.

11). Damot, und

12). Amhára, nebst Dschannamora.

Also zwölf Landschaften von sechs und dreissigen sind der Ueberrest des jezzigen Staats von Habessinien!

---

*) Nach ihrer Lage auf Bruce's Karte, und nach seiner Angabe der Gränzprovinzen scheint diese Landschaft doch nicht zum heutigen Staate von Habessinien zu gehören, ob er sie gleich, S. 259. im III. B. dazu rechnet. — Eben daselbst rechnet er auch die Landschaft Engana dazu, welche nach seiner Karte nordwärts von Dankali am rothen Meere liegt.

Siebenter Abschnitt.
Von Habessiniens Einwohnern überhaupt.

Habessinien umfaßt in dem weiten Raume, den es als Land betrachtet einnimmt mehrere grössere und kleinere Völkerschaften, die in Rüksicht ihrer Abstammung, Sprachen, Leibesgestalt, ihres sittlichen Karakters, ihrer Lebensart und Religion gar sehr von einander verschieden sind, und ein buntes Völkergemische bilden, das dem Menschenforscher einen wichtigen Gegenstand zur Untersuchung anbietet.

Aber hier lassen uns die Schriftsteller von Habessinien in dunkelster Finsterniß zurük. Die älteren derselben geben uns sehr unbefriedigende Nachrichten von den verschiedenen Völkern Habessiniens, ein Fehler, den wir wol auf Rechnung ihres Zeitalters schreiben müssen*) — und der neueste Beschreiber dieses Landes Bruce tischt uns Hypothesen, Vermuthungen, leere Grübeleien, in welchen er sich selbst verwikkelt und widerspricht**), statt brauchbarer Beiträge zur Völkerkunde auf. Zwar hat er uns durch sehr schäzbare und ausführliche Nachrichten von zweien habessinischen Völkerschaften, den Gallaern und Schangallaern***) bewiesen, was er wahrscheinlich hätte leisten können, wenn es ihm beliebt hätte, sich in zwekmässigere Untersuchungen einzulassen, als die sind, die er zur Befriedigung seiner Hypothesensucht und zur Ausschmükkung seines unhistorischen Systems von der Bevölkerung Habessiniens†) bis zum

---

*) In welchen Erweiterung der Völkerkunde nirgends der Zweck der Reisebeschreiber war.
**) Man sehe Tychsen's Anmerk im V. Bande von Bruce's Reisen.
***) Im zweiten Bande, wovon in der Folge.
†) Man vergleiche seinen ersten Band mit Tychsens Anmerkungen im V. Bande.

Ekel ins Weitschweifige trieb. So aber läßt er uns noch so vieles zur Völkerkunde dieses Landes vermissen, behandelt diese so oberflächlich, daß jene besseren Proben von Völkerschilderungen, uns nur noch mehr zu Vorwürfen gegen ihn reizen müssen. Er läßt uns wegen des Urvolks von Habessinien ganz in der Ungewißheit; seine Nachrichten von den eigentlichen heutigen Habessiniern sind nicht hinreichend, unsre Wißbegierde zu befriedigen; er vergleicht lieber ihre Sitten, mit den Gebräuchen der alten Perser u. s. w.*) als daß er uns dies Volk so schilderte, wie er gekonnt hätte, und wie wir es von ihm erwarten dürften. Er belehrt uns nicht einmal gehörig von dem Unterschied der Leibesgestalt der verschiedenen Völker Habessiniens, und was er von ihrer Abstammung und Verwandtschaft unter einander sagt, führt uns noch tiefer in das dunkle Labyrinth hinein, das er sein System nennt. Kurz seine Völkernachrichten sind oberflächlich, kurz, unbestimmt, und wiedersprechen sich nicht selten.

Es bleibt uns hier, um doch eine ethnographische Skizze von Habessinien zu liefern, nichts übrig, als aus seinen und seiner Vorgänger Nachrichten alles dahin gehörige mühsam zusammen zu klauben, und so viel es möglich ist, in einige Ordnung zu bringen. —

Das jezzige Hauptvolk dieses Landes sind die eigentlichen Habessinier, die sich Ethiopier nennen; diese sind aber nicht Ureinwohner, sondern frühe schon eingewanderte Fremdlinge, die sich des Landes bemächtigt haben.

Wenn wir nun

I. In Rüksicht der Abstammung die jezzigen Be-

---

*) Man lese die Rezension in Zimmermann's Annalen der Geographie ꝛc.

von Habessinien.

wohner dieses Landes eintheilen wollen, so finden wir

1. Von den Ureinwohnern wenig befriedigende Nachrichten. Wahrscheinlich gehören in diese Abtheilung.

   1) Die Agaus — ein uraltes Tragladytenvolk, dessen Religion es zu den Ureinwohnern von Habessinien zu machen scheint*).

   2) Die Hirtenstämme am rothen Meere — die Schangallaer, Schibo, Hazorta, Belowa, u. s. w.

2. Eingewanderte Fremdlinge sind:

   a). Aus früheren Zeiten:

   1) Die Habessinier — ein ursprünglich arabisches Volk.

   2) Die Juden oder Falaschan.

   b). In spätern Zeiten eingewandert:

   1) Arabische Baduinen, in der westlichen Mazaga.

   2) Arabische Städtebewohner, gemeiniglich (doch sehr irrig) Mohren**) — in Habessinien Gibbertis (Dschibertis) genannt.

   3) Gallaer — ein wildes, barbarisches Negervolk aus dem innern Afrika, das vermuthlich den grausamen Dschagern oder Schagern in Südafrika nahe verwandt ist***).

---

*) Weil dieses Volk die Quellen des Nils und des Takazze göttlich verehrt.

**) Man muß sich an diesen Namen nicht stoßen; die portugiesischen und spanischen Reisebeschreiber, und ihre Nachfolger nennen alle Muhammedaner in Afrika und Ostindien Mohren, ob sie gleich nichts weniger als Negern sind.

***) Dies scheint aus dem Namen Agag zu erhellen, den sich beide Völker geben. (M. s. Dapper's Afrika, und den Anhang zu der deutschen Uebersetzung von Proyart.)

II. In Rükficht der Sprache läßt sich hier nicht viel Bestimmtes sagen, die Hauptsprache ist jezt die amharische, die Sprache der Habeſſinier, welche in verſchiedenen Dialekten geſprochen wird. Die Landschaft Dembea hat ihre besondere Sprache. Aelter als die amhariſche ist. Die tigreiſche oder Geezſprache die eigentliche ethiopiſche, die Schriftſprache der Habeſſinier von den übrigen Völkern hat jedes ſeine eigene Sprache.

III. In Rükficht der Leibesfarbe und Gestalt theilen sich die Bewohner dieſes Landes in

1. Weißlichte, braune Menſchen, mit regelmäſſiger Bildung. — Dahin gehören die Araber, die Gibbertis und ein Theil der Habeſſinier.

2. Schwarze oder ſchwarzbraune, negerartige Menſchen, doch ohne Wollenhaar und Negerphyſiognomien — die meiſten Habeſſinier — (Die Agaus? die Falaſchan?)

3. Wahre Negern — die Schangallaer — Schiho*) — Gallaer und andere.

IV. In Rükficht der Lebensart, Kultur, und Sittlichkeit.

1. Halbkultivirt können wir

1). Die Habeſſinier,
2). Die Falaſchan und
3). Die Gibbertis nennen.

2. Rohere Hirtenvölker ſind:

1). Die Agaus,

---

*) Dieſe Schiho ſind nach Bruce wahre Negern; ſehr ſonderbar aber ist es, daß die Hazortn, ihre Nachbarn, wahrſcheinlich nahe verwandt mit dieſen, kupferfarbig ſeyn ſollen. (Bruce, III. B. S. 72.)

2). Die Schiho und Hazorta, u. a.

. Eben so rohe Jägervölker.

1). Die Schangallaer.

2). Die Ganscharen u. a.

4. Die rohesten der habessinischen Barbaren sind:

1). Die Gallaer, auch können

2). Die Gafater, Guragher und andere in diese Klasse gerechnet werden.

V. In Rüksicht der Religion finden wir:

1. Morgenländische Christen:

Die Habessinier.

2. Juden:

Die Falaschan.

3. Muhammedaner:

1). Die Araber.

2). Die Gibbertis.

3). Auch viele Habessinier und andre, doch nicht in grosser Zahl.

4. Heiden:

a). Mit ihrem uralten Gottesdienst:

Die Agaus.

b). Beinahe ganz ohne Gottesdienst:

Die Gallaer.

Ferner sind: die Schangallaer, Gafater, Gan= scharer, Guragher u. s. w. auch noch Heiden.

Wir wollen noch einige Blikke auf alle diese ver= schiedenen Völker überhaupt werfen, und besonders ihre Wohnplätze, ihre Stärke und ihre Verhältnisse gegen einander überhaupt betrachten.

In dieser Rüksicht theilen wir sie in Hauptvölker,

in kleine innnländische Völker, in Fremdlinge und in Gränzvölker.

A.) **Hauptvölker in Habeſſinien.**

ſind:

1. Die eigentlichen Habeſſinier (Ohobuſch, Itiopjawian) deren Geſtalt, Sprache, Charakter, Lebensart, Sitten und Religion in den nächſtfolgenden Abſchnitten ausführlicher beſchrieben werden.

2. Die Agaus, das wahrſcheinliche Urvolk von Habeſſinien, von welchem ein Stamm in Laſta, zwiſchen Tigre und Begender wohnt; dieſe werden insbeſondere Agaus von Laſta oder Tſcheraz Agaus genannt. Ein andrer Stamm wohnt ſüdweſtlich von dem See Dembea auch um die Quellen des Nils, und heißt zum Unterſchiede Agaus von Damot.

3. Die Gallaer haben jezt den größten Theil des ſüdlichen Habeſſiniens inne. Man theilt ſie hier in die weſtlichen und öſtlichen Gallaer, oder in die Boren Gallas und Bertuma Gallas, die wieder in mehrere Stämme zertheilt ſind. (Man ſehe hierüber den ſiebenzehnden Abſchnitt dieſes zweiten Theils.

B.) **Kleinere Völkerſchaften im Umfange von Habeſſinien.**

1. Die Ganjars oder Ganſcharen in den niedrigen Gegenden der Landſchaft Kuara. — Bruce berichtet von demſelben *): Dieſe Ganſcharen ſind eine zahlreiche und furchtbare Nazion von Jägern, die aus etlichen 1000 Reutern beſteht: ihr Urſprung ſoll folgender ſeyn. Als die Junge oder die ſchwarze Nazion, die jezt Sennaar in Beſiz hat, die Araber aus dieſem

---

*) Im III. B. S. 257.

Lande verjagten, entflohen die schwarzen Sklaven die damals im Dienste der Araber gestanden, und nahmen die Distrikte die sie noch bewohnen in Besiz. Sie haben sich seit der Zeit stark vermehrt, und sind bis auf den heutigen Tag unabhängig. Sie sind geborne Feinde ihrer Nachbarn in Ras el Fihl. Auf beiden Theilen ist viel Blut vergossen worden, wenn sie einander in ihr Land fallen, die Männer ermorden, und die Weibspersonen in die Sklaverei führen. Ihr Oberhaupt führt den Namen Scheba, welches so viel als der alte Mann heißt.

2. Die Baasa — Abkömmlinge von Schangallaern, welche den muhammedanischen Glauben angenommen, — in der Statthalterschaft Ras el Fihl.

3. Die Falaschan oder Juden, in der Landschaft Samen — nebst dem Kemmont, näher gegen Gondar. (Von welchem in der Folge noch ein Mehreres.)

4. Die Dobas oder Dobaer im südlichen Theile von Tigre. — Alvarez sagt *) sie sind Mohren welche nicht unter einem Monarchen, sondern unter vier und zwanzig Oberhäuptern stehen, und beinahe immer in Krieg mit einander verwikkelt sind.

5. Die Waito ein kleines Völkchen am See Dembea. Von diesem Völkchen erzählt Bruce **): Dicht bei dem Orte wo der Fluß Reb in den See von Dembea fällt, liegt das kleine von Heiden bewohnte Dorf Waito, die ganz abgesondert von den Habessiniern leben, und von ihnen dergestalt verabscheut werden, daß wer einen solchen Heiden, oder etwas ihm Zugehöriges nur anrührt, bis auf den Abend unrein, von seinen Freunden und Familie getrennt, und von der Kirche und allen gottes-

---

*) Seite 127. der franz. Uebers.
**) Im III. B. S. 401.

dienstlichen Verrichtungen ausgeschlossen ist, bis er sich den folgenden Tag gewaschen und gereinigt hat. Dieser Ekkel rührt sicher zum Theil von ihrer Lebensart her: weil sie sich mit nichts anders beschäftigen, als Krokodill und Nilpferde zu tödten, welches ihre tägliche Nahrung ist. Sie haben einen unerträglichen Gestank an sich, und sind ausserordentlich blas und von elender Farbe, sehr hager und sterben wie man sagt, oft an der Läuse Krankheit. Die Sprache der Waitó ist völlig von allen andern in Habessinien verschieden *).

6. Die Gafater, welche ein kriegerisches, tapfres Volk ausmachen; man glaubte ehmals, sie stammten von habessinischen Juden ab; welches aber ohne Zweifel ein Irrthum ist **). — Ihr Land soll sehr reich und fruchtbar seyn. Sie sind jezt Heiden, und ein räuberisches Volk.

7. Guraghes — ein grausames, wildes Volk ***) auf der Südseite des Nils — und

8. Die Gongas oder Gongaer, nordwestlicher zu beiden Seiten des Nils.

C.) Fremdlinge in Habessinien sind, ohne eigne Völkerschaften auszumachen:

1. Die Gibbertis (Mohren) oder Muhammedaner, die dennoch ziemlich zahlreich sind †).

2. Auch einige Griechen, die hier zerstreut wohnen.

---

*) Bruce (am angef. Orte) bemühte sich vergebens, einige nähere Nachrichten von ihnen herauszubringen. Selbst die Androhung der Todesstrafe vermochte nichts auf sie.
**) Bermudes beim La Croze, S. 190. — Alvarez, S. 293.
***) Nach Bermudes (beim La Croze, S. 189.) sind sie arge Zauberer.
†) Dschibbertis soll (nach Bruce, II. B. S. 8.) insbesondere der Name der Einwohner des Königreichs Adel seyn, und Rechtgläubige bedeuten.

D.) Gränzvölker von Habessinien, die zum Theil auch über den Gränzen wohnen.

1. Die Gubaer, nördlich von den Gangaern am Nil.

2. Die Jundschi oder Schilluk in Sennaar, weiter gegen Norden.

3. Die Araber in Otbara und andern Theilen der Mazaga.

4. Die Schangallaer im Norden des eigentlichen Habessiniens.

5. Die Hirtenstämme am rothen Meere, die Belowihs, Schiho, Hazorta.

6. Die Taltal, ein heidnischer Hirtenstamm, der sich das Reich Dankali unterworfen hat.

Von allen diesen verschiedenen Völkern wollen wir die vorhandenen, meist sehr dürftigen Nachrichten aus den beßten Schriftstellern über Habessinien sammeln, und in gehöriger Ordnung zusammenreihen; doch vorher müssen wir das Hauptvolk, die Habessinier, in seinem gegenwärtigen natürlichen, sittlichen, religiösen und politischen Zustande schildern — welche Schilderung den Innhalt der nächstfolgenden Abschnitte dieses Theils ausmacht.

Achter Abschnitt.

Habeßinier. Ihr Ursprung. Körperliche Gestalt und moralischer Karakter.

Der Name Habeßinier, oder wie man sie sonst auch nennt, Abißinier, kömmt — wie wir schon angemerkt haben *) — von dem arabischen Worte Habesch her, das ein Zusammenlaufen mehrerer Völkerschaften bezeichnet. Dieser Name aber ist in Habessinien so wenig beliebt, daß man sich mit demselben beschimpft glaubt; man findet ihn auch nicht in ihren Schriften: insgemein aber nennen sie sich Ethiopier, ein Name, der sonst allen schwarzen und schwarzbraunen Völkern im Innern von Afrika beigelegt wurde **). Ihr Reich heißen sie auch Ausschliessungsweise das Land Genz, d. h. der Freien. Die Nazion ist ursprünglich nicht in diesem Lande gewesen, sondern aus dem glüklichen Arabien, das gegenüber am rothen Meere liegt, hieher gezogen.

Denn daß die Habessinier einst in Arabien gewohnt haben, und mit den Sabären oder Homeriten in Verbindung gestanden seyn, bestätigen die alten Geographen, und man hat sonst noch andere Beweise davon. Einmal ist ihre alte ethiopische Sprache mit der arabischen sehr genau verwandt; zweitens haben sie verschiedene Gebräuche, z. B. die Beschneidung beider Geschlechter mit den Arabern gemein; drittens hat ihr Karakter und Körper besonders aber ihre Gesichtszüge mehr Aehnlichkeit mit den Arabern als den afrikanischen Ethiopiern, und viertens gibt auch dies einen Beweis, daß Kaiser Severus unter den überwundenen arabischen Völkerschaften auch die Habessinier auf die Münzen prägen ließ. —

---

*) Im ersten Theile dieses Werks, S. 27. u. ff.

**) Ebendaselbst ist auch hierüber das Mehrere schon gesagt worden.

von Habeſſinien.

Genug, es iſt ſo gut als erwieſen, daß die Habeſſinier aus Arabien abſtammen. Die Unterſuchung der näheren Umſtände davon verliert ſich aber in Grübeleien, in welche wir uns hier nicht einlaſſen können *).

Den Habeſſiniern fehlt es (nach Ludolfs Schilderung) nicht an Kopf und Herz, aber an Ausbildung beider. Sie ſind weder grauſam noch Blutdurſtig; ſelten zanken ſie ſich, und noch ſeltener werden ihre Händel mit dem Degen ausgemacht. Von Natur ſind ſie billig und gerecht **). Weil man ihnen vor allen übrigen Völkern in Afrika einen beſonders guten Verſtand zuſchreibt, werden auch die Sklaven von ihrer Nazion ungleich theurer, als die von andern bezahlt. Gelehrſamkeit, beſonders ſchöne Künſte und Wiſſenſchaften ſind ganz nach ihrem Geſchmack. Ob ſie ſich gleich noch nie eigentlich

---

*) Man ſehe was Bruce in ſeinem erſten Bande nur allzuweitläuftig hierüber geſagt hat, und vergleiche damit Tychſen's Anmerkung im V. B. S. 310.

**) Nachdem was ſich aus Bruce's Erzählungen abſtrahiren läßt, paßt dieſe Schilderung jetzt nicht mehr ſo genau auf die heutigen Habeſſinier; denn darin finden wir ſie als grauſame, bosbafte, äußerſt rohe, ausſchweifende und tückiſche Menſchen dargeſtellt. Sind ſie durch den Umgang und die Kriege mit den barbariſchen Gallaern ſo verwildert? — Daß die Habeſſinier die größten Lügner ſind, die man finden kann; darin ſtimmen alle Reiſebeſchreiber überein. (M. ſ. was Bruce im II. B. S. 601. hierüber ſagt.) Aus all' dem glaube ich die Hauptzüge des Karakters der Habeſſinier ſo beſtimmen zu dürfen: Sie ſind koleriſch-ſanguiniſche Menſchen, folglich ehrgeizig, zornig, lebhaft, das Vergnügen liebend, leichtſinnig, doch gutherzig, freundſchaftlich, höflich, tapfer; aber dieſer Grundkarakter iſt verwildert, und ſie ſind boshaft, tückiſch und wollüſtig geworden, und ſtatt auf der Stufenleiter der Kultur fortzuſteigen, ſind ſie in halbviehiſche Rohheit herabgeſunken. Dies ergiebt ſich aus Bruce's Erzählungen.

darauf gelegt haben, und in allen Theilen von der Gelehrsamkeit fremde sind. Weil sie aber doch Freude an Wissenschaften haben, so waren auch die Jesuiten bei ihnen sehr beliebt; und darum halten sie auch sonst jeden Christen hoch, bei dem sie etwas von Wissenschaften finden*).

Die Habessinier zeichnen sich auch von den übrigen Ethiopiern durch die schöne Gestalt ihres Körpers und besonders durch ihre vortheilhafte Gesichtsbildung aus. Sie haben eine ansehnliche Größe, ein heiteres Aussehen, und weder die breitgedrükte Nase, noch die aufgedunsenen Lippen der Negern. Meistens sehen sie schwarz, schwarzbraun oder lederfarbigt aus, auf lezteres bilden sie sich besonders viel ein; einige sind auch röthlicht**).

Bei beiderlei Geschlechtern findet man viel Leibesstärke. Ihr gutes Klima macht sie lebhaft und ausdaurend für jede Arbeit. Das anstrengendste Klettern auf ihren steilen Felsen und Gebirgen ermüdet sie nicht.

---

*) Dies fand auch Bruce. — Die Zeugnisse der Jesuiten von der Fähigkeit ihrer habeßinischen Schüler, und Ludolfs von den Talenten seines Freundes Gregorius, findet man in *Ludolfi* Commentar. p. 193.

**) Man sehe auch was Poncet (im Anhange dieses Theils) darüber sagt. — Die körperliche Bildung der Habeßinier ist nach ihrem Stand und Geburtsorte sehr verschieden. Die Physiognomie eines gemeinen Habeßiniers aus den heisseren Gegenden findet man in des Abba Gregorius Brustbild (auf der Titelvignette dieses Theils) das nach Ludolfs Original gestochen ist; man vergleiche damit des Ras Michaels Portrait auf der Titelvignette des II. B. von Bruce's Reisen. (Ist die leztere nicht verschönert?) — Gewiß ist es, daß die Bergbewohner von weisserer Farbe, ja daß die Prinzen, die auf den Bergen erzogen werden, ganz weiß sind (Bruce II B. S. 702.) und daß die Vermischung mit Negerinnen und die rohe Lebensart der Habeßinier auch die negerartigern Bildungen erzeugt. (M. s. Blumenbachs Anmerk. Bruce's V. B. S. 257.)

Sie reiten und schwimmen gut. Sie können alle Strapazen des Kriegs ausstehen; denn sie kennen keine Weichlichkeit, und entbehren aller der Bequemlichkeiten, die wir Europäer besizzen. Ihre rohe Lebensart härtet sie ab, und macht sie fähig, alle körperlichen Beschwerlichkeiten zu erdulden. Dazu tragen die unaufhörlichen Kriege, welche dies Land zerrütten, das Ihrige bei; aber eben diese sind auch an der Verwilderung der Habessinier Schuld. Daß die Weiber auch sehr fruchtbar sind, erhellet zwar nicht aus der grossen Volkszahl, denn diese ist nach Verhältniß ziemlich mässig, sondern aus der Menge der Getauften. Man darf auch gar nicht zweifeln, daß, wenn das Reich mehr Ruhe genösse, wenn die Städte bevestigt, und Getreidmagazine angelegt wären, die Bevölkerung in Kurzem sehr hoch anwachsen würde.

Neunter Abschnitt.

Sprachen der Habeßinier.

Eine aus so vielerlei Völkerschaften bestehende Nazion hat, wie leicht zu begreifen, auch vielerlei Sprachen und Dialekte. Man findet gegenwärtig zweierlei Hauptsprachen unter ihnen, nämlich die alte ethiopische und eine neuere, die amharische. Erstere, welche auch die Geezsprache genannt wird, ist jezt — ausser der Landschaft Tigre — bloß Bücher= und Gelehrtensprache geworden. Die Bibel ist in diese Sprache übersezt, und alle anderen geistlichen und profanen Bücher sind in derselben abgefaßt. Auch ist sie noch die Sprache des öffentlichen Gottesdienstes, wie auch aller Diplome und Edikte, die vom König oder Konsistorium erlassen werden. Sie wird nur aus Büchern, durch lange Uebung und Unterricht erlernt. Daß sie eine Tochter der arabischen sei, ist schon gesagt worden; fast alle Regeln der ara=

bischen Grammatik können auf diese altethiopische angewandt werden.

Diese altethiopische oder Geezsprache wird aber nicht wie die arabische von der rechten zur Linken, sondern wie die abendländischen Sprachen von der linken zur rechten Hand geschrieben; auch haben die wenigsten ihrer Schrift-Zeichen einige Aehnlichkeit mit den arabischen Buchstaben*). Denn jene ethiopischen haben noch das Besondere, daß jeder Buchstabe sogleich seinen Vokal bei sich hat. Dieser Buchstaben sind sechs und zwanzig**).

Ludolf hat diese Sprache vollkommen verstanden und uns eine Sprachlehre und ein Wörterbuch derselben geliefert, die von seinem ungeheuern Fleisse zeugen.

Am reinsten und unverdorbensten ist der tigreische Dialekt der ethiopischen Sprache, aber auch dieser weicht schon von der Büchersprache ab, doch so, daß man die Sprache der Bewohner von Tigre versteht, wenn man die altethiopische kann.

Die amharische Sprache ist nach Abgang der Könige aus der Familie Zague***) durch den zuvor in Schoa regierenden habeßinischen König Ikon Amlak in Uebung gekommen, der sie anfangs nur bei seinem Hofe und im Lager einführte, und an seinen Höflingen bald Nachahmer genug fand, so daß sie zulezt unter dem Namen Königssprache vollends allgemein angenommen wurde. Sie ist von der ethiopischen wenigstens so weit verschieden,

---

*) Ludolf zeigt im I. Kap. des IV. Buchs seiner Hist. æth. daß die ethiopischen Buchstaben ausserordentlich viel Aehnlichkeit mit den samaritanischen haben.

**) Zu besserm Verständniß folgt hiebei ein dem Ludolfischen getreulich nachgestochenes ethiopisches Alfabet.

***) Wovon in den Habeßinischen Annalen, die ich dieser ersten Abtheilung des gegenwärtigen zweiten Theils angehängt habe.

den, daß einer, der nur eine von beiden gelernt hat, die andre dadurch noch im geringsten nicht versteht; doch kann eine die Erlernung der andern ziemlich erleichtern.

In Begemder wird ein besonderer Dialekt der amharischen Sprache gesprochen; einen andern Dialekt derselben haben die Landschaften Angot, Ifat, Schoa und Gojam mit einander gemein. Die Sprache der Gafater hat auch viele amharische Wörter; ist aber äusserst schwer zu erlernen.

Ludolf giebt uns folgendes Beyspiel von diesen verschiedenen Dialekten:

Herr heißt

in der Geezsprache: Egzi-e.
in der Amharischen Sprache: Abet.
in der Tigreischen: Hadari.
in der Dembeischen: Jeg-ja
in der Enareischen: Donzo.

Beide Sprachen die Geez und die amharische sind schwer auszusprechen, und besonders die amharische. In jeder kommen sieben Buchstaben vor, die den Europäern gänzlich unbekannt sind. Auch ist die Aussprache der Selbstlauter so unangenehm und rauh, daß sie wirklich Anfangs die Ohren beleidigt. —

Von den Sprachen der Agaus, der Gallaer und der übrigen Völkerschaften von Habessinien haben wir keine befriedigende Nachrichten*).

---

*) Bruce hat im I. B. seiner Reisen Proben von diesen Sprachen gegeben, die aber den Phllologen nicht befriedigen können. Bei Ludolf im 15. Kap. des I. Buchs der Hist. æth. findet man eine Reihe Wörter aus der Gallaersprache.

Zehnter Abschnitt.

Lebensart. Nahrung. Speisen und Getränke. Kleidung und Wohnung.

Die Hauptbeschäftigung der Habessinier ist die Viehzucht, und vorzüglich die Rindviehzucht, wozu ihr stark bewässertes bergiges Land besonders tauglich ist. Sie sind also Hirten, und waren es von alten Zeiten her; dann bei dieser Lebensart können sie leichter die Thäler und Ebenen verlassen, wann der alljährliche Regen eintritt, und die Flüsse so anschwellen, daß sie das ganze Land überschwemmen; dann ziehen sie mit ihren Heerden auf die Hügel und Berge, die ihnen den sichersten Zufluchtsort anbieten. Auch sind ihre Dörfer meist auf Hügeln und Bergen erbaut.

Den Akkerbau treiben die Habessinier weit nachläßiger; sie säen zwar Weizen, indischen Hirse, Teff u. s. w. aber sie sammeln keinen Vorrath auf künftige Zeiten davon ein, da ihnen ihre Heerden die nöthigsten Bedürfnisse, Fleisch, trefliche Butter, Käse, vorzüglich gute Milch und Häute zur Kleidung liefern.

Ueberhaupt ist die Landwirthschaft in Habessinien noch ganz in ihrer Kindheit; die Lebensart der Einwohner ist zu roh, als daß sie durch mehrere Bedürfnisse genöthigt, sich diese durch Verbesserung des Feldbaus, durch Künste und Handwerke erwerben sollten.

Mit einem Tuch, das seine Blöße kaum bedekt, mit einem Kuchen von Teffmehl, einem Stük rohen Rindfleischs (Brind) und einem Schluk Bier aus Teffkuchen ist der Habessinier seelenvergnügt, und hält sich für den glüklichsten der Sterblichen.

Das gewöhnlichste Brod der Habessinier sind Kuchen von Teffmehl gemacht. Dann von allen Getreide-Arten pflanzen sie den Teff am häufigsten, weil er wenig Mühe erfordert, und sehr reichlich ausgibt. Die Körner dieses Gewächses werden nicht auf Wassermühlen sondern auf ganz einfachen Handmühlen gemahlen, welche aus einer flachen steinernen Schüssel und einem Stössel bestehen, mittelst dessen die Körner zermalmt werden. Diese höchstbeschwerliche Arbeit wird nur allein von Weibern verrichtet.

Bruce sagt*), die Habessinier haben einen Ueberfluß am Weizen, der zum Theil von vortreflicher Beschaffenheit ist. Sie bakken so feines Brod, so wohl in Geschmak als in der Farbe, wie man nur in der Welt antrift. Aber der Gebrauch des Weizenbrodes schränkt sich bloß auf Personen vom ersten Range ein. Den Teff gebraucht hingegen Jedermann vom Könige bis auf die niedrigste Klasse: man hat Arten davon, die dem Weizen gleich geschäzt werden. Der beste giebt dem Weizenmehl an Weisse nichts nach, ist sehr leicht, und auch leicht zu verdauen. Andre Arten haben eine bräunlichere und manche sogar beinahe eine schwarze Farbe. Lezteres essen die Soldaten und Bedienten. Seine Güte hängt von der Beschaffenheit des Bodens ab, der ihn erzeugt, oder von der Jahrszeit in welcher er geerndtet wird. Viel hängt auch vom Aussichten der Kleien ab, wenn er gemalen, und von den Mühlsteinen zerrieben ist. Bei dem feinsten Brod in den Häusern der Vornehmen und Reichen wiederholte man dies etlichemal. Es wird auf folgende Weise dabei verfahren; sie rühren den Teig in einem grossen irrdenen Gefässe mit Wasser zur gehörigen Masse ein, legen solche in eine töpferne Pfanne, und sezzen sie etwas vom Feuer entfernt hin, bis sie anfängt zu gähren, oder säuerlich zu werden; alsdann bakken sie runde Kuchen daraus, die ungefähr zwei

---

*) Im naturhistorischen Anhange, V. B. S. 84 u. f.

Fuß im Durchschnitt halten. Sie sind von löcheriger weicher Beschaffenheit, und haben einen nicht unangenehmen säuerlichen Geschmak. Täglich zwei solche Kuchen und des Jahrs ein grobes baumwollenes Kleid, machen den Lohn eines gemeinen Bedienten aus.

Bei ihren festlichen Mahlzeiten wird solches in kleine Bissen geschnitten, und mit einer proportionirten Quantität Salz und Kayennischen Pfeffer in Stükke von diesem Brod gewikkelt. Ehe die Gesellschaft sich zum Essen niedersezt, wird eine Anzahl Kuchen von verschiedener Güte über einander hingelegt, wie man bei uns die Teller hinsezt. Die Vornehmen lassen sich zuerst nieder, und essen die obersten Kuchen von weissem Teff. Die zweite schlechtere Sorte ist für Personen von der zweiten Klasse, die nach ihnen essen, und die dritte für Bedienten. Ein jeder wischt, wenn er satt ist, seine Finger an dem Brode ab, das er seinem Nachfolger zurük läßt, weil sie keine Servietten haben, und dies ist eine der viehischesten Gewohnheiten von allen.

Ausserdem ist rohes, noch blutendes, zukkendes Rindfleisch die gewöhnlichste und liebste Speise der Habessinier. Sie nennen es Brind, und halten es für einen grossen Lekkerbissen, besonders wenn es mit Ochsengalle beträufelt ist, und wenn sie den köstlichen Senf dazu haben, den sie Minutal nennen, und der aus den halbverdauten Kräutern besteht, welche sie aus den Eingeweiden des geschlachteten Ochsen nehmen, und mit Pfeffer und Salz reichlich würzen. — Rohes Fleisch ist überhaupt für die Habessinier ein Lekkerbissen, und besonders bei rohem stark durchpfefferten Rindfleische thun sie sich recht gütlich. Es schmekt ihnen aber am besten wenn es dem Thiere noch lebend aus dem Leibe geschnitten ist. *)

―――――――――――

*) Hieher gehört was D. Campbell in der von ihm beschriebenen Reise des Kaufmanns Edward Brown von den Habessiniern erzählet:

von Habessinien.

Hieher gehört Bruce's Beschreibung einer blutigen Mahlzeit der Habessinier *).

„In der Hauptstadt wo man vor jedem plözlichen Ueberfall jederzeit sicher ist, oder auf dem Lande und Dörfern, wenn der beständige Regen die Thäler so unwegsam gemacht hat, daß kein Pferd mehr durchkommen kann, oder man sich nicht weit vom Hause wagen darf, aus Furcht von einem plözlichen Regenguß überfallen und weggeschwemmt zu werden, der durch plözliche Regenschauer auf den Gebirgen entsteht; kurz, wenn der Abyssinier sagen kann, daß er sicher in seinem Hause ist, und Schild und Speer an der Wand hangen, so versammelt sich eine zahlreiche Gesellschaft von den

---

„Ihre Häuser sind nicht besser als Hütten, und ihr Geräthe besteht in einem niedrigen Tische, einigen wenigen Matten und einem Fell zum Schlafen. Ihre Schüsseln und Teller sind von einem schwarzen irdenen Geräthe, und werden nur blos bei dem Vornehmern gefunden. Der gemeine Mann macht eine Art breiter dünner Kuchen, welche sie sehr zähe backen. Diese bringen sie auf den Tisch, legen ihr Fleisch darauf, wischen auch wohl ihre Hände damit ab, und geben sie alsdann ihren Sklaven oder Weibern zu essen. In jeder andern Hinsicht sind sie gleich delikat, d. h. gar nicht. Das größte Lieblingsessen in Abyssinien ist rohes Rindfleisch, wovon sie ein ganzes Viertel auf den Tisch bringen, warm wie es von dem Thiere geschnitten ist, nebst einer Blase, oder einem irdenen Geschirr mit Galle angefüllt, welche sie mit Pfeffer und Salz vermischen: und das Fleisch darauf mit tatarischer Gierigkeit hineintunken. Sie bereiten sich auch eine Art Senf aus dem Milchsafte den sie im Magen des Viehes finden, und mit Salz und Pfeffer vermischen. Und das nennen sie obendrein noch eine Seltenheit, weil sie selten einen vorlänglichen Vorrath von Pfeffer zu gehöriger Zubereitung dieser Brühe haben." — Von diesen blutigen Mahlzeiten spricht schon der arabische Geschichtschreiber Makrizi, der Portuglese Alvarez, u. a. Man sehe auch Michaelis mosaisches Recht.

*) Im III. B. S. 300. u. ff.

besten Familien und beiderlei Geschlecht, der Höfling vom Hofe, oder der Bürger aus der Stadt, um zwischen 12 nnd 1 Uhr gemeinschaftlich mit einander zu speisen. Mitten in einem grossen Zimmer wird ein langer Tisch gesezt, und Bänke umher für die eingeladenen Gäste. Tische und Bänke haben die Portugiesen unter ihnen eingeführt. Ehemals bediente man sich auf dem Boden ausgespannter Ochsenhäute, so wie es noch jezt auf dem Lande Sitte ist, oder wenn sie zu Felde ziehen. Man führt alsdann einen Ochsen oder Kuh, oft auch mehrere, nachdem die Gesellschaft groß ist, dicht vor die Thüre an den Füssen festgebunden, und legt darauf folgendermassen davon vor. Die starke Fetthaut, welche unter dem Halse herab hängt, wird bis auf das Fett, woraus sie fast ganz besteht, eingeschnitten, und einige kleine Blutgefässe geöfnet, so daß nicht mehr als 6 oder 7 Tropfen Blut auf die Erde fallen *). Hiebei haben die grausamen Mörder keinen Stein, keine Bank, keinen Altar, worauf der Kopf des armen Thiers gelegt werden könnte; doch was sage ich Mörder? — Sie verdienen den Namen nicht, da sie nicht so viel Menschlichkeit besizzen, dem unglüklichen Schlachtopfer das Leben zu nehmen, im Gegentheil — sie erhalten ihm dasselbe so lange, bis es ganz aufgezehrt ist. Sobald sie, ihrer Meinung nach, das mosaische Gesez erfüllt, und 6 bis 7 Blutstropfen vergossen haben, so fallen zwei oder auch mehrere über den Rüken des armen Viehes her. Jede Seite des Rükgrabes wird bis durch die Haut eingeschnitten, worauf sie das Fell bis mitten auf die Rippen und Lenden mit den Fingern abstreifen und geradezu wegschnei-

---

*) Bruce erzählt sogar (im III. B. S. 142.) daß Habessinier auf der Reise ein Stük Fleisch zum Essen aus einer lebenden Kuh künstlich herausschnitten, dann die Haut wieder darüber hefteten, und die Kuh weiter treiben.

den, wo es sich nicht den Augenblik löset. Alsdann wird aus den Lenden alles Fleisch in grossen vierekigten Stükken abgeschnitten, ohne Knochen und viel Bluts vergiessen. Das schrekliche Gebrülle des armen Thiers ist für die Gesellschaft das Zeichen, sich zu sezzen.

Statt der Teller werden vor jeden Gast runde Kuchen gelegt, wenn ich sie so nennen kann, ungefähr noch einmal so dik, als ein Pfannkuchen, oft auch dikker und zäher, die aus einem ungesäurten, jedoch etwas säuerlichen, gar nicht unangenehmen und leicht zu verdauendem Brode bestehen, das aus einem Korn gebakken wird, welches sie Teff nennen. Es hat verschiedene Farben, von schwarz bis zu dem weissesten Weizenbrode. Drei oder vier dieser Kuchen werden gewöhnlich vor einen jeden Gast oben auf zum Essen hingelegt, und 4 oder 5 vom gewöhnlichen schwarzen Brode darunter, die der Herr braucht um seine Finger daran abzuwischen, und die der Bediente nachher zu seinem Mittagsmahle erhält.

Zwei oder drei Diener treten darauf herein, ein jeder mit einem vierekigten Stük Fleisch auf der blossen Hand, das sie auf Teffkuchen legen, welche vorher aus dieser Absicht auf den Tisch gelegt sind, wo sich kein Tischtuch oder irgend eine Art von Bedekkung findet. Um diese Zeit nimmt jeder Gast ein Messer zur Hand; die Männer ihr grosses gekrümmtes Kriegsmesser, und die Weiber kleine Taschenmesser.

Zwischen zwei Weiber sizt ein Mann der mit seinem langen Messer, indem sich die Fibern und Muskeln noch sehr sichtbar bewegen, ein dünnes Stük abschneidet, das die Frau (denn in ganz Abyssinien isset kein Mann von Erziehung und Stande mit seinen eigenen Händen, und berührt eben so wenig sein Fleisch) alsdann vor sich nimmt, in lange Streifen zerlegt, und diese in kleine Würfel schneidet, auf ein Stük Teffbrod legt, stark mit Pfeffer und Salz bestreut, und darauf länglicht einwikkelt. Der Mann hat unterdessen sein Messer weggelegt, ruht mit jeder Hand auf Knie seiner Nachbarinn, und wendet sich darauf mit vorwärts geneigtem und gesenktem Kopfe und fast ausgestrektem Körper, nach der, welche ihren Bissen zuerst fertig hat, den sie alsdann auf einmal in seinen Mund stopft, und ihn dermassen anfüllt, daß er jeden Augenblik Gefahr läuft zu erstikken. Das heißt bei ihnen bon ton, und je grösser das Stük ist, desto grösser macht das in ihren Augen den Esser; und jemehr Geräusche er bei dem Käuen macht, um so feiner sind seine Sitten. Sogar hat das unter ihnen Veranlassung zu einem Sprichworte gegeben: " Bettler und Diebe essen nur kleine Stükke, und käuen Läuse.„ So heißt es in Abissinien. Ist der erste Bissen hinunter, womit er gemeiniglich bald fertig ist, so hält ihm seine zweite Nachbarin einen andern hin, und das geht denn so fort, bis er gesättigt ist. Darauf trinkt er, und nie früher; vorher wikkelt er aber aus Dankbarkeit gegen seine Schönen, die ihn gefüttert, auf die oben beschriebene Weise zwei Stükke Fleisch zusammen, und stopft es zu beiden Händen in den Mund einer jeden. Darauf kommt der Becher der aus einem grossen hübschen Horn besteht. Die Damen essen unterdessen, und sobald sie gesättigt sind, trinkt alles gemeinschaftlich, und man stößt froh an: Vive la Joye et la Jeunesse. Es lebe Freude und Jugend! Man lacht und scherzt, und üble Launen und Bitterkeit finden hier selten Statt.

Während dieser ganzen Zeit steht das unglückliche Opfer vor der Thür und blutet, wiewohl nur geringe. So lange sie an den Knochen und anderwärts noch Fleisch finden, verschonen sie sorgfältig alle diese Theile, wo die grossen Schlagadern liegen; worüber sie am Ende auch herfallen. Das Thier blutet sich alsdann zu Tode, und wird so zähe, daß die Kanibalen, denen der übrige Theil gehört, ein derbes Stück Arbeit haben, das zähe Leder von den Knochen mit ihren Zähnen, gleich Hunden, abzureissen.

Im Zimmer selbst herrscht indessen laute Freude und Lust; die Liebe zündet jeden verborgensten Funken, und alles ist erlaubt mit uneingeschränkter Freiheit. Man kennt alsdann keine Sprödigkeit, keine Scham, keinen Vorzug, kein geheimes Gemach zur Befriedigung erhitzter Begierde. Es giebt nur ein gemeinschaftliches Zimmer, und in demselben opfern sie dem Bachus und der Venus zugleich. Die beiden Männer, welche dem Paare am nächsten sind, das seine Stelle verlassen hat, halten ihr Oberkleid gleich einem Schirm vor dasselbe. Sobald sie wieder auf ihrer Stelle sind, wird die Gesundheit des glüklichen Paats getrunken, und man folgt ihrem Beispiel an verschiedenen Orten der Tafel, so wie ihre Begierde sie auffordert. Alles dieses geschieht ohne die geringste Bemerkung, ohne Spötterei und Zoten, auch nicht ein einziges zügelloses Wort wird gehört — selbst nicht die entfernteste Anspielung.

Die Frauenzimmer sind größtentheils Damen von Rang, und haben Familie. Man zeichnet sie beide durch den gemeinschaftlichen Namen Wudaga aus, der Zizisbeo der Italiener; und ich glaube in der That, daß beides, der Name, so wie die Sitte selbst, von den Hebrärn abstammen. „Schus chis bejim" bedeutet, Begleiter, Gefährten der Braut, Brautdiener, wie sie bei uns genannt werden. Der einzige Unterscheid besteht blos darinn, daß in Europa die vertraute Bekanntschaft auch während der Ehe fortdauert, bei den Juden hingegen nur allein die wenigen Tage der Hochzeit erlaubt war. Die Abneigung des europäischen Frauenzimmers gegen das Judenthum hat sie wahrscheinlich zu der Verlängerung veranlaßt." —

Die Habeßinier essen ausserdem auch Schaaf- und Ziegenfleisch, aber nichts von Schweinen; eben so sehr scheuen sie die Hasen; doch essen sie anderes Wildpret, und die Bewohner der Mazaga essen sogar Löwenfleisch*). Die Jäger in den nördlichen Gegenden verzehren mit Appetit das Fleisch von Büffeln, Elefanten und Rhinozerossen. Die Waito am See Tzana essen Flußpferde und Krokodille, u. s. w.

Geflügel, als Tauben, Rebhüner, Perlhüner und dergleichen, theils gesotten und übermäßig mit Pfeffer gewürzt, theils in Weizen gekocht, oder auch in lederzähen Brühen werden auf die Tafeln der Vornehmen gebracht, die auch andre Leckerbissen geniessen.

Der gemeine Mann begnügt sich mit seinen Teffkuchen, und hält es für ein Fest, wenn er rohes Rindfleisch essen kann.

Ueberhaupt aber ißt der Habeßinier mit keinem Fremden oder Ausländer, und reinigt Gefässe und Trinkgeschirre, wenn ein solcher sie gebraucht hat. **)

Das gewöhnlichste Getränke der Habeßinier ist Meth und Bier.

Den Meth, Tzed genannt, bereiten sie aus einem Theile Honig und sechs Theilen Wasser, und wissen ihn so gut zuzurichten, daß er sehr berauschend wird.

Noch gemeiner ist das Bier Bouza genannt, das sie ohne Hopfen aus allerlei Getreide, aus Hirse und Gerste, vorzüglich aber aus Teff zu bereiten.

---

*) Bruce, IV. B. S. 326.
**) Bruce, III. B. S. 290.

Bruce beschreibt uns die Zubereitungsart dieses Letztern mit folgenden Worten *).

Wenn das Teffbrod gut geröstet ist, wird es in kleine Stükke zerbrochen, in ein grosses Gefäß gethan, und warmes Wasser darauf gegossen. Darauf sezt man es zum Feuer, und rührt es einige Tage lang fleissig um: doch wird das Gefäß sorgfältig zugedekt. Wenn man es drei bis vier Tage stehen und sich sezzen lassen, bekomt es einen säuerlichen Geschmak: dies ist das gewöhnliche Bier, im Lande, Bouza genannt. Die Bouza in Atbara wird auf eben die Weise gemacht, nur nimmt man Kuchen von Gerstenmehl statt des von Teff dazu. Beides giebt ein elendes Getränk, aber das von Gerstenmehl ist das schlechteste.

Alvarez spricht schon von den mancherlei Arten Bier, die in Habessinien bereitet und getrunken werden **).

Auch wird in Habessinien Branntwein ***) und Wein getrunken, doch lezterer nur von den Vornehmern, weil er selten ist, und nur in zwei Provinzen am See Dembea gewonnen wird †).

Die Habessiner trinken nur nach dem Essen, denn sie sagen, man muß erst pflanzen und dann begiessen ††).

Ihre Trinkgefässe sind theils Ochsenhörner, theils metallene Becher, theils gläserne Flaschen und Trinkgläser, die sie Brulhe nennen, und über Alexandrien aus

---

*) Im V. Band, Seite 85.

**) Seite 118. 127. 208 und 250. der franz. Uebersezzung.

***) Bruce, III. B. S. 392.

†) Derselbe sagt ebendaselbst, daß er guten, sehr starken rothen Wein aus der Landschaft Karuta getrunken habe, welcher dem französischen Coterotl gleich kam.

††) Bruce, III. B. S. 391.

Trieſt erhalten *). Es iſt ein Vorrecht der Statthalter, aus goldenen Bechern zu trinken **).

Die Kleidung der Habeſſinier iſt eben ſo gering und einfach als ihre übrigen Bedürfniſſe; bloß fürſtliche Perſonen bedienen ſich ſeidener Kleider, und nur bei geiſtlichen oder reichen Perſonen trifft man baumwollne an. Aermere gehen halb nakkend, kleiden ſich in Häute, und bedekken kaum die Schaam ***), welches ſogar oft bei Vornehmen und Prieſtern der Fall iſt Angeſehene Leute tragen Hoſen, die bis an die Ferſen hinabreichen, jedoch mit einer gewiſſen Sparſamkeit, deren ſich ſelbſt der König nicht ſchämt †). Denn ſo weit ſie vom Rof bedekt werden, ſind ſie leinen oder ſonſt von geringem Zeuge; der untere Theil aber vom Knie an beſteht aus Seidenzeug oder Damaſt. Wegen der warmen Witterung, oder vielmehr aus Armuth, läßt man Knaben und Mädchen, bis ſie mannbar werden, nakkend gehen.

Was ſie indeſſen in der Kleidung zu wenig thun, das wollen ſie im Haarpuz einbringen. Sie kräuſeln ihr Haar, und ſalben es ein, aber nicht mit Balſam oder wohlriechendem Oele, ſondern mit Butter, damit es fein hübſch glänze, und einen ſo übeln Geruch von ſich gebe, daß man eher die Naſe vor ihnen zuhält, und das Geſicht ſeitwärts wendet, als ſich mit Bewun-

---

*) Bruce, II. B. S. 649. und 670.

**) Daſelbſt, S. 649. Einmal aber ſagt er die Brulhe's ſeien Gläſer, und das andere Mal überſezt er ſie durch Flaſchen.

***) Alvarez klagt ſehr über die unſittliche, die Schaam kaum bedekkende Kleidung der Habeſſinierianen (S. 102.) doch ſagt Poncet, die meiſten Habeſſinier trügen doch wenigſtens Hoſen.

†) Noch Bruce, (III. B. S. 510.) tragen die habeſiniſchen Chriſten, um ſich von den Nichtchriſten zu unterſcheiden, eine blaue ſilberne (?) Schnur um den Hals.

derung ihres Puzzes abgiebt. Damit aber diese schöne Frisur im Bette nicht verdorben werden möge, legen sie ihren Hals in eine künstlich gemachte Gabel, wobei der Kopf frei hängt *).

Die Wohnungen der Habessinier sind ebenfalls sehr armselig. Ein Theil der Nazion lebt — des ewigen Kriegs wegen — gewöhnlich gern unter Zelten. Die Häuser überhaupt sind nicht viel besser, als ihre Zelten; sie sind eine Art Feldhütten, in kegelförmiger Gestalt, von trokkenen Mauern und Rohr, die sie mit Thon oder Leimen bestreichen, und mit Stroh oder Moos dekken. Nicht viel besser sind ihre Höfe, Dörfer und Städte, in welchen man kaum vor dem Anfall wilder Thiere geschüzt ist. — Die meisten Dörfer sind auf Hügeln oder Bergen erbaut. Die Städte unterscheiden sich von diesen nur durch ihre Grösse. Selbst die Häuser von Gondar sind elende Lehmhütten, nur der Pallast daselbst, und die Ueberreste der Gebäude zu Axum und zu Fremona sind von dauerhafterer Bauart.

Eben so dauerhaft sind die Berghölen, die man besonders in Damot und Gojam häufig findet, und die unter König Lalibala in Felsen gehauene Kirchen.

Eilfter Abschnitt.

Ehestand. Geburt. Erziehung. Ergözlichkeiten. Krankheiten. Tod und Begräbniß.

Wenn gleich die Vielweiberei bei den Habeßiniern durch keine bürgerliche Gesezze untersagt ist, so heurathen sie doch nicht leicht mehr als eine Frau auf einmal, weil be-

---

*) Nach Ludolf. — Von den abwechselnden Moden in Habeßinien spricht Bruce, im III. B. S. 107.

sonders ihre kirchlichen Gesezze dawider sind, und diejenigen exkommunizirt werden, die sich der Vielweiberei ergeben. *) Zur Gültigkeit der Ehe ist die priesterliche Einsegnung durchaus nothwendig; sie findet aber nur in denen Fällen Statt, die nicht gegen ihr Kirchenrecht laufen. Die Geistlichen haben bei ihren Heurathen das Vorrecht, daß sie allein öffentlich in der Kirche kopulirt werden. Bei den Weltlichen aber wird diese Handlung entweder in ihrem eigenen Hause, oder vor den Thüren des Tempels vorgenommen **) Leztere können sich auch leicht wieder scheiden lassen: Denn wenn irgend eine Uneinigkeit, die sich nicht wieder gut heben läßt, in ihrer Ehe entsteht, so werden sie von den königlichen Richtern geschieden. ***) Wenn aber die Geistliche sich scheiden lassen, oder nach dem Tod ihrer ersten Frau wieder heurathen wollen, so müssen sie auch zugleich ihr Amt niederlegen. Diese Schwierigkeiten bewirken bei ihnen einen dauerhaftern und friedlichern Ehestand.

Da die Weiber insgemein von starker, dauerhafter Leibesbeschaffenheit sind, so gebähren sie mit leichter Mühe. Kömmt die Stunde ihrer Niederkunft, so lassen

---

*) Dessen ohngeachtet haben alle Vornehmen so viele Weiber und Beischläferinnen, als sie erhalten können; ja selbst ein Abuna soll ihrer einst siebenzig gehabt haben. Ueberhaupt ist hier die Ausgelassenheit zu Hause. An Keuschheit und eheliche Treue wird gar nicht gedacht.

**) Diese Zeremonie beschreibt Montez im 21. Kap. (Seite 77. der franz. Uebers.) wo er sagt, daß der Priester den Brautleuten bloß die Hände auflegt, und sie zur Eintracht ermahnt. — Bruce (II. B. S. 506.) sagt, es gebe in Habeßinien gar keine regelmäßige Heurathen. Ferner sagt er, (III. B. S. 290.) in diesem Lande leben die Weiber gerade so, als ob sie allen Männern in Gemeinschaft angehörten.

***) Montez (S. 129.) erzählt ein Beispiel von einer Braut, die verstossen wurde, weil sie zu grosse Zähne hatte.

sie sich auf die Kniee nieder, und bringen ihre Kinder meist ohne den Beistand einer Hebamme glücklich zur Welt.

Auf die Erziehung wird nicht sonderlich viel verwendet. Die geringe Sorgfalt für die Kinder läßt sich auch schon daraus abnehmen, daß man sie gewöhnlich bis zum mannbaren Alter nakt laufen läßt; eine Sitte, die zwar von dem warmen Himmelsstriche, darinn sie leben, begünstigt wird, die aber auch die natürliche Folge hat, daß die Leute selbst in zunehmendem Alter nicht leicht einen Begriff von Schamhaftigkeit haben. Lesen und Schreiben ist meistens der ganze Unterricht, der ihnen entweder von ihren Aeltern, oder von den Mönchen ertheilt wird.

Von den Ergözlichkeiten der Habeßinier ausser den kriegerischen Uebungen und ihren ausschweifenden Schmausereien, wissen wir sehr wenig. Ihre Tänze sind sehr einförmig. *) — Von der Jagd sind sie grosse Liebhaber, doch mehr aus Noth, oder um des Gewinnes willen, als zum Vergnügen. Im nördlichen Habeßinien leben ganze Dörfer von Agaschirs oder Elefanten= Büffel= und Rhinozeros= Jägern. **)

Gewöhnlich geben die habeßinischen Könige bald nach ihrem Regierungsantritt, und, wenn es Friede ist, alle Jahr eine grosse Jagd, von welcher Bruce uns folgende Nachricht giebt. ***)

Diese Jagd wird allezeit in der Kolla gehalten, wo sich eine unglaubliche Menge der größten und wildesten Thiere aufhält, als Elefanten, Rhinozerosse, Löwen, Leoparden, Panther, Büffel, die wütender als alle vo=

---

*) Montez, S. 232.
**) Bruce, IV. B. S. 320. u. ff. Diese Jagd wird in demselben Bande, S. 302. u. ff. beschrieben.
***) Im II. Band, S. 533. u. ff.

rigen sind, wilde Schweine, wilde Esel, und allerlei Arten von rothem Wildpret.

Sobald das Wild von den Jägern zu Fuß und den Hunden aufgejagt und aus dem Walde getrieben ist, greift ein jeder, oder verschiedne zusammen das Thier, nachdem es groß, oder der Reuter stark genug ist, und Geschiklichkeit in Regierung seines Pferds besizt, mit langen Piken, oder zwei Wurfspießen in der Hand an. Wenn der König nicht sehr jung ist, hält er zu Pferde auf einer Anhöhe, und ist von dem Adel des Hofes umgeben, welcher ihm diejenigen anzeigt, die so glüklich sind, sich vor seinen Augen hervorzuthun. Die Verdienste andrer lernt er nur durch Nachrichten davon kennen.

Ein jeder junger Mann bringt zum Zelte des Königs ein Stük des von ihm erlegten wilden Thieres als ein Siegeszeichen, z. E. den Kopf und die Haut eines Löwen oder Leoparden, die Hirnschaale oder das Geweihe von einem Rothwildpret, die Schaamtheile eines Elefanten, den Schwanz eines Büffels, oder das Horn eines Rhinozeros. Die viele Mühe, Kräfte und Zeit, welche dazu gehört, die Elefantenzähne auszubrechen, erlauben es selten, sie mit den übrigen Siegeszeichen sogleich zu überreichen, zu dem wird Feuer erfordert, um sie von dem Kinnbakken abzulösen. Ein wilder Schweinskopf wird auf einer Lanze gestekt gebracht, wird aber nicht berührt weil es ein unreines Thier ist.

Die Elefantenzähne sind ein Vorrecht und gehören allemal dem Könige. Es werden helfenbeinerne Ringe zu Armbändern daraus gedreht; viele davon theilt der König im Felde an diejenigen aus, die es am meisten verdient haben, und diese hebt man zum Beweise eines tapfern Verhaltens auf. Dies ist jedoch kein bloßes Ehrenzeichen, sondern wer vom Könige, oder der Königin Regentin, oder von dem Statthalter einer Provinz

so

so viel Ring erhält, daß er den Arm bis an das Handgelenke damit bedekken kann, zeigt sich an einem gewissen Tage den zwölf Richtern mit diesen Ringen am Arm; worauf der Koch des Königs einen jeden mit einem Kuchen-Hakmesser in der Rundung spaltet; die Richter geben ihm alsdann ein Zertifikat, welches bezeugt, daß er zu so viel Ländereien berechtigt ist, als zwanzig Unzen Goldes eintragen, und dies wird ihm nie abgeschlagen oder vorenthalten. Die verschiedenen Gattungen wilder Thiere werden aber nicht gleich taxirt. Wer einen Galla oder Schangalla, jedoch blos Mann gegen Mann, todtschlägt, ist zu zwei Ringen berechtigt. zwei Ringe bekommt auch wer einen Elefanten, oder einen Rhinozeros, oder einen Giraffen, wegen seiner Geschwindigkeit, und um zur Reitkunst aufzumuntern, einen Büffel, einen Löwen, und einen Leoparden erlegt; für zwei wilde Schweine, deren Hauzähne bereits gewachsen sind, wird ein Ring, und für jedes von den vier Arten des Rothwildprets auch einen gegeben.

Ueber das tödten dieser Thiere entsteht beständig grosser Streit. Zu dessen Beilegung, damit keine Feindschaften und heftige Zänkereien daraus erwachsen, sizt alle Abende eine Rathsversammlung, mit einem Vorsteher Dimshasha (die rothe Müzze) genannt, weil er ein Stük von rother Seide an der Stirne trägt, des Kopf bleibt oben aber entblößt, weil niemand das Haupt ganz bedekken darf als der König, die zwölf Richter und Priester, die ausserdem eine geistliche Ehrenstelle begleiten. Dieser Vorsteher bestimmt den Rang eines Adelichen über dem andern, und kennt die Geschichte aller Stammbäume; für die vorzüglichsten Adelichen werden allemal die mit dem Könige am nächsten verwandten Familien gerechnet.

Ein jeder trägt seine eigene Sache diesem Rathe vor, und empfängt sogleich den richterlichen Ausspruch: Es ist eine angenommene Regel, daß derjenige, welcher ein Thier zuerst so trift, daß die Lanze aufrecht, oder in derselben Richtung, wie sie hineingefahren ist, darinn stekken bleibt, für den gehalten wird, der es erlegt hat, es mögen sich hernach noch so viel mit dem Thier herumschlagen. Diese Jagd währt selten über vierzehn Tage.

Die Habeßinier werden meistens alt. Ihre Todten betrauern sie sehr kläglich, und schlagen sich dabei ins Gesicht und auf die Brust.*) Wenn sie vom Tode eines berühmten Mannes oder eines Freundes hören, werfen sie sich auf den Boden, und schlagen den Kopf ganz unsanft an die Erde. Wann sie ihre Todten gewaschen und berduchert haben, wikkeln sie selbige in ihre Kleider ein. Ist der Verstorbene etwas mehr als ein gemeiner Mensch, so wird er in einer Ochsenhaut auf die Bahre gelegt, und von Priestern, die mit Kreuzen, Rauchpfannen und Weihwasser versehen sind, so hurtig hinausgetragen, daß man Mühe hat, gleichen Schritt mit ihnen zu halten. Man setzt dann den Leichnam so lange neben dem Grab hin, bis ein Abschnitt aus dem Evangelium Johannis verlesen ist. Darauf wird der Todte noch einmal beräuchert, mit Weihwasser besprengt, und ins Grab geworfen.

Zwölfter Abschnitt.

Künste. Gewerbe. Handel. Reisen. Wissenschaften.

An nichts fehlt es in Habeßinien mehr als an Künstlern. Sie stehen sogar hier zu Lande in einer gewissen Verachtung. Jeder verfertigt sich entweder selbst oder

---

*) Bruce (im III. B. S. 349.) sagt, sobald ein Habeßinier stirbt, so zerkrazt sich jedes Frauenzimmer seiner Familie beide Schläfe.

durch seine Sklaven alles nöthige, welches bei einer so ärmlichen, einfachen Lebensart, wie sie die Einwohner gewohnt sind, immer etwas leichtes ist. Wenn ja irgend jemand eine Kunst oder ein Gewerbe treibt, so hat er sie gleichsam erblich, und er pflanzt sie auch so auf seine Kinder fort*). Daher giebt es gewisse Familien, die alle Trompeter sind, und ihre besondere Wohnplätze haben. Die Baukunst war hier vor Zeiten in grossem Flor, wie man das aus den prächtigen Ruinen der Stadt Axum, und aus den künstlichen in Felsen gehauenen Gewölben abnehmen kann. Sie gieng aber unter den amharischen Königen wieder verlohren, weil man sich von da an wegen der vielen Kriege und Märsche an Zelten gewöhnen mußte.

Wo keine Künste zu Hause sind, da steht es gewöhnlich auch mit dem Handel nicht zum besten. Die Habessinier verstehen ihn wenigstens nicht, sondern überlassen ihn den Türken und Armeniern, die für das Land einen sehr nachtheiligen Tauschhandel mit indischen Waaren trieben, wofür sie alles Gold aus dem Lande schleppen. In Habessinien wird nicht einmal gemünzt, sondern man wiegt das Gold oder verhandelt es nach Gutdünken. In mehrern Gegenden hat man Steinsalz statt des Geldes, wofür man alles kaufen kann. Ehmals bediente man sich zum nämlichen Zwek des Pfeffers. Die Einfuhr besteht in seidnen, leinernen, baumwollnen und andern Kleidern; in Gewürzen, und besonders in Pfeffer. Die Ausfuhr ist gering, und besteht in Gold, Pelzwerk, Leder, Honig, Wachs und Elfenbein **).

---

*) Nach Bruce sind die Juden in Habessinien Dachdecker u. s. w.

**) Nach Bruce treiben die in Habessinien wohnenden Muhammedaner den vorzüglichsten Handel dieses Landes. — Zu den Ausfuhrartikeln gehören auch Sklaven. Der ganze Handel ist aber sehr unbedeutend.

Dem Habeſſinier fällt es nicht leicht ein, in fremde Länder zu reiſen. Es ſind viele Hinderniſſe, die ihm bei einem ſolchen Unternehmen im Wege ſtehen. Fürs erſte hat er keine Kenntniß von fremden Sprachen und Ländern; und dann ſind auch die ungeheuren Wüſten ſehr gefährlich und nur mit groſſen Koſten zu durchreiſen. Ehmals machten ſie wohl auch mehrere Reiſen nach Jeruſalem ; allein die Habſucht der Türken, der ſie dabei ausgeſezt ſind, hat es ihnen auch entleidet. Im Lande ſelbſt bedient man ſich auf ſeinen Reiſen der Mauleſel, die ganz für ein Land geſchaffen ſind, wo man wegen der vielen ſteilen Gebirge ſich ganz keines Fuhrwerks bedient. Angeſehene und reiche Leute ſchleppen all ihren Hausrath auf den Maulthieren mit, und ſchlagen da, wo die Nacht ſie überfällt, ihre Zelte auf. Um die wilden Thiere von ſich abzuhalten, machen ſie Feuer an. Arme reiſen bettelnd durchs Land. Nirgends findet man weder Herbergen noch Wirthshäuſer; die Habeſſinier haben daher auch gar keinen Begriff von Gaſtwirthſchaft. Einſt trug ſich mit etlichen Habeſſiniern, die ſo eben aus dem Orient nach Rom kamen, eine luſtige Geſchichte zu. Sie giengen nämlich mit der europäiſchen Lebensart noch ganz unbekannt, in einer Vorſtadt ſpazieren, wo ſie von einem Gaſtwirth eingeladen wurden. Dieſe Höflichkeit kam ihnen äuſſerſt unerwartet, indem ſie gänzlich der Meinung waren, dieſer Mann wolle ſie umſonſt in ſeine Gaſtfreundſchaft aufnehmen. Als Reiſende, die gern allerhand Merkwürdigkeiten ſehen wollen, ſchlugen ſie es ihm nicht ab, ſondern machten ihm wirklich ihren Beſuch. Man trägt ihnen da reichlich auf, und ſie laſſen ſich herrlich ſchmekken. Ehe ſie ſich aber verabſchieden wollten, ſannen ſie auf eine hübſche Dankſagung, die einer unter ihnen, der das Italieniſche ein wenig verſtand, dem guten, menſchenfreundlichen Wirth unter tauſend Segenswünſchen machen sollte. Da aber der Wirth diese Rede, worinn der Bezahlung nur im geringsten nicht erwähnt wurde, ein Wenig angehört hatte, brach er ungeduldig in die Worte aus: "Ei, meine Herren, wer bezahlt die Zeche?„ Erschrocken gaben die Gäste zur Antwort: sie seien ja nicht von selbst in die Schenke gekommen, sondern von ihm, ohne der Bezahlung Meldung gethan zu haben, eingeladen worden: auch habe er ihnen Speisen und allerlei Weine aufgestellt, ohne ihres Preises auch nur mit einem Worte zu gedenken, und kurz und gut, sie hätten kein Geld. Die ehrlichen Habeßinier sahen sich endlich genöthigt, ihre Mäntel zum Pfand zu geben, und sie vom Pabst auslösen zu lassen.

Die Litteratur der Habeßinier ist geringe. Ausser ihren theologischen Büchern haben sie wenig andere. Denn was Jak. Baratti von der Bibliothek, die aus 10,000 Bänden bestehen soll, fabelt, ist ganz unrichtig. Eins ihrer Bücher, **Ruhm der Könige** betitelt, steht bei ihnen allgemein in sehr grossem Ansehen. Es enthält die Geschichte der Königinn von Saba, und viele andere Nachrichten, an deren Aechtheit kein Habeßinier zweifelt. Eine **Kronik**, die vom König Klaudius in seinem Glaubensbekenntniß allegirt wird. **Das Buch der Philosophie**; es steht ebenfalls in grossem Ansehen bei den Ethiopiern. **Die Leiter**, ein Wörterbuch, worinn ethiopische Wörter durch amharische, aber oft sehr unrichtig, erklärt sind.

Ausser einer gelehrten Kenntniß ihrer Sprache und Theologie, treiben sie sonst keine Wissenschaften. Die meisten begnügen sich schon mit einiger Fertigkeit im lesen und schreiben. Sie brauchen keine Juristen, weil sie keine geschriebene Gesezze haben. In streitigen Fällen muß das Herkommen entscheiden, oder der Richter spricht ganz nach eigenem Gutdunken. Sie sind auch so bedaurenswürdige Wundärzte, daß sie Wunden und körperliche Schäden nur mit Brennen und Schneiden heilen. Die Gelbsucht kuriren sie mit einem spizzigen und glühenden Eisen, womit sie um das Armgelenk einen halben Zirkel ziehen, und ein Stükchen Baumwollenzeug darauf legen, damit die schädliche Feuchtigkeit so lange herausfliesse, bis die Gesundheit wieder hergestellt ist. In den meisten Krankheiten ist jeder sein eigner Arzt, wobei man sich gewöhnlich allerhand Hausmittel bedient. Ist der König krank, so läuft alles herzu, sich zu erkundigen, was ihm fehle? Wenn dann einer auch einmal dieselbe Krankheit gehabt hat, so erzählt er, was ihm wieder geholfen habe, damit die nämlichen Mittel beim König angewendet werden mögen. Das dreitägige Fieber kuriren sie mit dem Zitteraal, (Gymnotus. L.) Man bindet den Kranken auf eine Tafel, und legt den Fisch auf ihn hin, der ihm die schröklichsten Schmerzen in allen Gliedern verursacht, worauf aber der Fieberanfall unterbleibt. Wunden heilt man auch mit Myrrhen, die hier sehr gemein sind.

In der Philosophie und besonders in der Physik sind sie noch gar nicht weit gekommen. Was sie von der Mischung der vier Elemente in der Erschaffung des Menschen und seiner Seele statuiren, mag hier als Probe ihrer Kenntnisse in der Philosophie und Physik gelten. Ihre Lehre ist folgende: „Gott schuf Adam aus den vier Elementen, welche er so künstlich vermischte, daß sie einander nicht entgegen seyn konnten. Er verband nämlich das erste mit dem zweiten, das dritte mit dem vierten; feuchtes mit trokkenem, warmes mit kaltem; das unsichtbare mit dem sichtbaren, das fühlbare mit dem unfühlbaren; zwei machte er aus dem fühlbaren und zwei aus dem, was sich nicht fühlen läßt. Er machte drei aus trokkenem und eins aus nassem; drei aus dem sichtbaren und eins aus dem unsichtbaren; drei aus dem kalten und eins aus dem warmen. Da nun der Baumeister wußte, daß das irdene sich weder von selbst bewegen, noch ohne Beimischung seines Hauchs reden könne: so blies er ihm ins Angesicht, und machte ihn zum vernünftigen und sich bewegenden Wesen. Im Menschen sind zwei Seelen; die eine ist der Lebensgeist, der aus dem Munde seines Schöpfers kam; dieser wird nicht zu den Elementen gezählt, und ist unsterblich: Die andre ist das Blut des Körpers (die fühlbare Seele), welche ihren Ursprung von den Elementen hat, und sterblich ist."

Es ist wirklich zu verwundern, daß die Habeßinier, die doch zwei Seelen im Menschen annehmen, die zwei Naturen in Christo nicht fassen können.

Unter den schönen Wissenschaften lieben sie die Dichtkunst am meisten, aber bloß die geistliche. Die ganze Kunst ihres Versbaues besteht in Reimen, wenn es anders ein Reim genannt zu werden verdient, daß die Verse mit gleichlautenden Konsonanten enden, die Vokale der letzten Silbe hingegen ungleichartig sind. Ausser dem wird man kaum ein ordentliches Silbenmaas darinn aufzufinden im Stande seyn. Sie haben übrigens viele Gattungen von Gedichten. Räthsel und Sprichwörter lieben sie sehr.

Die Habeßinier sind bei all ihrer Unwissenheit dennoch sehr wißbegierig und gelehrig. Von den Jesuiten verlangten sie durchaus, daß sie ihre Kinder in der lateinischen Sprache unterrichten sollten. Privatpersonen schreiben selten Briefe, und wissen sie auch nicht zu überschicken. Sie lassen sie aber gewöhnlich von einem in ihrer Provinz aufgestellten Schreiber ausfertigen.

Dreizehnter Abschnitt.

Religionsschriften. Tempel. Priester und Mönche. Gottesdienst, und Religionsgebräuche. Kirchenfeste. Zeitrechnung.

Mit der christlichen Religion erhielten die Habeßinier auch die Bibel. Sie ist nach einem in Alexandrien üblich gewesenen Exemplar der LXX. ins ethiopische übersezt worden. Vom Urheber und der Zeit dieser Uebersezzung weiß man nichts mit Gewißheit zu bestimmen. Indessen besizzen sie das Alte und Neue Testament vollständig. Die Bücher des A. T. sind aber nicht ganz nach unsrer gewohnten Ordnung gerichtet, auch stehen die apokryphischen unter den kanonischen, ohne Bemerkung ihres geringern Gehalts. Zum N. T. rechnen sie noch ein anderes Buch, Synodus betitelt, das die ältesten Verordnungen der Apostel enthalten soll. Nach diesem Buch, das schlechtweg auch das Neue genannt wird, folgen im Ansehen die drei ökumenischen Konzilien, nämlich das von Nizäa, Konstantinopel und Ephesus, nebst etlichen Provinzialsynoden. Eine Generalliturgie aller in der ethiopischen Kirche gebräuchlichen öffentlichen Gebeter. Die Religion der Väter ist ihr symbolisches Buch, und steht bei ihnen im höchsten Ansehen; es ist aus den Homilien eines Athanasius, Basilius, Johannes Chrysostomus und Cyrillus zusammengetragen. Ferner sind bekannt: Geschichte der Väter, Kampf der Märtirer, Geschichte der Juden, Verordnungen der christlichen Kirche, das Buch der Geheimnisse, und einige andere. *)

---

*) Ausser diesen aufgezählten Schriften haben sie noch: Christi Leidensgeschichte, die vom Palmsonntag an bis auf den Samstag gelesen wird.

von Habessinien.

Die alten Tempel in Habessinien waren sehr kostbar und prächtig, besonders diejenigen, welche König Lalibela in Felsen hauen ließ. Noch findet man Ueberbleibsel von dem herrlichen Gebäude, welches Helena, Davids Großmutter, errichtete, in welchem man weniger Gold, Silber und Edelsteine als Helle vermißte: indem man von jeher etwas Geheimnißvolles in dergleichen düstern Gebäuden suchte. Die meisten Kirchen *) sind

---

Versammlung der Heiligen. Enthält Lebensgeschichten der Heiligen. Das Buch Hawi. Ein grosses Werk, das ebenfalls Lebensbeschreibungen der Heiligen enthält. Ludolff Comm. 351.

*) In keinem Lande in der Welt gibt es so viel Kirchen, als in Habessinien. Ob es gleich sehr bergicht, und das Gesicht sehr eingeschränkt ist, so sieht man doch selten unter fünf bis sechs Kirchen: und wenn man auf einer rings umher freien Anhöhe steht, wol fünfmal so viel. Jeder Mann von Ansehen denkt auf seinem Todbette, er mache alle gottlosen Handlungen seines Lebens dadurch gut, wenn er ein Kapital aussetzt, um eine Kirche davon zu bauen, oder wenn er eine bei seinen Lebzeiten errichtet hat. Der König selbst baut viele. Wo ein Sieg gewonnen ist, wird eine Kirche auf dem, von den verwesenden Leichnamen der Erschlagenen noch stinkenden Schlachtfelde errichtet. Ehemals geschah es nur, wenn die Feinde Heiden oder Ungläubige waren, nun wird es auch nach einem Siege über Christen beobachtet.

Den Platz zu einer Kirche wählt man allemal bei einem fliessenden Wasser, wegen der Bequemlichkeit bei den Reinigungen und Abwaschungen, worinn sie das levitische Gesetz genau beobachten. Man errichtet sie allemal auf einem schönen runden Hügel, der ganz mit Reihen von Oxycedrus oder virginischen Zedern umgeben ist. Sie wachsen hier in grosser Schönheit und Vollkommenheit, und heissen Arz. Nichts trägt zur Schönheit dieses Landes so sehr bei, als diese Kirchen und die Pflanzungen umher.

Alle Kirchen sind rund, und mit Stroh bedekt, oben laufen sie vollkommen konisch zu. Aussen herum stehen eine Anzahl hölzerne Säulen von Zederstämmen, welche das Gebäude, und das acht Fuß über die Kirchenmauer vorspringende Dach tragen, wodurch ein sehr

nach Art der alleraltesten christlichen Tempelgebäude, die immerhin mehr oder weniger Aehnlichkeit mit jüdischen Tempel zu Jerusalem oder den Synagogen hatten, eingerichtet. So haben sie noch sehr altem Gebrauch in der Mitte ihrer Kirchen eine mit Teppichen umschlossene Kapelle, die sie Heiquel nennen, und an deren Schwelle man den Laien das Abendmahl reicht. Es ist eigentlich nur der Geistlichkeit erlaubt, in dieses von der übrigen Kirche abgesonderte Heiligthum zu gehen. Damit aber doch die Grossen und ihre Söhne nicht genöthigt seien unter dem gemeinen Volk zu stehen, und sich ebenfalls des Heiquels bedienen dürfen, haben sie sich und ihre Söhne, ja sogar auch ihre unmündigen Knaben zu Diakonen und Unterdiakonen ordinieren lassen. Selbst die königlichen Prinzen bedienen sich dieses Rechts, und tragen zum Zeichen ihres Diakonats ein Kreuz, daß sie auch nach Besteigung des Throns noch beibehalten. An der östlichen Seite des Tempels steht die Sakristei, worinn sich die Geistlichen umkleiden. In der ganzen Kirche giebt es keine Stühle: den man pflegt weder darinn zu sitzen noch zu knien, sondern man muß den ganzen Gottesdienst über stehen. Damit aber doch durch diese ermüdende Stellung die Andacht nicht gestört werde, bedienen sie sich einer Art Krukken, auf die sie sich stützen, und die sie in der Tempelhalle wieder ablegen. Wenn aber schwächere Personen dies nicht aushalten können, und sich an die Erde sezzen, so rufen die Dia-

---

angenehmer Gang, oder Kolonnade bei heissem oder Regenwetter entsteht. Inwendig hat die Kirche verschiedene Abtheilungen, wie sie das mosaische Gesez vorschreibt. Die erste besteht aus einer Rundung, die etwas grösser ist, als die innere. Hier sizt die Versammlung und betet. In derselben ist ein vierekigter Plaz, der durch einen Vorhang abgetheilt wird, darinn befindet sich noch eine sehr kleine Abtheilung, die das Allerheiligste vorstellt; sie ist so enge, daß bloß die Priester hineingehen können. Bruce III. 311.

konen unter dem Gebet einmal über das andre aus: stehet auf! Obgleich heut zu Tag ihre Kirchen meist niedrig, finster und nur mit Rohr oder Stroh gedekt sind, so erweisen sie ihnen doch so viel Ehre, daß sie absteigen, wenn sie mit Lastthieren daran vorbeikommen; sie spukken auch in denselben nicht aus, und gehen nie mit ihren Schuhen hinein. Man findet in ihren Tempeln keine andre als gemahlte Bilder, gegossene oder ausgehauene verabscheuen sie als Gözzenbilder. Daher findet man auch bei ihnen keine wirklichen Kruzefixe, sondern blosse, leere Kreuze.

Das geistliche Oberhaupt der habessinischen Kirche ist ein Metropolite und bekömmt gewöhnlich den Beinamen Abbuna d. h. unser Vater. Er wird nach alter hergebrachter Sitte, auf Verlangen des Königs, von dem Patriarchen zu Alexandrien eingesezt, und aus Egypten nach Etiopien geschikt. Die Habessinier nehmen sich nicht einmal die Freiheit, einen von ihren Landsleuten, der mit der Sprache, den Gesezzen und Gebräuchen seines Vaterlands bekannt wäre, zu ernennen, um ihn alsdann von dem Patriarchen ordiniren zu lassen. Der Grund von diesem widersinnigen Gebrauch liegt in der übertriebenen Gewissenhaftigkeit, womit sie die Vorschriften der alten Kirche bobachten, nach welchen es besonders in deren von Nizea *) den Ethiopern unter-

---

*) Es ist klar, daß dieser Kanon erst um das Jahr 1300. aufkam, und daß es vor diesem Verbot gesezmäßig war, einen gebornen Habessinier zum Abbuna zu wählen. Der Abbuna Tekla Haimanout war ein geborner Habessinier; also fand das Verbot damals noch nicht Statt. Weil aber in der Folge kein Habessinier mehr zum Abbuna gewählt ward, so muß es nothwendig ein Verbot aus seiner Zeit seyn. Denn unmöglich konnte die nizänische Kirchenversammlung einen Kanon machen, und einen Bischoff für eine Nazion bestimmen, die 200 Jahre nach dieser Kirchenversammlung den christlichen Glauben noch nicht angenommen hatte.

sagt ist, sich einen Patriarchen zu wählen, der nicht unter der Gewalt des Prälaten zu Alexandrien stehe.

Der Patriarch und seine ganze Geistlichkeit haben nichts von feinen Sitten und guter Lebensart an sich, und sind dabei in allen Wissenschaften fremde. Man fordert weiter nichts von ihnen, als daß sie arabisch lesen können. Selbst der Patriarch ist gelehrt genug, wenn er lesen, schreiben und die H. Schrift nothdürftig erklären kann. Lauter dergleichen würdige Leute schikt der alexandrinische Patriarch, um die grosse Kirche in Habessinien zu regieren. Zu Zeiten der Jesuiten mußte sich ein solcher Abbuna in Habessinien, weil er verachtet wurde, durch sein vorhin getriebenes Müllerhandwerk nähren. Sein eben so ungelehrter Nachfolger gab daher den Hofleuten zu dem Scherz Anlaß, daß sie von ihm sagten: Nun haben wir ja noch einen Müller. Bei so grosser Unwissenheit haben diese Prälaten keine andre Amtsverrichtungen, als daß sie ihren Geistlichen **), die ihnen an Ignoranz wenig nachgeben, mit gewissen bestimmten Formeln ordiniren. Man kann also leicht abnehmen, wie übel die Angelegenhei-

---

Unstreitig ward also zu Haimanouts Zeiten die merkwürdige und sehr weise Einrichtung gemacht, daß es den Habeßiniern nicht frei stehen sollte, einen aus ihren Landsleuten zum Abbuna zu wählen. Er sah nämlich den schnellen Verfall der Gelehrsamkeit unter den habeßinischen Geistlichen voraus, und hofte deswegen durch einen ansehnlichen Gehalt gelehrte Männer zur Annahme dieses Postens zu reizen, um der Gelehrsamkeit und Religion unter ihnen seinen Schutz angedeihen zu lassen. Bruce. III. 315.

**) Die als Priester ordinirt werden wollen, müssen im Stande seyn, ein Kapitel aus dem Evangelisten Markus lesen zu können, welches sie in einer Sprache verrichten, die er nicht einmal versteht. Sie geben darauf dem Abbuna ein Stük Salz in der Grösse eines Mauerziegels für ihre Ordinazion. Bruce. III. 317.

ten der Kirche besorgt sind. Im ganzen Reiche giebt es weder Erzbischöffe noch Bischöffe. Jede Hauptkirche hat indessen ihren Propst oder Komosat, dessen Geschäft darinn besteht, daß er die weltlichen Angelegenheiten der Kirche besorgen, und die Streitigkeiten der Geistlichen, so weit es ihre eingeschränkte Gerichtsbarkeit erlaubt, beilegen muß. Ueber die Feldkapellen ist ein Debrera-Gueta, oder Probst gesezt, der die Debterat, eine Art Geistliche, die ihr Amt mit Singen verrichten, unter sich hat. Nach diesen folgt ein Kasis-Presbyter, ein Unterpresbyter, ein Diakon und Unterdiakon. Wenn die Geistlichen ausgehen, tragen sie ein Kreuz in der Hand, und geben es den Vorübergehenden zum Küssen. Sonst zeichnen sie sich fast durch nichts aus. Alle Geistliche dürfen sich verheurathen, wenn sie nur keine Mönche gewesen sind; die zweite Heurath aber ist ihnen verboten.

In einem Lande, in dessen Nachbarschaft ehmals ein heiliger Antonius, Makarius, Pachomius und andere ihr Wesen mit so gutem Erfolge trieben wäre es ein Wunder, wenn ihre heiligen Institute nicht auch Eingang gefunden hätten. Wirklich ist auch Habessinien voller Mönche *). Ihre Disziplin aber ist von den der Lateiner und Griechen sehr verschieden. Denn ausser ihrem Schema oder Skapulier und Kreuz haben sie vor weltlichen Personen nichts auszeichnendes. Sie tragen keine Mönchskleidung, und leben auch nicht in Klöstern, sondern in einer Art von umzäuntem Dorfe, das in der Nähe eine Kirche von lauter niedrigen Zelten angelegt ist.

---

*) Die Mönche sind gleichsam in zwei Korps getheilt, nämlich in die von Debra Libanos, und in die vom Abba Eustathius. Einige haben geglaubt, daß sich dieser Unterschied von dem Streite über beide Naturen in Christo herschriebe. Aber dies ist ein Mißverstand. Bruce II. 578.

Beschreibung

Sie verrichten täglich eine gewisse Anzahl Gebeter, die sie mit größter Geschwindigkeit hersagen. Uebrigens baut jeder seinen Aker, und lebt von dessen Erzeugnissen. Er darf auch ab- und zugehen, wie es ihm beliebt, in welcher Rüksicht sie also keine Mönche, und ihre Wohnungen keine Klöster genannt werden können. In gewisser Art sind sie bloß ehelose Akerleute, die sich nie verheurathen dürfen. Derjenige aber, welcher den Mönchsstand verläßt, und ein Weib nimmt, wird für ehrlos gehalten. Ihre Söhne können auch keine Geistlichen werden, und der Sohn eines Mönchs heissen, ist der größte Schimpf. Sie geben sich auch mit bürgerlichen Geschäften ab, und können bisweilen gar Landvögte werden. Es gibt sehr viele Ländereien oder Meierhöfe der Art (denn Klöster kann man sie doch nicht nennen), die durchs ganze Königreich zerstreut sind, und gewöhnlich Berge genannt werden, weil sie meist ihren Anfang auf Gebirgen genommen haben. Einige der vornehmsten sind: das Kloster Bizen, Hallelufa, Damo, Albamata. Ueberdies gehören alle Inseln auf dem See Tzana diesen Mönchen. Der Vorsteher des ganzen Mönchswesens heißt Icegus *).

Es giebt auch Nonnen in Habessinien; von ihren Sitten und Gebräuchen aber weiß man nichts zuverläßiges.

---

*) Der Itcheque ist das Oberhaupt der Mönche überhaupt, und insonderheit derer von Debra Libanos. Das Oberhaupt der andern Mönche vom H. Eustathius ist der Superior des Klosters Mahrbar Selasse im nordwestlichen Winkel von Habessinien. Die ganze Zunft ist äusserst unwissend, und ich glaube, sie werden mit der Zeit die Kenntniß der Buchstaben gänzlich verlieren.

Die Ordination der Mönche geschieht durch den Abbuna.

Bruce III. 316, 317.

Die Bibel ist bei den Habessiniern die einzige Richtschnur ihres Glaubens und Gottesdienstes. „Wenn „der Pabst, sagte König David zu Alvarez — mir „und meinen Unterthanen etwas aufbinden wollte, das „die Apostel nicht geschrieben oder erlaubt haben, so „würden wir ihm so wenig gehorchen, als unserm Patriarchen, wenn er sich beigehen liesse, etwas derglei„chen zu gebieten."

Nicht viel geringer aber, als die Bibel, halten sie die drei ersten ökumenischen Konzilien; auch nehmen sie noch die übrigen griechischen Konzilien bis auf das Kalzedonische an. Was also die katholische Kirche von jener Zeit an, Neues in die Dogmatik gebracht hat, will sich mit der ihrigen nicht gut vertragen. Für die Sakramente haben sie keine allgemeine Benennung; auch keine bestimmte Zahl. Von der lezten Oelung wissen sie gar nichts. Das Nachtmal halten sie unter beiderlei Gestalt, und theilen es ohne Unterschied den Laien wie den Geistlichen mit. Von der Transsubstantiation haben sie keinen Begriff*).

Lehren, die nicht unmittelbar mit der ewigen Glükseligkeit in Verbindung stehen, dürfen ohne Gefahr so oder anders geglaubt und ausgelegt werden. Daher ha-

---

*) Ludolf glaubt, daß die Habessinier nicht an die Transsubstantiation glauben. Mir scheint indessen nichts klarer, als daß sie der Verwandlung beipflichten. Das Brod liegt auf einem Teller; sie beten, daß der Teller möge gesegnet, und das darauf liegende Brod zu Gottes heiligem Leib werde. Und vom Wein sagen sie, daß es dein heiliges Blut werde; und in ihrem Gebet heißt es: Verwandle dies Brod, daß es dein Leib werde; und wiederum: möchte doch der heilige Geist auf dies Brod scheinen, daß es der Leib Christi, unsers Gottes, werde, und möchte doch dieser Kelch verwandelt, und das wahre Blut nicht eine Vorstellung des Blutes Christi unsers Gottes werden. Bruce, III. 335.

ben sie auch vielerlei Meinungen vom Zustand der Seelen nach dem Tode. Das Fegfeuer ist ihnen unbekannt. Die Anrufung der Heiligen ist bei ihnen ziemlich üblich, besonders verehren sie die Maria in noch weit höherm Grade als die Katholiken *). Die Engel, deren sie neun Ordnungen aufzählen, rufen sie ebenfalls an **).

In den habessinischen Kirchengebräuchen findet man noch viel von der edlen Einfalt der alten Kirche. Die Taufe, das Nachtmahl, die Liebesmahle, Fasten, Sabbate, Festtage haben sehr viel, das sie besonders von der römischen Kirche unterscheidet. Wir wollen bei der Taufe anfangen.

Wenn der Priester Erwachsene zu taufen hat, welches wegen des öftern Uebertritts heidnischer Personen zum christlichen Glauben nichts ungewöhnliches ist, so fängt er an, den 51. Psalm zu verlesen. Darauf zündet er Rauchwerk an, frägt die Täuflinge nach ihrem Namen, und, nachdem der Diakon einige Gebete hergesagt, und die Zuhörer öfters zum Gebet ermuntert hat, salbt er verschiedene Theile ihres Körpers mit heiligem Oele, und legt einem nach dem andern die Hand aufs Haupt. Nach dieser Zeremonie halten die Neubekehrten die rechte Hand in die Höhe, wenden ihr Angesicht gegen West, und schwören dem Satan, als den Fürsten der Finsterniß, ab. Dann kehren sie sich um, und schwören nach Osten zu mit aufgehobener Rechte, der christlichen Religion und ihrem Stifter getreu zu seyn.

---

*) Von ihren Heiligen wissen sie ungemein viele Wunder zu erzählen. Sie bewahren viele kleine Lobgedichte in ihrer Sprache davon auf.   Ludolfi Com. 285.

**) Sie haben auch eine sehr kostbare Reliquie, nämlich das Haupt Christi mit der Dornenkrone, die, wie man glaubt, aus Jerusalem gekommen, und vom Evangelisten Lukas gemalt worden ist.   Bruce II. 612.

seyn. Darauf sprechen sie dem Priester das Glaubensbekenntniß nach, und antworten auf seine Frage: ob dies jezt ihr vester Glaube sei? mit Ja! Nun wiederholt er die Salbung, und verliest nebst den gewöhnlichen Taufgebeten auch noch einige Perikopen aus dem Evangelium Johannis, der Apostelgeschichte und den paulinischen Briefen. Endlich gießt man das Oel kreuzweise ins Taufwasser, und nach vielen wiederholten Gebeten steigt der Priester in den See, der aussen vor der Kirche angebracht ist, hinab, und taucht die vom Diakon herbeigeführten Täuflinge dreimal mit dem ganzen Körper unter, und tauft sie nach der von Christo vorgeschriebenen Weise. Den Mannspersonen stehen Männer, den Weibspersonen aber Weiber zu Gevatter. Nach diesem heiligen Bade werden sie in ein weisses Hemd und in ein röthlichtes Gewand gekleidet, eine Anspielung auf die jezzige Reinheit ihrer Seele, und auf den Rettertod Christi. Man führt sie hernach erst feierlich in die Kirche ein, wo sie unter andern Christen zum Nachtmahl zugelassen werden. Beim Weggehen gibt man ihnen Milch und Honig, legt ihnen die Hand noch einmal auf, und entläßt sie mit dem Seegen: Ihr Kinder der Taufe, gehet hin im Frieden!

Die Kindertaufe ist weit nicht so umständlich. Man hat, wie bei uns, Taufpathen, welche dem Priester im Namen der Kinder antworten. Diese Täuflinge werden aber nicht mit dem ganzen Körper ins Wasser getaucht, sondern nur damit besprengt und gewaschen, und zwar nicht innerhalb der Kirche, sondern aussen an der Schwelle, gleich als ob ihnen noch kein Plaz in derselben gebührte. Damit aber die Kinder in nichts zu kurz kommen mögen, gibt man ihnen gleich darauf auch das Nachtmahl, indem man einen ganz kleinen Theil des geweihten Brods in Wein einweicht, und mit der Spizze des Fingers ihnen ein Tröpfgen in den Mund streicht;

(Lobo's Reise II. Theil.)

Beschreibung

Wir müssen hier auch der Beschneidung erwähnen, die zwar kein eigentliches Sakrament bei ihnen ausmacht, doch aber auch unter ihre Religionsgebräuche gezählt zu werden verdient. Sie wird nur von einem alten Weibe ohne weitere Zeugen, und zwar am achten Tage vorgenommen. Dies geschieht also gewöhnlich vor der Taufe, da man mit lezterer nie sehr eilt, sondern sie oft bis in den vierzigsten Tag aufschiebt. Dabei pflegt man auch selbst die Mädchen zu beschneiden*).

Ihr jährliches Tauffest, das man so gern an ihnen tadeln möchte, feiren sie am 15. Jenner zum Andenken der Taufe Jesu. Mit anbrechendem Tag fangen die Geistlichen schon an ihre festlichen Lieder anzustimmen. Der König kömmt dann mit den vornehmsten seines Hofs; der Patriarch mit seiner ganzen Geistlichkeit; Vornehme und Geringe; Alte und Junge — alles kömmt schon

---

*) Mit der Erzision des weiblichen Geschlechts hat es eine andre Beschaffenheit. Derjenige Theil, den die Natur, wegen seiner ausserordentlichen Empfindlichkeit, vollkommen bedekt hat, sieht in diesem Lande so weit über den bestimmten Ort vor, und übertrifft die gewöhnliche Grösse, daß daraus vielleicht nicht nur Ekel und andre Unbequemlichkeiten entstehen, sondern auch der Zwek, wozu die Ehe eingesezt worden, zum Theil verhindert wird. Weil man nun in den Ländern, wo diese Ausdehnung und Grösse sehr gemein war, die Volksmenge von jeher als ein Hauptaugenmerk aller Staaten angesehen hat, so ist man bemüht gewesen, diesem Uebel abzuhelfen, und etwas von den über die gewöhnlichen Gränzen hervorragenden Theilen wegzuschneiden. Daher nehmen alle Egyptier, Araber und die Nazionen in den südlichen Gegenden von Afrika, als die Habessinier, Gallas u. a. diese Operation mit ihren Kindern vor; es ist keine Zeit dazu bestimmt, doch geschieht es allezeit ehe sie verheurathet werden. Bruce III. 347.

Von dieser ganzen Operazion scheint mir der Verfasser eine unrichtige Vorstellung zu haben, wenn er meint, daß man die Klitoris selbst amputire. Blumenb. Anmerk. zu Bruce V. 267.

vor Sonnenaufgang nakend an die Seen und Flüsse, und macht sich mit öfterm Untertauchen einen frohen Tag. Wenn nun gleich die Weibspersonen nicht mit dabei sind, so ist doch nicht zu läugnen, daß viele Ausschweifungen mit unter vorfallen, und daß die religiöse Absicht des Festes eben nicht zum besten erreicht wird.

In der Beicht zählen sie ihre Vergehungen nicht einzel auf, sondern bekennen dem Priester nur überhaupt, sie seien Sünder. Bei ihrer angebohrenen Weichherzigkeit aber laufen sie sehr oft, und gemeiniglich allemal nach einem gröbern Vergehen, zu ihrem Beichtvater, um zu beichten, und zur Beruhigung ihres Gewissens das heil. Abendmahl zu empfangen. Dies geschieht aber nicht leicht vor dem fünf und zwanzigsten Jahre: denn mit diesem schliessen sie erst die Zeit der jugendlichen Unschuld.

Der ganze Gottesdienst bei den Habessiniern besteht in Austheilung des heil. Abendmahls und Verlesung einiger Perikopen aus dem N. Testamente. Sie haben dabei weder Kirchengesänge noch Predigten. Den Abgang der leztern zu ersezzen, haben sie verschiedene Liturgien und Homilien zusammen getragen und verfertigt. Mit diesen verbinden sie ihre Vorlesungen aus dem N. Testamente, die allemal aus viererlei Perikopen bestehen und aus einem der vier Evangelisten, aus der Apostelgeschichte, der paulinischen und endlich aus den übrigen kanonischen Briefen genommen sind.

Beim Nachtmahl bedienen sie sich eines gesäuerten Brods, das mit dem Kreuz bezeichnet ist. Auch bakken sie es jedesmal frisch *). Den Wein theilt der Dia-

---

*) Die Kommunikanten erhalten nach Proporzion ihres Standes grosse Stükken Brod. Ich habe Männer von hohem Stande gesehen, welche den Mund so weit aufmachten, als es schiklich geschehen kann,

kon mit Löffeln aus. Den Abgang des wahren Weins aber ersezzen sie mit dem ausgepreßten Saft von Zibeben, den sie noch überdies stark mit Wasser vermischen *). Es ist niemand vorgeschrieben, wann und wie oft er zum Nachtmahl gehen soll; man hält es aber nie in einem Privathause, sondern allemal in der öffentlichen Kirche. Selbst der König und der Patriarch erlauben sich keine Ausnahme hievon. Sie pflegen es nüchtern zu nehmen, und selbigen ganzen Tag nicht auszupuffen.

Es ist bei ihnen auch noch die sehr alte Gewohnheit üblich, daß die Kommunikanten Brod, Oehl, Zehnten, Erstlinge und dergleichen als Geschenke mitbringen, welche nach Vollendung des Nachtmahls unter die Armen statt der Liebesmahle ausgetheilt werden. Diese Theile des Gottesdienst werden wöchentlich zweimal, nämlich am Sabbat und Sonntag gehalten. Jenen nennen sie den Sabbat der Juden, den sie, wie sie sagen, zum Andenken der vollbrachten Schöpfung feiern, übrigens aber nicht so hoch halten, als den Sonntag, den sie den Sabbat der ersten Feier nennen.

---

und benen der Priester aus grossem Respekt für sie ein so grosses Stük Brod in den Mund stekte, daß ihnen das Wasser aus den Augen lief, weil sie es nicht kauen konnten. Bruce. III. 333.

*) Es ist ein Irrthum, wenn man glaubt, es gebe keinen Wein in Habessinien. Man macht vielen starken vortreflichen Wein zu Drenda, 30. Meilen südwestwärts von Gondar. Die Quantität desselben macht mehr als zwanzigmal so viel aus, als man in ganz Habessinien zum Genuß des h. Abendmahls gebraucht. Die Einwohner selbst machen sich nicht viel aus Wein, und pflanzen die Reben nur an einem einzigen Ort.

Nach Empfang des h. Abendmahls wird ein grosser Krug gebracht, daraus der Kommunikant einen starken Trunk thut, und dies ist auch nöthig, die eben verschlukte grosse Quantität Brods hinunter zu spühlen. Bruce III. 333.

Sie haben keine eherne Glokken; statt deren bedienen sie sich hölzerner, steinerner oder eiserner Schellen, die mehr ein Geräusch, als einen lieblichen Ton von sich geben. Ihre Kirchenmusik ist nicht viel schöner, denn der an sich unangenehme Gesang ihrer sogenannten Chorherren wird noch, nach Art der alten Egypter, mit Klappern, Schellen und Klingeleisen begleitet. Hiezu kommen noch ihre Sprünge und Tänze, bei denen sie mit den Füssen so auf die Erde stampfen, daß sie mehr einen Ball als ein christliches Fest zu halten scheinen.

Die Fasten werden wohl nirgends strenger beobachtet, als bei den Habessiniern, denn sie bestehen nicht etwa darinn, daß nur einige gewisse Speisen verbotten wären, wofür man sich mit andern ungleich köstlichern Lekkereien schadlos halten könnte: sondern die Habessinier dürfen zu ganzen Tagen vor Sonnenuntergang weder essen noch trinken. Einige nehmen in der heiligen Woche zwei Tage lang keine Nahrungsmittel zu sich. Sie fasten gewöhnlich zwei Tage in der Woche, nämlich Mittwochs und Freitags. Ausser andern in der morgenländischen Kirche eingeführten Fasten halten sie auch die grosse vierzigtägige, aus welcher sie gar eine fünfzigtägige machen. Von dieser sind weder Kranke noch Gesunde ausgenommen; am Sonntag essen sie Fleisch. Nach Ostern aber bringen sie wieder andere fünfzig Tage mit Wohlleben zu. Die Habessinier enthalten sich auch des Schweinefleisches, und anderen im mosaischen Gesez verbotenen Speisen.

Ausser dem Sabbath und Sonntag halten sie alle in der alten Kirche üblichen Feste, nämlich das Fest der Empfängniß, der Geburt, der Taufe, (bei uns Epiphaniä) des Leidens, der Auferstehung und Himmelfahrt Christi und das Pfingstfest. Auch feiern sie noch das sehr alte Fest, Rakeb genannt, welches nach unserm

Kalender auf Cantate fällt. Ueberdies haben sie noch einige besondere, z. B. das Fest der Maria und des Erzengels Michael.

Ihr Jahr fangen sie mit den Griechen, Armeniern und andern morgenländischen Christen am ersten September an: denn sie sind, wie die Alten, der Meinung, daß die Welt im Spätlingsäquinoktium erschaffen worden sei. Sie zählen von dort an bis zu Christi Geburt 5500. Jahre, also acht Jahre weniger als die Griechen. Eben so haben sie auch in der christlichen Zeitrechnung acht Jahre weniger. Das Jahr hat bei ihnen auch zwölf Monate; jeder Monat aber besteht, wie bei den Egyptern nur aus dreißig Tagen *). Sie müssen also zu Ergänzung des Sonnenjahrs drei Jahre lang fünf, und wieder vier Jahre lang sechs Tage hinzuthun. Daher kömmt es, daß ihre Feste zwar mit dem julianischen Kalender übereinkommen, und auf die nämlichen Tage fallen, die Tage selbst aber nichts desto weniger anders gezählt werden. Denn das Fest der Geburt Christi fällt bei den Europäern, die sich des julianischen Kalenders bedienen, auf den fünf und zwanzigsten, bei ihnen aber auf den neun und zwanzigsten Dezember, welches ein und ebenderselbe Tag ist. Jedes Jahr bekömmt der Reihe nach einen von den Namen der vier Evangelisten, der an selbigem in den Kirchen vorgelesen wird. Man findet daher in ihrer gewöhnlichen Zeitrechnung öfters die Formel: in den Tagen des Matthäus, des Lukas u. s. w.

---

*) Die Tageszeit bestimmen sie auf eine sehr willkührliche unregelmäßige Art. Sobald die Sonne unter dem Horizont ist, stellt sich in Habessinien die Nacht ein. Diese Dämmerung wählen sie zum Anfang ihres Tages, und nennen sie Nagge; sie verstehen darunter die Zeit der Dauer der Morgendämmerung. — Die übrige Zeit bestimmen sie in der Unterredung auf die Weise, daß sie auf den Ort am Himmel weisen, wo die Sonne zu der Zeit stand, als sich das, wovon sie reden, zutrug. Bruce, III. 353.

Vierzehnter Abschnitt.

Staatsverfassung. Thronfolge. Königliche Gewalt. Hofstaat. Zeremoniel.

Der König regiert uneingeschränkt, und dehnt seine Gewalt über politische und kirchliche Angelegenheiten aus.

Die Thronfolge unter den königlichen Prinzen ist ziemlich unbestimmt; man macht auch nicht einmal zwischen rechtmäßigen und unrechtmäßigen Söhnen einen Unterschied. Indessen sind doch nur die männlichen Erben sukzeßionsfähig. Weil aber die Gunst des Vaters und der Mutter, wie auch der Grossen des Reichs, hiebei grossen Einfluß hat, so ist die Thronfolge nicht selten sehr stürmisch und von übeln Folgen für das Reich. Um dergleichen schlimmen Verwirrungen vorzubeugen, führte man die grausame Gewohnheit ein, daß den königlichen Prinzen ein Staatsgefängniß in den Felsen Geschen und Ambazel *) angewiesen wurde. Man bewacht sie daselbst äusserst streng, und bestraft sie hart, wenn sie zu entfliehen trachten. **)

Der König kann nach seiner uneingeschränkten Gewalt die Synoden der Klerisei zusammenberufen, wann es ihm

---

*) Damo war ehmals auch ein solches Gefängniß der männlichen Kollatralerben der königlichen Familie. Bruce. III. 106. Wechne in Beleffen war zu ähnlichem Gebrauch bestimmt.
Bruce. II. 411.

**) In Habeßinien wird es als ein Fundamentalgesetz angesehen, daß keiner von der königlichen Familie, der an seinem Leib einen Fehler oder irgend ein Gebrechen hat, zur Krone gelangen darf. Zu dem Ende werden die Prinzen, wenn irgend einer vom Berge Wechne entwischt, und nachher gefangen wird, an einem ihrer Glieder verstümmelt, um auf immer zur Nachfolge untüchtig gemacht zu werden.
Bruce. III. 276.

gefällt. Seinen Prälaten läßt er aus Egypten kommen, und dieser steht mit der ganzen Klerisei unter seiner Oberbotmäßigkeit, und sie werden nach Beschaffenheit ihrer Vergehungen von ihm bestraft. Doch übt der König das Ernennungsrecht nicht aus. In weltlichen Sachen erkennt er keine bestimmten Gesezze. Ein König von Ethiopien ist also der oberste Richter in Krieg und Frieden, und er übt alle königlichen Rechte aus. Einige der wesentlichsten Vorrechte kennt er aber nicht einmal, nämlich das Bergwerk und das Münzen. Die Jagd trit er gern an jeden seiner Unterthanen ab, weil es hier wegen der Menge reissender Thiere nicht so viel Vergnügen macht, den Landmann mit den Bedrükkungen einer fürstlichen Jagd heimzusuchen.

Indessen übt der König ein anderes sonst fast nirgends erhörtes Recht über seine Unterthanen aus. Er glaubt nämlich der einzige rechtmäßige Herr von allen Ländereien und liegenden Gütern seiner Unterthanen zu seyn, und verschenkt sie daher wann und an wen er will, und zwar nicht nach vielen Jahren etwa einmal, sondern in einem Jahr oft zwei bis dreimal, so daß keiner weiß, ob er für sich und die Seinigen pflüge und säe, denn nicht selten fällt der Nuzzen seiner Arbeit in die Hände eines andern, den der König damit beschenkt.

Eine so unbeschränkte Gewalt, und eine so ungebundene Herrschaft über die Unterthanen könnte den König vor andern sehr mächtig und seinen Nachbarn furchtbar machen; wenn nur die übrige Einrichtung auch nach einer gesündern Staatsklugheit getroffen wäre. Allein hierinn werden die allergröbsten Fehler begangen. Fürs erste ist das tirannische Recht über die liegenden Gründe der Unterthanen gerade zu das Verderben des Landbaus; und zweitens überlassen sie die Häfen am rothen Meere sammt den Inseln ihren feindseligen Nachbaren, den Türken, daes doch ganz in ihrer Macht stünde, sie sogleich daraus zu vertreiben, und sich Meister von ihren eigenthümlichen Küsten zu machen.

Der Hofstaat ist sehr ansehnlich. Der erste Hofbeamte wird Ras, oder Haupt, genannt*). Auf diesen folgen zwei Hofmeister; den ersten heißt man den Sklavenvorsteher, dessen Gerichtsbarkeit sich über die höhern obrigkeitlichen Personen, die Vizekönige, Landvögte, Vorsteher der Provinzen und die kleinern Richter erstrekt. Der zweite Hofmeister aber hat das Hofgesinde, die Stallbedienten und die übrige königliche Dienerschaft unter seiner Aufsicht.

Nach diesen kommen die Vizekönige und Gouverneurs der Provinzen, die Generäle, die königlichen Räthe, die Amtleute und niedrigern Magistratspersonen. Der General der Leibwache wird Feuerhüter genannt, eine allegorische Redensart, indem sie den König einem Feuer vergleichen, das, wenn man sich in einiger Entfernung von ihm befindet, durch seine Wärme und Helle wohlthätig wird, in zu grosser Nähe aber leicht schadet und verlezt.

Die königliche Tafel ist nicht sehr kostbar; aber die Art, wie sie gehalten wird, hat ungemein viel stolzes. Selten wird jemand dazu geladen, oder wenn je einige der Vornehmsten das Glük haben, so müssen sie erst warten, bis der König aufgestanden ist. Dann dürfen sie sich erst an den nämlichen Tisch sezzen, und das, was der König übrig gelassen hat, verzehren; eine Ehre, die sie sehr zu schäzzen wissen. Statt der Tischtücher und Servietten haben sie dünne Kuchen von Weizen im Umfang etwa sechs Hand breit, die mit den Speisen verzehrt werden. Teller, Löffel, Messer und Gabeln können sie bei ihren Mahlzeiten ganz entbehren. Die Speisen werden

---

*) Der Ras hat die höchste Gewalt, sowohl in Militair = als Zivilsachen.   Bruce. II. 674.

in breiten irdenen Schüsseln von Weibern aufgetragen. Diese aus schwarzem Thon verfertigten Geschirre sind mit niedlichen strohernen Dekkeln die wie gemalte Hüte aussehen, bedekt. Die Speisen sind einfach, und bestehen aus Küchenkräutern, Fleisch und verschiedenen Brühen. Sobald die Gerichte aufgetragen sind, werden die Vorhänge vorgezogen, damit niemand den König möge speisen sehen. Dieser hält es aber nebst seinen Grossen für zu mühsam, die Bissen selbst zum Munde zu bringen. Seine Pagen müssen also die Speisen zerschneiden, und sie ihm in starken Porzionen in den Mund stekken. Selbst die Brosamen, die dabei abfallen, lesen sie sorgfältig zusammen, tauchen sie noch einmal in die Brühe, und bringen sie ihm wieder zum Munde. Den Trunk verspart man allemal auf die Lezte.

Wir müssen hier noch eines Gebrauchs erwähnen, der diese königliche Tafel vor allen andern in der Welt auszeichnen dürfte. Es wird nämlich bei grossen Gastmahlen öfters der ganze Psalter der Reihe nach hergesagt. Dies geht folgender Gestalt zu. Einer, der zu diesem Amte besonders aufgestellt ist, theilt die Psalmen unter die anwesenden Gäste aus. Der König aber, und die, welche gewöhnlich an der Tafel sind, wissen schon, was ihre Aufgabe ist. Grössere Psalmen werden unter mehrere vertheilt, und von den kürzern bekömmt oft einer etliche herzusagen; und so geschieht es, daß man in kurzer Zeit die ganze Psalmensammlung zu Ende bringt. Der Psalter ist als ihr gewöhnliches Gebetbuch in aller Händen.

Fünfzehnter Abschnitt.
Beamte. Justizwesen. Strafen.

Der König sezt seine Vizekönige, Gouverneure und Landvögte nach Belieben ein und ab. Bei einigen wenigen ist ihre Würde erblich. Alle aus königlichem Geblüt entsprossene Personen aber, wie auch die übrigen Edeln, die aus israelitischem Geschlechte herzustammen glauben, sind dem König so unterthan, als der gemeine Haufen; und alle vom Höchsten bis auf den Niedrigsten führen den für sie Ehrenvollen Namen Sklave.

Die Art Gericht zu halten ist hier sehr einfach; denn es wird alles ohne das Geräusch der Prozesse, ohne wechselseitige Schriften bloß mit mündlichen Worten verhandelt. Der Kläger darf seine Zeugen aufführen; der Beklagte aber kann sie auch verdächtig machen, und verwerfen. Es ist zwar jedem vergönnt, von einem solchen Urtheilsspruch an den König oder seine Gerichtshöfe zu appelliren. Allein es geschieht doch selten; denn theils erlaubt oft die Armuth eine so weite Reise nicht; theils verspricht man sich auch selten ein billigeres Urtheil. Ueberdies halten sich die Landvögte und Unterbeamte wirklich schon durch das Appelliren für beleidigt. Auch kann man selten einen Richter nach abgelegtem Amte wegen seiner begangenen Ungerechtigkeiten belangen, weil sie sich für ihr erpreßtes Geld eine völlige Amnestie in Ansehung ihres geführten Amtes vom Hofe erkaufen können *).

---

*) Es ist eine beständige Gewohnheit in Habessinien, die Thüren und Fenster des Königs, so weit er es hören kann, gleichsam zu belagern, und von Frühmorgens an bis in die Nacht aus vollem Halse in einem kläglichen und klagenden Ton um Gerechtigkeit zu schreien, und zwar in allen Sprachen, die sie nur wissen, um vor

Unter den Strafen, womit man die Missethäter belegt, ist das Steinigen die gewöhnlichste. Man enthauptet, oder hängt sie auch *). Trift die Todesstrafe nicht ein, so legt man den Verbrecher auf den Boden, und schlägt ihn mit Prügeln oder Peitschen. Vornehmere werden entweder auf eine Insel im See Tzana, oder auf hohe Felsen verwiesen. Todtschläger werden den Verwandten des Ermordeten zu ihrer Entschädigung überlassen. Diesen steht es alsdann frei, sich entweder ihre Verzeihung von dem Verbrecher mit Geld abkaufen zu lassen; oder ihn an auswärtige Kaufleute zu verhandeln, oder ihn endlich auf jede ihnen selbst beliebige Art hinzurichten. Kann man den Mörder nicht finden, so müssen alle Einwohner des Orts, ja sogar die umliegenden Nachbarn, eine Geldstrafe erlegen.

---

gelassen, und mit ihren Beschwerden angehört zu werden. In einem so schlechtregierten Reiche als Habessinien, das in unaufhörlichen Kriegen verwikkelt ist, kann man leicht denken, daß es nie an Unterthanen fehlt, die sich über würkliches Unrecht und Gewaltthätigkeiten zu beschweren haben. Wäre dieses aber auch nicht, so ist dieß so sehr zu einer beständigen Gewohnheit worden, daß man wenn zufälliger Weise wenig nach der Hauptstadt kommen, (wie in der Mitte der Regenzeit) oder wegen des schlechten Wetters nicht draussen bleiben können, allerlei loses Gesindel zusammen bringt, unterhält, und dafür bezahlt das nichts anders thun muß, als schreien und wehklagen, als wenn sie in der That das größte Unglük erlitten hätten, und unterdrükt würden; und dies, sagen sie, geschehe dem König zu Ehren, damit es ihm nicht zu einsam vorkomme, wenn es im Pallast so ruhig sei.

Bruce III. 270.

*) Hauptverbrechen werden in Habessinien mit dem Kreuze bestraft. Die nächste Todesstrafe ist, lebendig schänden. — Rebellen werden gewöhnlich die Augen ausgestochen.

Bruce III. 284.

Sechszehnter Abschnitt.

Königliche Einkünfte. Kriegswesen. Kriegsmacht.

Die königlichen Einkünfte bestehen nicht in baarem Gelde, sondern in natürlichen Erzeugnissen des Landes. Denn einige Provinzen liefern Gold, andre Pferde, Last- und Hornvieh, Getreide, Ochsenhäute u. d. gl. etliche auch, wo sich Weber befinden, Kleider. Das Gold bringen sie roh und unbearbeitet, gerade wie sie es aus dem Flußsand oder zwischen den Baumwurzeln herauskriegen. Die Provinz Enarea zahlt 1500 Unzen Gold. Gojam liefert jährlich ungefähr 1100 Unzen, und an Kleidern 3000 Thaler; überdies noch 200 sehr breite, enggewobene baumwollene Tapeten, jede eine Unze an Werth. Tigra bringt 25000 Thaler, Dembea 5000 ein. Die Zölle kommen meistens den Vornehmen zu gut, ausgenommen die Lamalmonischen, die auf dem höchsten Gebirge entrichtet werden, über welches alle Waaren aus dem rothen Meere in das Land eingeführt werden. Diese hat sich der König selbst vorbehalten. Er besizt auch eigene Ländereien, die ihm jährlich zwölf Kameelslasten von allerlei Eßwaaren abwerfen. Die Akkerleute von Dembea, Gojam und Bagemdra entrichten ihre Abgaben zum Theil auch in Getreide und Lebensmitteln. Der hauptsächlichste Tribut aber besteht in Vieh, indem jeder von seiner Ochsenheerde alle drei Jahre das zehnte Stük abgeben muß. Das ganze Reich ist schon so abgetheilt, daß jedes Jahr eine gewisse Zahl Ochsen dem König geliefert werden muß. Ueberdies muß jeder Weber, wenn er ein Christ ist, jährlich ein baumwollenes Kleid, ein Mahomedaner aber eine Patake oder einen deutschen Reichsthaler Tribut geben, wovon der König alle Jahre ungefähr 1000 Thaler Einkünfte hat.

Diese Einkünfte zusammengenommen scheinen für ein Reich von so grossem Umfange sehr gering. Man muß aber dabei auch bedenken, daß alles sehr wohlfeil ist, und daß man den größten Ochsen für anderthalb Thaler kaufen kann; daß die Soldaten fast bloß mit Gemüse zufrieden sind, und die Besoldungen der Beamten nicht in Gelde, sondern in Waaren gegeben werden.

Die Habessinier leben fast beständig im Kriege; nur der Winter, wo man wegen der ausgetretenen Flüsse nichts mehr unternehmen kann, macht gewöhnlich einen kurzen Waffenstillstand. Denn sie haben weder Flösse noch Schiffe, und selbst auch keine Brükken, um über das Wasser zu sezzen. Sie sind gute Reiter, und haben bei einem starken Körper viele Behendigkeit. Hunger und Durst können sie in sehr hohem Grade ertragen, und selbst bei einer ziemlich mässigen Kost sind sie allem Ungemach der Witterung gewachsen. Sie erhalten keinen Sold, und begnügen sich mit Korn oder Aekkern, die der König, nach Art der alten Römer, unter die Verdientesten austheilt. Diese ihre Armuth aber fällt den Provinzen, durch die sie ihren Marsch nehmen, oder in denen sie sich niederlassen, sehr zur Last. Denn sie legen sich in Ermanglung eines mitgebrachten Vorraths auf Rauben und Plündern, und verschonen ihr eigenes Land so wenig als das feindliche. Mit dem Feuergewehr sind sie wenig bekannt, und wenn sie auch einige hundert Musketier aufstellen können, so richten sie doch nichts mit ihnen aus, weil sie sehr schlecht exerziert sind. Die ganze königliche Armee besteht etwa aus 45000 Mann, wovon nicht über 5000 Reiter sind. Ihre Reiterei könnte übrigens in sehr gutem Stande seyn, da sie die besten Pferde haben. Sie sind leicht bewafnet, und sizzen sehr vest, ob sie gleich nur den grossen Zehen, aus Furcht beim Sturz des Pferdes sich zu verwikkeln, in die engen Steigbügel stellen. Ihre Waffen sind Degen, Wurfpfeile, Lanzen und Spiesse, womit sie sehr nachdrüklich von Ferne streiten. Wenn sie aber näher zusammenrükken, bedienen sie sich der Säbel, indem sie ihre Schilde vorhalten. Sie haben grosse Pauken; die grösten sind die königlichen, und werden der Bär und der Löwe genannt*). Vor dem Könige her wird eine Feldmusik von Zinken und Pfeifen gemacht. Das Fußvolk ist meist mit zwei Spiessen versehen. Einer davon werfen sie als Pfeil nach dem Feinde; mit dem andern streiten sie, und dekken sich dabei mit ihrem Schilde.

Die habessinische Kriegszucht kann man übrigens nicht loben; denn die Soldaten fliehen beim ersten Anlaß, ohne sich vor Schande oder Strafe zu fürchten. Sie geben ihren Flügeln weder die nöthige Stärke, noch sondern sie ihre alten geprüften Soldaten von den Rekruten ab. Sie streiten auch nicht anders als in offenen Feldschlachten, worinn ihnen doch ihre Feinde die Gallaer gewöhnlich überlegen sind. Wie man durch Zaudern einen mächtigen Feind überwinden könne, wissen sie entweder nicht, oder halten es für schimpflich. Die Kunst, Festungen anzulegen, oder die Pässe für den Feind unzugänglich zu machen, verstehen sie gar nicht. Ihre Felsen halten sie für die einzige und beste Schuzwehr.

---

*) Vor dem Thor des königlichen Pallasts stehen ein paar grosse Pauken auf jeder Seite, welche der Löwe und das Lamm heissen. Der Löwe wird bei Proklamationen von Krieg, oder wenn Verschwörungen und Rebellionen entdekt sind, oder wenn hohe Befehle bekannt gemacht werden, gebraucht. Das Lamm hört man bloß bei wohlthätigen, friedfertigen Gelegenheiten. Bruce II. 594.

Die Truppen werden entweder vom König selbst kommandirt, oder er ernennt an seiner Stelle den Ras zum Oberbefehlshaber der ganzen Armee.

Siebenzehnder Abschnitt.

Von den übrigen Einwohnern von Habessinien. Sitten und Gebräuche der Agaus. Kurze Nachricht von den habessinischen Juden. Schilderung der Gallaer.

Nachdem wir die Lebensart, Sitten, Gebräuche und Meinungen der eigentlichen Habessinier betrachtet haben, so müssen wir jezt auch der übrigen beträchtlichern Völkerschaften gedenken, welche in Habessinien wohnen. Von diesen finden wir zwar auch bei Ludolf, doch noch mehr bei Bruce befriedigende Nachrichten, welcher leztere uns besonders eine trefliche Schilderung der Gallaer geliefert hat.

Das erste Volk, das wir hier zu betrachten haben sind die Agaus.

Diese Agaus — wahrscheinlich die Ureinwohner von Habessinien — wohnen theils südwärts von dem See Dembea, im westlichen Theile von Damot; theils in der Landschaft Lasta, im nördlichen Theile von Begemder.

Die Agaus von Damot sind die zahlreichsten — ein an Vieh und Gold reiches, aber unruhiges Volk.

Bruce gibt uns folgende Schilderung von denselben*):

Die Agaus, in deren Lande der Nil seinen Ursprung nimmt, sind in Ansehung der Volksmenge eine
der

---
*) Im III. B. S. 733.

der zahlreichsten Nazionen in Habessinien. Wenn sie ihre ganze Macht aufbieten, welches jedoch selten geschieht, so können sie 4000 Reuter, und eine grosse Anzahl zu Fuß ins Feld stellen. Vormals waren sie jedoch noch zahlreicher. Verschiedene unglükliche Schlachten, und die unaufhörlichen Einfälle der Gallas haben sie sehr geschwächt. Inzwischen ist das Land doch noch voll von Menschen, wir lernen aber aus ihrer Geschichte, daß der einzige Stamm der Zeegam einen Krieg mit den habessinischen Königen von Sozinos bis auf Yasous den Grossen aushielt, der sie endlich durch List und Ueberraschung bezwang; und daß ein anderer Stamm, die Denguis, gegen den Fazilides, Hannes I. Yasous II. drei sehr thätige Regenten aushielt. Ihre Reichthümer sind jedoch jezt grösser als ihre Macht, denn ob ihre Provinz gleich nirgends über 60 Meilen lang und nicht halb so breit ist, so hängt doch Gonpar und das ganze umliegende Land, in Ansehung der wichtigsten Bedürfnisse, Rindvieh, Honig, Butter, Weizen, Häute, und mehr dergleichen Artikeln von den Agaus ab, die unaufhörlich in ganzen Zügen 1000. bis 1500. auf einmal damit beladen nach der Residenz kommen.

Weil die Abhänglichkeit von den Agaus mehr auf ihren Produkten als auf den aus ihrem Lande zu erhaltenden Soldaten beruht, so haben kluge Regenten einen Vertrag mit ihnen gemacht, und statt des Beitrags zu Kriegsdiensten einen gewissen Tribut verlangt. Allein die Bedürfnisse der Zeiten haben in dieser weisen Einrichtung zuweilen Veränderungen erfordert; sie haben durch ihre Anhänglichkeit an Fasil und nachgehends an den Ras Michael sehr gelitten, wodurch dem Staat grosser Nachtheil erwachsen ist.

Es müßte eine natürliche Folge seyn, daß die Butter, bei einem so weiten Transport von etwa 100 Meilen in einem solchen Klima, weich würde und indem sie schmilzt, bald in Fäulniß geriethe, wenn man solches nicht durch die Wurzel der Pflanze Mok moko, die gelb von Farbe, und einer Möhre sehr ähnlich ist, verhütete. Sie quetschen solche und mischen sie unter die Butter, die durch eine kleine Quantität von jener auf lange Zeit frisch bleibt. Dies ist ein wichtiges und sehr schikliches Hülfsmittel, denn durch Salz würde schwerlich die Absicht erreicht werden: zumal da solches auch überdies statt Geldes gebraucht wird. Es ist in Form von Ziegelsteinen in Umlauf; dient statt des Silbergeldes, und wird gegen Gold verwechselt. Gedachte Pflanze ist also von dem größten Nuzzen, um dem hohen Preise eines so unentbehrlichen Artikels vorzubeugen, weil Butter das hauptsächlichste Nahrungsmittel der Habessinier von allen Ständen ist. Die Brdute bemalen sich die Füsse von den Fußknöcheln an abwärts, die Nägel, und die innwendige flache Hand mit dieser Wurzel. Ich brachte vielen Saamen davon, der dem Koriandersaamen gleicht, mit nach Europa, und streute ihn reichlich in allen königlichen Gärten aus: ich kann aber nicht sagen, ob er aufgegangen ist.

Ausser dem, daß der Markt in Gondar damit versorgt wird, kaufen die benachbarten wilden Völker, und die wollhaarigten Schangallas den größten Theil dieser Produkte nebst vielen andern von ihnen, die sie auf der Rükkehr von der Hauptstadt mitnehmen. Sie bekommen dagegen zum Tausch Elefantenzähne, Rhinozeros Hörner, Gold in kleinen Blättgen, und eine Menge der feinsten Baumwolle. Sie könnten von diesen Waaren eine weit grössere Quantität erlangen, wenn sie sich damit begnügten, die Handlung auf eine ordentliche eingerichtete Weise zu treiben, und nicht beständig um Sklaven zu erhaschen, Einfälle in das Land der Wilden thäten, und sie in ihren Beschäftigungen Gold zu suchen, und Elefanten zu jagen, störten.

Die Art, wie sie mit einander handeln, ist sehr eingeschränkt, aber auf folgende Weise eingerichtet: zwei Nazionen schikken sich einander ihre Kinder zu, alsdenn ist Friede zwischen den beiden Familien, die dergleichen Geisel von einander haben. Diese Kinder verheurathen sich oft wechselweise mit der Familie, zu der sie geschikt werden: und eine solche Familie ist dann geschüzt, und hat auf eine Generazion Friede. Dergleichen Beispiele sind aber selten; beide Nazionen haben einen gar zu grossen natürlichen Hang zum stehlen und rauben: zu diesem kehren sie allezeit wieder zurük, und die Folge davon ist gegenseitige Feindschaft.

Das Land der Agaus heißt Agau Midre wegen seiner hohen Lage, und diese macht es natürlicher Weise gemäßigt und gesund. Die Tage sind allerdings heiß, selbst zu Sakala; der Sonne bloß gestellt fühlt man eine brennende Hizze: sizt man aber im Schatten oder in einem Hause, so ist die Luft kühl, weil beständig ein gemäßigter Wind weht, der die Sonnenhizze selbst um den Mittag mäßigt, ob wir gleich hier nur 100 und etliche Minuten darüber von der Linie entfernt sind.

Dieses glüklichen Himmelsstriches ohngeachtet, sollen die Agaus doch kein hohes Alter erreichen. Ihr Alter läßt sich aber schwerlich mit einigem Grade von Gewißheit bestimmen, weil sie keinen gewissen Zeitpunkt haben, darnach sie sich richten könnten. Ob ihr Land gleich mit allen Bedürfnissen reichlich gesegnet ist, so sind doch ihre Abgaben und Dienste zumal jezt so vervielfältigt, und ihre lezten Unglüksfälle so groß gewesen, daß sie die zu erkaufende Artikel blos verhandeln, um die unaufhörlichen Erpressungen zu befriedigen, ohne selbst einigen Genuß von ihren Produkten zu haben, sondern in unglaublichem Elend und Mangel leben. Wir sahen viele Weiber voller Runzeln, und von der Sonne verbrannt, die kaum ein Menschen ähnliches Ansehen hatten, und in der brennenden Hizze mit einem, zuweilen mit zwei Kinder auf dem Rükken herum giengen, und den Saamen eines gewissen Binsengrases sammelten, wovon sie eine Art Brod bakken.

Die Kleidung der Agaus besteht durchgehends aus Häuten, die sie auf eine ihnen eigne Art gar machen und bearbeiten. Sie tragen solche bei kaltem Wetter in der regnichten Jahrszeit, die hier lange währt und heftig ist, und aus bereits gemeldeten Ursachen immer zunimmt, je näher man der Linie kömmt. Die jüngere Klasse geht meist nakkend, die verheuratheten Weiber tragen die Kinder auf dem Rükken mit sich umher. Ihre Kleidung besteht aus einer Art von Hemde, das bis auf die Füsse geht, und um den Leib fest gegürtet wird. Der untere Theil gleicht einem gedoppelten Unterrokke, wovon sie eine Falte über die Schultern werfen, und solche quer über den Busen mit einem Speiler oder kleinen Spieß befestigen: um die Kinder hinten darin zu tragen. Die Weiber sind fast durchgehends mager, und wie die Männer unter der mittlern Grösse. Unfruchtbarkeit ist gar nicht bekannt unter ihnen. Vor eilf Jahren fangen sie an Kinder zu bekommen, und heurathen gemeiniglich in diesem Alter, sind aber schon zwei Jahre zuvor mannbar. Mit dreißig Jahren hören sie auf Kinder zu zeugen, doch hat man auch Beispiele vom Gegentheil.

Dengui, Sakala, Dengla und Geesch werden alle mit dem Namen Ankasha belegt, und bezahlen ihren Tribut in Honig. Quaquera und Azena entrichten gleichfalls Honig, Banja Honig und Gold, Metakel und Zeegam blos Gold. Aus Dengla kommt eine besondere Art von Schaafen, Makoot, die von einer Zucht abstammen sollen, die südwärts von der Linie hergebracht sind. Aber weder Schaafe, Butter noch Sklaven machen einen Theil des Tributs aus: und werden blos zu Geschenken an den König und die Vornehmen gebraucht.

Ausserdem, was die Agaus erkaufen, und was sie dem Statthalter von Damot entrichten, haben sie noch eine besondre Abgabe für den König, welche in 1000 Dabra mit Honig besteht. Dabra ist ein grosses irrdenes Gefäß, darein ungefähr sechszig Pfund gehen. Ueberdies bezahlen sie 1500 Ochsen, und 1000 Unzen Gold. Ehemals belief sich die Anzahl der Töpfe mit Honig auf 4000, da der König aber täglich verschiedene dieser Dörfer an Privatpersonen weggiebt so hat die Quantität durch solche Verminderungen auch abgenommen. Die Butter wird alle verkauft, und seit der unglüklichen Schlacht bei Banja beläuft sich des Königs Antheil bloß auf ungefähr tausend Töpfe. Der Aufseher, welcher die Rechnung führt, und sieht, wie die Abgaben bezahlt werden, heißt Agau Miziher. Dieser Posten trägt in einem Jahr tausend Unzen Goldes ein; daraus läßt sich abnehmen, mit was für Oekonomie diese Einnahme gesammelt wird. Es ist die nächste Stelle nach dem Statthalter von Damot, aber das ist nicht immer die Folge, weil es einzelne Provinzen sind, die bloß durch besondre Belohnung des Königs mit einander verbunden werden.

Nicht minder merkwürdig als diese Agaus sind die habessinischen Juden, Falaschas oder Falassan genannt (welches Ludolf durch Verbannte übersezt). — Diese Juden wohnen theils in ganz Habessinien zerstreut, theils besitzen sie vorzüglich die Landschaft Samen, wo sie unter ihrem eigenen Könige stehen.

Bruce erzählt uns folgendes von dieser Nazion*).

Die Nachricht, welche sie von sich selbst geben, die aber bloß auf der unter ihnen herrschenden Sage beruht, besteht darinn, daß sie mit Menilek von Jerusalem kamen, so daß sie in der Geschichte des Königs von Saba völlig mit den Habessiniern übereinstimmen. Sie sagen, als die Handlung den Ausländern in die Hände fiel, und alle Verbindung zwischen ihnen und Jerusalem abgeschnitten war, hätten die damaligen Einwohner die Städte verlassen, und sich von den Küsten weggezogen; sie wären die Einwohner dieser Städte, und Ziegelstreicher, Töpfer, Dachdecker und dergleichen darin nöthige Arbeiter gewesen, und weil sie gefunden, daß das niedrige Land von Dembea ihnen Materialien zu ihrer Handthierung liefere, hätten sie vornämlich den Artikel der Töpferwaare daselbst zu einer solchen Vollkommenheit gebracht, die man sich kaum gedenken könne**).

Weil dieses Volk sehr arbeitsam war, so vermehrte es sich ausserordentlich und war zu der Zeit ihrer Bekehrung zum Kristenthum, oder wie sie es nennen, ihres Abfalls unter Abreha und Azbeha, ungemein mächtig. Zu der Zeit erwählten sie einen Prinzen aus dem Stamme Juda und dem Geschlecht Salomons und Menileks zu ihrem Oberhaupte. Sein Name hieß Phineas, er wollte die Religion seiner Väter nicht verlassen, und von ihm stammen ihre Regenten in gerader Linie ab. Auf diese Art haben sie noch immer einen Prinzen aus dem Hause Juda, ob gleich die Abyßinier vorwurfsweise diese Familie, Bet-Israel nennen, anzudeuten, daß sie Rebellen waren, und von dem Hause Salamons und dem Stamme Juda abtrünnig wurden. Es ist wenig

---

*) Im I. B. S. 529. u. ff.

**) Ludolf stimmt damit überein.

Zweifeln unterworfen, daß nicht einige von den Azarias Nachfolgern ihrem alten Glauben getreu geblieben seyn sollten. Obgleich wegen der Verschiedenheit in der Religion kein Blut vergossen ward, so wurden doch, weil jede Parthei ihren eigenen König mit eben den Ansprüchen hatte, viele Schlachten geliefert, wozu Ehrgeiz und Neid, weil jeder die höchste Gewalt ausüben wollte, die vornehmsten Triebfedern waren.

Um das Jahr 960 machte diese Familie einen Versuch, sich wie wir künftig sehen werden, auf den Thron von Habessinien zu schwingen, als die Prinzen von dem Hause Salomons auf dem Felsen Damo beinahe vertilgt waren. Die Folge davon war vermuthlich Erbitterung und Blutvergiessen. Zulezt ward die Macht der Falaschas dergestalt geschwächt, daß sie sich gezwungen sahen, das platte Land von Dembea, weil es ihnen an Kavallerie sich dort zu behaupten fehlte, zu verlassen, und Besiz von den rauhen und fast unzugänglichen Felsen in der hohen Bergkette zu nehmen, welche die Berge von Samen heissen. Einen darunter, welchen die Natur zu einer Fortresse gemacht zu haben schien, wählten sie zu ihrer Hauptstadt, und er behielt seit der Zeit immer den Namen, der Judenfelsen.

Ein grosser Stoß, den sie im J. 1600. ausstehen mußten, brachte sie an den Rand des Verderbens: Gideon und Judith, ihr König und ihre Königinn, wurden beide in einem Treffen erschlagen. Seit der Zeit führen sie sich friedfertiger auf, beobachten ihre Schuldigkeit, bezahlen die Abgaben, und werden beim Genuß ihrer eigenen Regierungsform gelassen. Als ich in Habessinien war hiessen ihr König und ihre Koniginn ebenfalls Gideon und Judith und es scheint als ob diese Namen vorzüglich für die königliche Familie bestimmt sind. Damals wurden sie auf 100,000 brauchbare Männer geschäzt.

Zu den habessinischen Juden müssen wir auch die Kemmont rechnen, von welchen uns Bruce folgende Nachricht gibt*).

Die Kemmont waren vormals einerlei Sekte mit den Falascha, wurden aber unter der Regierung des Fazilidas getauft, und haben sich seit der Zeit beständig von ihnen abgesondert erhalten. Man scheint seit ihrer Bekennung zum Christenthum sich nicht viel Mühe mit ihnen gegeben zu haben, denn sie behalten seitdem ihre meisten Gebräuche bei. Sie essen Rindfleisch, das von den Christen geschlachtet ist, aber keines von Mahommedanern, und den Falascha. Es ist ein Grundsaz bei ihnen, daß wer einmal getauft und zum heiligen Abendmahl gegangen ist, nicht nöthig hat weiter zu beten, oder dem Gottesdienst beizuwohnen. Sie waschen sich vom Haupt bis zum Fuß, wenn sie vom Markte oder einem andern öffentlichen Orte kommen, wo sie vielleicht jemand von einer andern Sekte, die sie alle für unrein halten, berührt haben könnten. Sie enthalten sich Sonnabends aller Arbeit, und bleiben allezeit zu Hause; hingegen verrichten sie Sonntags allerlei Geschäfte; sie mahlen Korn, u. d. gl.

Die Weiber stechen Löcher in ihre Ohren, und hängen etwas schweres hinein, um sie nieder zu ziehen, und die Löcher desto grösser zu machen; sie stekken in solche Ohrringe, so dik als Ketten, wie es die Beduinen in Sirien und Palästina machen. Sie reden mit den Falascha einerlei Sprache, nur ist der Dialekt etwas verschieden. Sie haben einen grossen Abscheu für Fische; sie enthalten sich ihrer nicht nur als Speisen, sondern können ihren Anblik nicht einmal vertragen; zur Ursache geben sie an, daß der Prophet Jonas, von

---

*) Im IV. B. S. 278.

dem sie sich rühmen abzustammen, von einem Wallfische, oder einem andern grossen Fische verschlungen worden sei. Sie sind in Gondar Holzhakker und Wasserträger, und werden von den Habessiniern sehr verabscheut.

Am merkwürdigsten ist das, was uns Bruce von dem Volke der Gallaer berichtet. *)

Die Gallaer sind ein zahlreiches Volk von Hirten, die vermuthlich ehmals unter, oder jenseits der Linie lebten. Die Ursache ihrer Auswanderung getraue ich mir nicht genau anzugeben; aber sie haben sich seit vielen Jahren immer gegen Norden ausgebreitet. Sie bestanden ehmals aus lauter Infanterie, und sagen, das Land, daraus sie kommen, habe ihnen keine Pferdezucht erlaubt, welches auch der Fall unter dem 13 Grad nördlicher Breite rund um Sennaar ist. Seitdem sie sich aber weiter gegen Norden gezogen, und die habeßinischen Provinzen nebst den kleinen daran stossenden mahomedanischen Distrikten erobert, haben sie sich der Pferdezucht befliessen, und sie mit solchem Fleiß vermehrt, daß sie jezt eine Nazion mit vieler Kavallerie geworden, und ihre Infanterie nicht viel achten.

Weil die Gallas unter der Linie südwärts von Habessinien in einem sehr hoch liegenden Lande wohnen, wo die Sonne wegen des beständigen Regens selten scheint, so sind sie von brauner Farbe, und haben langes schwarzes Haar, doch sind einige, die in den Thälern des niedrigen Landes wohnen, vollkommen schwarz. Anfangs war ihre vornehmste Nahrung Milch und Butter, als sie aber in troknere Himmelsgegenden kamen, lernten sie von den Habeßiniern pflügen, säen und Brod bakken.

---
*) Im II. B. S. 214.

Sie scheinen die Zahl 7. sehr zu lieben, und theilen daher ihre ungeheure Menge in diese Zahl dreimal genommen ein. Sie sind alle darinn einig, daß sich die Nazion, ehe sie sich den habeßinischen Gränzen nahte, im Mittelpunkte des festen Landes befand. Wie der Boden vor ihnen anfieng sich zu erheben, so wandten sich sieben von ihren Nazionen oder Stämmen ostwärts gegen das indische Meer, und nachdem sie sich dort niedergelassen, und sich ausserordentlich vermehrt hatten, zogen sie vorwärts gerade gegen Süden nach Bali und Dawaro, und verwüsteten diese Länder anfangs durch unaufhörliche Einfälle und eroberten sie endlich 1537 während der Regierung Davids III. und liessen sich darinn nieder.

Eine andere Abtheilung von sieben Stämmen wandte sich ungefähr um eben die Zeit gegen Westen, und breitete sich in einem halben Zirkel um die Südseite des Nils, und längs seinem Ufer rund um Gojam, und gegen Osten hinter dem Lande der Agaus (die an der Ostseite des Flusses wohnen) bis an das Land der Gongas und Gafats aus. Die hohen waldigten Ufer dieses Flusses sind bis jezt ihre Gränzen gegen Süden gewesen, nicht als ob nicht oft über die Länder auf der habeßinischen Seite des Flusses gekriegt, solche oft erobert, und noch öfter geplündert worden: ja in folgenden Zeiten nach dieses Königs Regierung ist der Kriegsschauplaz mit den Habeßiniern beständig auf der Ostseite des Flusses gewesen. Ich will damit nichts weiter sagen, als daß sie nie auf der habeßinischen Seite des Nilo einen Wohnplaz angelegt, ausgenommen diejenigen Stämme, die wegen der Kriege unter ihnen selbst zum Könige von Habeßinien übergegangen sind, und am Ufer des Flusses Ländereien erhalten haben, der Nazion gegen über, von der sie sich trennten, und gegen die sie seit der Zeit die sicherste Schuzmauer gewesen sind.

Die dritte Abtheilung von sieben Stämmen blieb im Mittelpunkt, gerade in Süden von dem niedrigen Lande von Schoa. Diese sind am wenigsten bekannt, weil sie am seltensten Einfälle gewagt haben. Sie haben zwar die kleine Provinz Wadaka zwischen Amhara und Schoa schon in Besiz genommen, aber dies hat ihnen der Statthalter von Schoa aus Politik erlaubt, weil es eine Schuzwehr zwischen ihm und Habessinien ist, von dessen Regenten er sich kaum zum Schein abhängig bekennt, weil seine Provinz eine erbliche Statthalterschaft vom Vater auf den Sohn ist.

Alle diese Horden der Gallas umgeben Habessinien rings um von Osten gegen Westen, brechen in das Land ein, und verbrennen und morden, was ihnen vorkömmt. Sie schneiden den Männern die Schamtheile ab, und hängen sie getroknet in ihren Häusern auf. Sie verschonen sogar aus Wildheit schwangere Weiber nicht, schneiden sie auf, in der Hoffnung ein Kind männlichen Geschlechts umzubringen. Den westlichen Theil dieser Gallas, welche die Halbinsel Gojam und Damot umgeben, nennt man die *Boren Galla*, und den östlichen die *Bertuma Galla*; wiewohl die lezte Benennung in der Geschichte selten vorkömmt, weil die westlichen Gallas Boren und die andern schlechtweg Gallas ohne Zusaz genannt werden. Alle diese Stämme sind zwar die grausamsten, die man je in einem Lande gesehen hat, aber doch zu Hause der strengsten Ordnung unterworfen, weil der geringste Zank oder Streitigkeiten zwischen einzelnen Personen untersucht, und unmittelbar bestraft wird. Jede von diesen drei Abtheilungen wählt einen König, d. h. ein König beherrscht allemal sieben Stämme. Sie haben auch eine Art von Adel unter sich, und aus diesen Familien allein kam nur der König gewählt werden. Es giebt aber gewisse

Grade von Verdienſt, die alle eine Beziehung auf den Krieg haben, wodurch ihre bürgerlichen Familien ſich von Zeit zu Zeit zu Adelichen und zum Stimmrecht erheben. Keiner dieſer Adelichen darf unter vierzig Jahren erwählt werden, wenn er nicht ſo viel Menſchen mit eigner Hand erlegt hat, als zu ſeinen Lebensjahren hinzugerechnet, vierzig ausmachen.

Jeder der ſieben Stämme verſammelt anfangs einen Rath in ſeinem eignen Diſtrikte; hier wird ausgemacht, wie viel zurük bleiben müſſen, um die übrigen zu regieren, das Gebiet zu bewahren, und anzubauen; andere, welche die meiſten Stimmen haben, gehen als Gevollmächtigte um ſich mit den Repräſentanten der andern Stämme in dem Wohnorte oder dem Hauptquartier des Königs unter dem Stamme, woraus der Regent der lezten ſieben Jahre gewählt worden, zu verſammeln. Hier ſezzen ſie ſich unter einem Baume nieder, welcher heilig und der Gott dieſer Nazion zu ſeyn ſcheint. Er heißt Wanzey, hat eine weiſſe Blume, ſehr vieles Laub, und iſt in Habeſſinien ſehr gemein. Nach vielen Stimmen, wird die Anzahl der Kandidaten zur Krone auf viere eingeſchränkt, und alsdann ſtimmen die ſechs Nazionen nicht weiter, ſondern die ſiebente Nazion, welche an der Reihe iſt, daß ein König aus ihr genommen werden muß, wählt alsdenn einen von obigen vieren, den ſie mit einem Kranze von Wanzei krönen, und ihm einen Zepter oder Stok von eben dem Holze in die Hand geben, welchen ſie Buko heiſſen.

Der König der weſtlichen Gallas heißt Lubo, und der andere Mooty. Bei dieſer Verſammlung erlaubt der König einem jeden Stamm eine Szene von Morden oder Rauben; ſchreibt ihnen aber allezeit eine baldige Zurükkunft vor, im Fall die ganze Nazion ſie nöthig haben sollte. Man hält die Gallas für gute Soldaten beim Ueberfall, und beim ersten Angriff, sie haben aber nicht Standhaftigkeit genug zum Ausdauern. Sie machen unglaubliche Märsche; sie schwimmen durch Flüsse, indem sie sich am Schwanze ihrer Pferde halten, wozu sie und ihre Pferde vollkommen abgerichtet sind; sie stiften in kurzer Zeit so viel Unglük, als nur möglich ist, und kehren selten auf eben dem Wege zurük, den sie vorher nahmen. Sie gäben eine vortrefliche leichte Reuterei bei einer regulären Armee im feindlichen Lande ab.

Eisen ist sehr selten bei ihnen: daher bestehen ihre vornehmsten Waffen in Stangen, die am Ende zugespizt und im Feuer gehärtet sind, deren sie sich statt der Lanzen bedienen. Ihre Schilde bestehen aus Ochsenhäuten, sind aber nur einfach, daher sie sich in der Hizze werfen, oder zu biegsam und weich in feuchtem Wetter werden. Dieser für sie so nachtheiligen Waffen ungeachtet machten die Erzählungen ihrer Grausamkeiten einen solchen Eindruk auf die Habessinier, daß sie in den ersten Schlachten mit ihnen selten den ersten Angriff aushielten. Ueberdieses pflegte ihr wildes durchdringendes Geschrei in dem Augenblikke, da sie angreifen, Pferde und Reuter so sehr zu erschrekken, daß gemeiniglich auf den Angriff der Reuterei der Gallas die Flucht von Seiten der Habessinier folgte.

Dies melankolische rasende Geheul hatte ich oft Gelegenheit bei den Gefechten zu hören, die bei meiner Anwesenheit in Habessinien vorfielen. Die Edjows, einen Theil der Gallas, die in des verstorbnen Königs Joas Diensten, und von Seiten seiner Mutter, die von den südlichen Gallas abstammte, mit ihm verwandt waren, hielten sich allezeit bei der rebellischen Armee auf, und zwar bei der Partei, die ihm am meisten gehässig war. Sie griffen mit den Truppen von Begemder und Lasta des Königs Haustruppen an, bei denen er sich in Person befand; und ob sie sich gleich bis zur Verwegenheit kühn bewiesen, so büßten die meisten doch durch die langen Spiesse der königlichen schwarzen Reuterei ihr Leben ein, ohne daß sie etwas wesentliches ausgerichtet hätten. Jene Reuterei war zu gut abgerichtet, um sich durch ihr Geschrei beim Angriff in Unordnung bringen zu lassen, obgleich ihre Tapferkeit und Treue ein besseres Schiksal verdient hätte.

Ihre Weiber sollen sehr fruchtbar seyn. Sie halten sich nach der Niederkunft kaum einen Tag zu Hause, sondern waschen sich, und gehen gleich wieder an ihre Arbeit. Sie pflügen, säen und ernten ein *). Das Rindvieh drischt das Getreide durch treten aus. Die Männer sind Hirten, und besorgen das Vieh auf dem Felde.

Beide Geschlechter haben eine Grösse etwas unter der mittelmäsigen; sie sind ausserordentlich leicht und beweglich. Beide, vornehmlich die Männer, flechten ihr Haar mit den Eingeweiden von Ochsen; sie tragen diese auch wie Gürtel um den Leib gewunden, und dies verursacht, wenn sie in Fäulniß gehen, einen scheußlichen Gestank. Sie salben sich Kopf und Leib reichlich mit Butter oder geschmolznem Fette, welches beständig von ihnen herabtrieft, und anzeigt, daß sie ursprünglich aus einem Lande kommen, welches heisser als das ist, welches sie jezt bewohnen. In Ansehung dieser schmuzigen Art, sich zu kleiden, haben sie mit den Hottentotten viel ähnliches. Uebrigens gehen sie ganz nakkend, ausser daß sie vorne ein Stük Haut hängen haben. Ueber die Schultern tragen sie ein Ziegenfell, wie ein Weiberhalstuch.

---

*) Ludolf behauptet das Gegentheil von ihnen. Er sagt, sie trieben keinen Akkerbau, und hätten kein Brod.

Einige haben behauptet, man habe nie Religion bei ihnen entdekt; ich halte aber dafür, daß die Thatsachen, worauf sich diese Meinung gründet, nie hinlänglich untersucht worden. Der Baum Wanzey, darunter die Könige gekrönt werden, wird sicher in jedem Stamme göttlich verehrt. Sie haben auch gewisse Steine, die Gegenstände ihrer Verehrung sind, wovon ich mich aber nie habe sattsam unterrichten können, um eine hinlängliche Beschreibung davon zu geben. Sie beten zuverläßig den Mond an, vornämlich den Neumond, wovon ich oft Zeuge gewesen bin. Sie verehren auch gewisse Sterne, zumal in gewissen Stellungen, und in gewissen Jahreszeiten: sie sind nach meiner Meinung der alten Religion des Sabäismus zugethan. Sie glauben durchgängig ein zweites Leben nach dem Tode, daß sie mit ihrem Körper, so wie er auf Erden war, wieder auferstehen, und ein neues Leben, aber wo, wissen sie nicht, anfangen; daß sie einen weit vollkommnern Zustand erlangen, alsdann nie wieder sterben, und keinen Kummer, Krankheit oder Unruhe irgend einer Art dulden werden.

Von künftigen Strafen haben sie nur dunkle, oder vielmehr gar keine Begriffe: aber ihre Belohnung wird in einem mäßigen Vergnügen mit ihrer Familie und den Personen, unter welchen sie auf Erden lebten, bestehen. Dies ist ungefähr derselbe Glaube, den auch andere heidnische Völker in Afrika hegen, mit denen ich sehr vertraute Unterredungen gepflogen habe, und dies ist es, was die Schriftsteller überhaupt den Glauben an die Unsterblichkeit der Seele nennen. Nie habe ich einen Wilden gekannt, der einen deutlichen Begriff davon gehabt, oder sie von der Unsterblichkeit des Körpers getrennt hätte.

Die gegen Süden wohnenden Gallas, sind mehrentheils Mahomedaner, die in Osten und Westen vornehmlich Heiden *). Sie heurathen sich untereinander, leiden aber keine Ausländer unter sich. Inzwischen haben die Mohren durch Herzhaftigkeit, Gedult und Aufmerksamkeit Mittel gefunden, Handel mit ihnen zu treiben, und dabei ziemlich sicher zu seyn. Die Güter, welche sie bringen, sind grobes surattisches blaues Tuch, Marowry genannt, Myrrhen und Salz. Lezteres ist der vornehmste und am meisten geschäzte Artikel.

Zuweilen heurathen die Gallas habeßinische Weiber, aber die Kinder aus solchen Ehen sind zu allen Aemtern unfähig. Ihre Heirathsgebräuche sind folgende: Der Brdutigam stellt sich vor den Eltern der Braut hin, hält Gras in der rechten, und Kuhdünger in der linken Hand, und sagt dazu: möge dies nie hinein, und das nie wieder heraus kommen, wenn er sein Versprechen nicht erfülle: welches so viel heissen soll, als: das Gras soll nie in das Maul der Kuh kommen, oder sie soll eher sterben, als sie es von sich giebt. Die Ehegelübde sind äusserst einfach. Er verspricht seiner Braut lebenslang Essen und Trinken zu verschaffen, und sie nach ihrem Tode zu begraben.

Die Vielweiberei ist unter ihnen erlaubt, aber insgemein sind sie mit einer Frau zufrieden. Sie sind in diesem Punkte so bescheiden, daß die Weiber ihre Männer darum bitten, die Zahl ihrer Weiber zu vermehren. Die Liebe zu ihren Kindern scheint bald über Leidenschaften und Vergnügungen das Uebergewicht zu bekommen: und dies ist ein edler Zug in dem Karakter dieser Wilden, der nicht aus der Acht gelassen werden darf. Wenn ein junges Weib ihrem Manne ein oder zwei Kinder ge-

---

*) Unter dem König Basilides sollen einige tausend den christlichen Glauben angenommen haben.   Ludolf.

geboren hat, so bittet sie ihn dringend, eine andere Frau zu nehmen, und nennt ihm alle artige Mädchen, die sie kennt, und vorzüglich diejenigen, die ihrer Muthmassung nach die meisten Kinder bekommen werden. Wenn ihr Mann sich eine ausgesucht hat, so gehet sie nach dem Zelt der jungen Frauensperson, und sezt sich in einer demüthigen Stellung hinter dasselbe, bis sie die Aufmerksamkeit der sich darin aufhaltenden Familie erregt. Alsdann entdekt sie mit vernehmlicher Stimme, wer sie ist; daß sie die Frau von dem und dem ist; daß ihr Mann alle Eigenschaften besizze, eine Frau glüklich zu machen; daß sie nur zwei Kinder von ihm habe; und weil ihre Familie so schwach seie, so komme sie, für ihren Mann um ihre Tochter zur Frau anzuhalten, damit ihre Familien zusammenkommen, und stark werden mögen; und damit ihre Kinder, wegen der geringen Anzahl, nicht ein Opfer der Feinde in der Schlacht werden. Die Gallas fechten allemal Familienweise, sie mögen gegen einander selbst, oder gegen andere zu Felde ziehen.

Wenn sie auf diese Art eine Frau für ihren Mann erhalten hat, so nimmt sie solche mit sich nach Hause, bringt sie ihrem Manne ins Bette, läßt sie beisammen, und macht sich mit den Verwandten der Braut lustig. Die Kinder erster Ehe werden dabei vorgeführt, und die Männer von der Braut Familie legen die Hände auf den Kopf dieser Kinder und schwören auf die gewöhnliche Weise, daß sie mit ihnen leben und sterben wollen, als wenn sie von ihrer eignen Abkunft wären. Die Kinder gehen alsdann nach dieser Art von Adopzion zu ihren Verwandten, und besuchen sie sieben Tage lang. Die ganze Zeit über bleibt der Mann zu Hause, und im Besiz seiner neuen Braut. Nach Verfluß derselben gibt er ein Fest, wo sich die erste Frau zu ihrem Manne sezt, und die junge die ganze Gesellschaft bedient.

(Lobo's Reisen II.Theil.)

Von diesem Tage an, hat die erste Frau das Vorrecht, und begegnet der zweiten als ihrer erwachsenen Tochter.

Wenn ein Vater stirbt und viele Kinder hinterläßt, so erbt der älteste Sohn alles ohne Theilung; ist auch nie, oder nur durch gewisse Umstände verbunden, seinen Brüdern etwas herauszugeben. Lebt der Vater, wenn sein Sohn zuerst anfängt sein Haupt zu scheeren, welches so viel heißt, daß er seine Mannheit erlangt habe, so giebt er ihm zwei oder drei melkende Kühe, oder auch noch mehr, nach seinem Stande und Vermögen. Diese und ihre Nuzzung bleiben ein Eigenthum des Kindes, dem der Vater sie giebt, und der Bruder muß sie ihm nach des Vaters Tode bezahlen, so viel deren, und von was für Art sie sind. Ueber dieses ist der älteste Bruder verbunden, seiner Schwester, wenn sie heurathet, alles das zu geben, was der Vater ihr bei seinen Lebzeiten bestimmt hat, mit dem Zuwachse vom Tage der Schenkung an.

Wird der Vater alt, und zum Kriege untüchtig, so ist er verbunden, seinem ältesten Sohn, alles was er besizt zu übergeben, wogegen dieser ihm seinen Unterhalt, aber weiter nichts geben muß. Stirbt der ältere Bruder, und hinterläßt jüngere, und eine noch zum Kinderzeugen fähige Wittwe, so ist der jüngste verbunden, sie zu heurathen; aber die aus dieser Ehe entstehende Kinder werden allezeit für des ältesten Bruders Kinder geachtet. Die Heurath des jüngsten Bruders mit der Wittwe giebt ihm aber kein Recht auf irgend etwas von des Verstorbenen Vermögen.

Die südlichen Gallas heissen Elma Rilelloo, Elma Gooderoo, Elma Roboli, Elma Doolo, Elma Bodena, Elma Horreta, und Elma Michael. Dies sind die sieben südlichen Nationen, welche die

mahomedanischen Handelsleute auf dem Wege nach Narea, der südlichsten von den Habessiniern jemals eroberten Provinz passiren müssen.

Die vornehmsten Stämme der westlichen Gallas sind
die Djawi, Edjou oder Ayzo und Columa, und
mit diesen führten wir bei meiner Abwesenheit in Abissinien Krieg. Sie sind meistentheils Heiden. Einige ihrer Kinder, die jung am Hofe zurükblieben, als ihre
Väter nach der Ermordung des lezten Königs ihres
Herrn entflohen, waren bessere Christen und Soldaten,
als alle Abissinier, die wir hatten.

Achtzehnter Abschnitt.
Von den Schangallaern.

Von diesem Volke, das theils als Nachbarn, theils
als Unterthanen von Habessinien hier eine besondere
Bemerkung verdient, erzählt uns Bruce folgendes: *)—

Die Schangallaer waren ehemals ein sehr zahlreiches Volk, das in besondere Stämme, oder, wie man
es nennt, in verschiedene Nazionen getheilt ward. Jede Nazion lebte abgesondert in ihrem Distrikte unter
der Regierung eines Oberhaupts von ihrem eignen Namen, und jede Familie von eben diesem Namen unter der
Jurisdikzion ihres eigenen Oberhaupts.

Diese Schangallas leben während der schönen Hälfte des Jahrs unter dem Schatten der Bäume, von
denen sie die untersten Zweige nahe am Stamm oben
einschneiden, solche alsdenn niederbiegen oder brechen,
und das Ende der Zweige in die Erde stekken. Die Zwei-

---

*) Im II.B. Seite 539. u. f.

ge werden oben mit den Häuten wilder Thiere zugedekt. Alsdenn schneiden sie innwendig alle kleinen überflüßigen Zweige weg, und formiren auf diese Weise eine geräumige Laube, welche von weitem einer Zelte ähnlich sieht. Der Baum dient anstatt der Stange in der Mitte, und der grosse Gipfel beschattet es, so daß das Ganze ein sehr mahlerisches Ansehen hat.

Jeder Baum ist also gleichsam ein Haus, darinn eine Menge Schwarzen leben, bis sich die tropischen Regen einstellen. Alsdenn gehen sie auf die Jagd des Elefanten, den sie durch allerlei Kunstgriffe tödten, so wie auch die Rhinozerosse und andere grosse wilde Thiere. Die Schangalas, welche reichlich mit Wasser versehene Gegenden bewohnen, tödten mit gleichem Fleisse die Flußpferde (Hippotami), welche in den Teichen der nicht mehr laufenden Flüsse ungemein zahlreich sind. Wo dieser platte Strich Landes am breitesten ist, wo die Bäume am diksten, und die größten Teiche sind, da leben die mächtigsten von diesen Nazionen, welche oft die königliche habessinische Armee geschlagen, die Provinzen Tigre und Sire verheert und beinahe erobert haben, obgleich dieser Theil von Habessinien am meisten bewohnt ist, und die kriegerischsten Einwohner hat.

Die wichtigste Niederlassung dieser Nazion ist zu Amba Tzaada zwischen dem Mareb und Takazze, doch um ein Drittheil näher gegen den Mareb und nordwestwärts von Dobarwa. Die Völker, welche einen Ueberfluß von allerlei Wildpret haben, tödten es in den schönen Monaten, schneiden es in lange Streifen oder Riemen von der Dikke eines Mannsdaumens, und hängen es wie Strikke an den Bäumen umher auf. Die Sonne troknet und härtet es wie Leder, oder wie den gedörrtesten Fisch aus Neufundland. Dies ist ihr Vorrath auf die Wintermonate. Erst schlagen sie es mit hölzernen Hammern, dann kochen sie es, und rösten es in glühender Asche: es bleibt aber nach allen diesen Operazionen doch noch hart genug.

Die Dobenahs, welche unter allen Schangallas die mächtigsten sind, und eine Art von Oberherrschaft über alle Nazionen ausüben, leben insgesammt von den Elefanten und Rhinozerrossen. In andern Gegenden, wo sich wenig Wasser und Bäume, und mehr Gras findet, nähren sie sich von allerhand Fleisch, als Büffel, rothem Wild, wilden Schweinen, Löwen und Schlangen. Dies sind die Nazionen, welche näher gegen den Takazze, Ras el Feel, und die Ebnen von Sire in Habessinien wohnen; die vornehmste darunter heißt Baasa. Weiter westwärts vom Takazze, und dem Thal von Walduba wohnt ein Stamm, welcher sich hauptsächlich vom Krokodill, Flußpferd und allerlei Fischen, und im Sommer von Heuschrekken ernährt, und in Körben aufbewahrt, die sehr künstlich von gespaltenen Baumzweigen gemacht, und so fest zusammen geflochten sind, daß sie so gut Wasser halten als ein hölzernes Gefäß.

Diese Nazion gränzt an die Gegend, wo die habessinischen Jagden gehalten werden; weil sie es aber nicht wagen, sich mit der Jagd wilder Thiere auszubreiten, so sind sie auf die Nachbarschaft des Takazze und der hineinfallenden Flüsse eingeschränkt, wo sie sicher fischen können, theils wegen der tiefen Ufer des Flusses, und wegen der steilen Abgründe, die für die Kavallerie unzugänglich sind, theils wegen der dikken Wälder, voll von unzähligen Arten von Dorngebüschen, wo nicht einmal jemand zu Fuß durch kann. Diese Flüsse gehören bloß den Baasa und liefern ihnen die schönsten Fische in größtem Ueberflusse.

Beschreibung

In dem Theile des Landes der Schangallas, welches mehr oſtwärts, ohngefähr nordoſtwärts von Amba Tzaada liegt, wo der Mareb Dabarwa verläßt, und durch dikkes Gebüſche läuft, bis er ſich im Sande verliert, wohnt eine Nazion dieſer Neger: welche wegen der Nachbarſchaft des Baharnagaſch eines Offiziers, deſſen Provinz viele Pferde hervorbringt, es um deswillen nicht wagen, die Jagd der mancherlei wilden Thiere, wovon die Wälder ſüdwärts ganz voll ſind, zu benuzzen, aus Furcht von ihrem Feinde aufgefangen zu werden, der ihnen beſtändig auflauert, weil er einen Theil ſeines Tributs in ſchwarzen Sklaven bezahlen muß. Sie ſchränken ſich alſo auf den ſüdlichen Theil ihres Gebiets in der Nähe von Barnaba ein.

Der auſſerordentliche Lauf dieſes Fluſſes unter dem Sande lokt eine Menge Strauſſen herbei, welche den Schangallas ebenfalls zur Nahrung dienen, ſo wie noch eine ſchöne Eidechſe, die noch, ſo viel ich weiß, von keinem beſchrieben worden. Von dieſen leben die öſtlichen Schangallas.

Dieſer Boden welchen die Habeſſinier Magaza nennen, nöthigt die wilden Bewohner wenn er durch die tropiſchen Regen angefeuchtet, und in Koth oder Schlamm verwandelt iſt, Winterquatiere zu ſuchen. Die Zelte unter den Bäumen ſind nun nicht mehr bewohnbar. Sie begeben ſich alſo mit ihren an der Sonne getrokneten Nahrungsmitteln, die nach ihrem Wohnorte verſchieden ſind, in Felſenhöhlen, die in dieſem Lande nicht aus Baſalt, Marmor oder Alabaſter beſtehen, wie die ganze Bergkette längſt dem rothen Meere nach Egypten hinunter, ſondern aus einem weichen grob-körnigten Sandſtein, der leicht ausgehauen, und zu verſchiedenen Kammern eingerichtet werden kann. Sie ſind gemeiniglich in den ſteilſten Gegenden des Bergs angebracht, und in diese nehmen die Wilden zur Vermeidung des Regens ihre Zuflucht, und leben indessen von dem während des guten Wetters zubereiteten Fleisch.

Ich kann die Nachricht von den Schangallas nicht schliessen, ohne sie vorher wieder aus ihren Höhlen zu lassen, weil dieses mit einer Operazion verbunden ist, von der man vielleicht nie etwas in Europa gehört hat, und die gleichwohl ein grosses Licht über die alte Geschichte verbreitet. Sobald die Sonne über den Zenith weg ist, und südwärts läuft, So haben die Regen gleich ein End, die Dekke von Wolken, welche den Himmel, so lang jene dauren überzogen hat, verschwindet, die Sonne scheint an einem blaß blauen, mit kleinen Wölken besäten Himmel, welche bald verschwinden, und er bekömmt alsdann das schöne Lazurblau. Wenige Tage der brennenden Hizze sind hinlänglich, die Erde so vollkommen auszutroknen, daß sie aufreißt. Das Gras wird von den Sonnenstrahlen getroffen, es steht nicht mehr, sondern fällt und versengt. Um dies wegzuschaffen, zünden die Schangallas es an, und das Feuer lauft mit einer unglaublichen Heftigkeit über die ganze Breite von Afrika, dem troknen Grase nach, und geht unter den Bäumen, zwischen den Zweigen mit solcher Geschwindigkeit weg, daß es zwar den Bäumen nicht schadet, aber doch das Abfallen des Laubes veranlaßt.

Um jede Wohnung und um die vornehmsten Plätze, wo sie das Wasser holen, wird der nöthige Raum verschont. Hier schlagen die Schangallas alsdann ihre Zelte, nach obiger Manier auf. Man kann sich nichts schöners vorstellen, als die schattigen Wohnungen: sie thun aber die schlimme Wirkung, daß man sie von den Anhöhen bemerken kann, und daß ihren Feinden dadurch der Weg zu den bewohnten Stellen gezeigt wird.

Wenn das Land auf diese Art gerräumt ist, gehen die Jagden an, und mit diesen zugleich die Gefahren der Schangallas. Alle Statthalter, welche ihr Land von dem Baharnagasch an, bis in Westen an den Nil einschliessen, sind verbunden, eine gewisse Anzahl Sklaven zu liefern. Ras el Feel (meine Statthalterschaft) war um einer Ursache willen davon ausgenommen, die man, wäre ich länger in Habessinien geblieben, vermuthlich für Habessinien vortheilhafter gefunden hätte, als alle Sklaven die sie durch das barbarische Blutvergiessen, so vieler unglüklicher Wilden erhalten. Wenn die Habessinier einen solchen Wohnsiz überfallen, machen sie alle Männer nieder; auch von den Weibern werden manche erschlagen, einige stürzen sich in Abgründe hinab, werden rasend, und hängen sich, oder schlagen alle Nahrungsmittel aus, und hungern sich zu Tode.

Knaben und Mädchen von 17 bis 18 Jahren, je jünger je besser, werden weggenommen; der König läßt sie erziehen, und sie dienen hernach in allen grossen Häusern von Habessinien. Sie werden zeitlich in der kristlichen Religion unterrichtet, und die längsten, wohlgebildesten, und am besten gearteten, sind die einzigen Bedienten zur Aufwartung des Königs in seinem Pallast. Die Anzahl der Männer belief sich zu meiner Zeit auf 300, die Pferde hatten. Einmal waren ihrer 280. und vor meiner Zeit unter 200. Sie tragen alle Panzerhembde, reiten schwarze Pferde, und werden von Fremden kommandirt, die dem Könige ganz ergeben sind. Durch genaue Aufsicht auf ihr moralisches Betragen, indem alle, die ein böses Beispiel gaben, fortgeschaft wurden, durch Prämien, wer am beßten und am meisten las, (denn dazu hatten sie Zeit genug zumal im Winter) und vornämlich durch das Vergnügen, welches der König, wenn er allein war, in der

von Habessinien.

Unterhaltung mit ihnen empfand, und dadurch, daß er sie nach meiner Methode, die er kannte, unterstüzte und belohnte, kam das kleine Korps so weit, daß es an Standhaftigkeit und Kaltblütigkeit im Treffen, vielleicht keinem Korps in der Welt von gleicher Anzahl etwas nachgab. Die meiste Schwierigkeit machte es, sie zusammen zu behalten, weil alle Grossen einen davon zum Thürhüter, ein Posten, in dessen Anvertrauung die Habessinier sehr vorsichtig sind, wünschten. Man machte sich des Königs Willfährigkeit, sie herzugeben, zu Nuzze, und daraus entstunden grosse Unbequemlichkeiten, bis Ras Michael diese Gewohnheit durch eine Proklamazion aufhob, und selbst ein gutes Beispiel gab, indem er vier, die er zu obgedachtem Endzwek genommen hatte, wieder heraus gab.

Wenn das Feuer alles trokne Gras in der Ebne, und hernach auch das auf den höchsten Bergen bis an die Spizze verzehrt hat, so ergreift es zulezt die mit allerlei Pflanzen ganz angefüllten Ravinen, oder Abflüsse, welche die von oben herabstürzenden Ströme gerissen haben, weil sie durch ihre Tiefe beschattet werden, und lezte herablaufende Wasser bei sich führen. Die starken Bamboos und anderes inwendig hohles Rohr, und dergleichen Pflanzen, welche so dicht als möglich an einander wachsen, bleiben grün, und troknen nicht eher zum Brennen aus, bis das Feuer alles übrige Gras im Lande verzehret hat. Endlich, wenn nichts mehr zu verbrennen übrig ist, so zünden die Hirten diese Ravinen oben auf den Bergen an, und das Feuer läuft in eben dem Kanal hinab, darinn vor einigen Monaten das Wasser floß, füllt solchen ganz mit Feuer an, und hört nicht eher auf, als bis es die See erreicht, wo der Strom sich in die See ergießt, und wo die brennbaren Pflanzen ein Ende haben. Ich habe

dies oft selbst gesehen, und bin gleichsam davon einge-
schlossen gewesen: ich kann daher bezeugen, daß es
sich, zumal von einem Fremden, der nichts von der
Ursache weiß, in der Entfernung schwerlich von einem
Feuerstrom unterscheiden läßt.

Die Schangallas gehen alle nakkend, und haben
mehrere Weiber, die sehr fruchtbar sind. Sie gebären
sehr leicht, und ruhen nach der Entbindung nicht aus,
oder halten sich inne, sondern waschen sich und das
Kind mit kaltem Wasser, wikkeln es in einen weichen,
von Baumrinde gemachten Zeug, und hängen es an einem Baum auf, damit die grossen Ameisen, womit sie
sehr geplagt sind, und die Schlangen es nicht verzehren.

Nach etlichen Tagen, wann das Kind mehr Kräfte bekommen hat, trägt es die Mutter in eben dem
Zeuge eingewikkelt auf dem Rükken, und wirft ihre
Brust über die Schulter, die bei einigen Weibern hier
so lang ist, daß sie bis auf die Knie hinab hängt.

Die Schangallaer haben nur Eine Sprache, und
reden sehr durch die Gurgel. Sie erzeigen verschiednen
Bäumen, Schlangen, dem Mond und den Planeten
bei einem gewissen Stande, eine göttliche Verehrung,
von dem ich mir aber nie einen hinlänglichen Begriff
machen können, um einige Nachricht davon zu geben.
Wenn ein Stern den Hörnern des Mondes vorbei passirt, so bedeutet es die Ankunft eines Feindes. Sie
haben Priester, oder vielmehr Wahrsager, aber es
scheint, daß solche mehr für Diener eines bösen als eines guten Wesens geachtet werden. Sie prophezeihen
üble Begebenheiten, und bilden sich ein, daß sie ihre Feinde auch in der Entfernung krank machen kön-

nen. Sie tragen gemeiniglich kupferne Armbinder um die Hände und um die Arme.

Wenn die Schangallaer gleich in besondern Stämmen oder Nazionen leben, so werden diese doch wieder in Familien abgetheilt, deren jede von ihrem eigenen Haupte oder Anführer regiert wird, und aus einer Zahl von diesen besteht die Nazion, und diese vereinigen sich, es mag die Vertheidigung oder einen Angriff betreffen, wieder ihre gemeinschaftlichen Feinde, die Abessinier und Araber. Wenn eine Expedizion von einer Schangallischen Nazion unternommen wird, es sey gegen ihre nördliche Feinde die Araber, oder gegen die südlichen, die Abessinier zum Beweise, von der Nazion oder dem Stamme der Baasa, so greift jede Familie für sich an, und vertheidigt sich auch für sich, und ihnen gehört auch was sie erobern oder plündern.

Die Mütter sehen daher den Nachtheil einer schwachen Familie ein, und suchen solche auf die einzige Weise, die in ihrer Macht steht zu vermehren. Durch ihre ungestümmen Anforderungen läßt der Ehemann sich überwinden. Die erste Frau wirbt für ihn um die Zweite, ungefähr auf eben die Art wie es bei den Gallas üblich ist.

Beide Geschlechter der Schangallaer gehen so lange sie noch ledig sind, ganz nakkend. Verheirathete Männer und Weiber tragen nur eine kleine unbeträchtliche Bedekkung um den Unterleib. Junge Männer und Weibsbilder haben, wenn sie gleich lange mannbar sind, gar keine Bedekkung, sie leben beständig bei und unter einander in Wäldern und einsamen Oertern, ohne Zwang und ohne Strafe im Uebertrettungsfall. Gleichwohl ist ein verbotener Umgang zwischen ihnen weit seltener, als unter einer gleichen Anzahl Menschen bei kristlichen Nazionen, wo mächtige Vorurtheile der Erziehung dem einen Geschlecht so viele Vortheile bei Bezwingung der Leidenschaften verschaffen, und wo die allemal mit einer gewissen Strafe verbundenen Fölgen des Genusses die Begierden des andern in Schranken halten.

Eine Frau von zehn oder eilf Jahren, die ein oder ein paar Kinder gebiert, sieht ihre Brust gleich auf die Knie herabsinken. Die gewöhnliche Art Kinder zu stillen ist, sie auf dem Rükken, wie unsre Bettlerweiber thun, zu tragen, und ihnen die Brust über die Schulter zu reichen. Nach 22. Jahren werden sie selten Mütter, und unter 10 Jahren bekommen sie selten Kinder, so daß sie nur in einem Zeitraume von 12 Jahren Kinder gebären. In Europa hat man viele Beyspiele, daß Weiber mit 14 Jahren schwanger werden, die bürgerlichen Geseze nehmen 12 Jahre zur Mannbarkeit an, aber in den Gerichten scheint man auch noch wohl etwas eher einzuräumen. Das Verhältniß der Jahre zum Kindergebären zwischen einer Schangalla und einer Europäerin ist also wie 12. zu 38. Ohne Zweifel richten sich die Triebe nach ihrer Stärke und Leibes Beschaffenheit: nun hat eine zwey und zwanzig jährige der Schangallaer mehr Runzeln, und ist augenscheinlich mehr durch das Alter verunstaltet, als eine Europäerin von sechzig.

Die Schangallaer haben kein Brod. Weder Getreide noch Hülsenfrüchte gedeihen in diesem Lande. Einige Araber, die sich hier niedergelassen, haben es versucht aus den Körnern einer Art Hierse (Guineagras) Brod zu bakken, aber es ist ohne Geschmak und schlecht, hat die Farbe von Kuhdünger, und bekommt gleich Würmer.

Die Schangallaer sind alle von Jugend auf Bogenschüzzen. Ihre Bogen sind von wildem Fenchel gemacht, stärker als gewöhnlich, sieben Fuß lang, und sehr elastisch. Die Knaben bedienen sich eben des Bogens, den sie nachher als Männer behalten; sie sind deswegen genöthigt, ihn in den ersten Jahren parallel mit dem Horizont anstatt perpendikular zu halten.. Ihre Pfeile sind völlig $1\frac{1}{2}$ Elle lang mit breiten Spizzen von schlechtem und grob gearbeitetem Eisen. Sie sind die einzigen Wilden, die ich je gekannt, die sich keine Mühe in der Form und Verzierung dieser Art von Waffen geben; ein vom Palmbaum abgebrochener und gerade gemachter Zweige wird ein Pfeil, der hinten nie Federn hat. Es herrscht eine merkwürdige und zugleich religiöse Gewohnheit bei ihnen, daß sie um den Bogen einen Ring oder Riemen von der Haut eines dadurch erlegten wilden Thieres, von der Eidechse und Schlange bis zum Elefanten, wenn sie noch rauh ist, befestigen. Dies macht den Bogen immer nach und nach steifer, bis er wenn er überall bedekt ist, auch von seinem Herrn nicht mehr gebogen werden kann. Er wird alsdenn an einen Baum gehangen, und an seine Stelle ein neuer gemacht, bis ein gleicher Fall damit eintritt. Einer dieser Bogen, welcher seinem Besizzer am besten gefiel, wird mit ihm begraben, in der Hoffnung daß er ihn dereinst bei der Auferstehung so wie er ist wieder finden wird, da der Verstorbene alsdenn mehr Kräfte, und keine Noth haben, sondern fähig seyn wird, alle menschliche Vergnügungen im Ueberfluß zu genüssen. Bei dieser Auferstehung gedenken sie nichts geistiges, oder was die Seele betrift, sondern blos eine körperliche und materielle; wenn gleich einige Schriftsteller mit der eingebildeten Entdekkung groß thun, daß die Wilden eine Unsterblichkeit der Seele glauben.

Wir schliessen hiemit unsre Beschreibung von Habissinien und seinen mannichfaltigen Einwohnern so weit unsre Nachrichten reichten. Möchte doch bald die Erdkunde mit genaueren Berichten über dies wichtige Land bereichert werden! —-

Habessinische Annalen.

Allgemeine Uebersicht der Geschichte von Habessinien.

Vorzüglich nach Ludolf und Bruce.

Die Geschichte von Habessinien ist, so wie die Geschichte aller halbkultivirten Völker, die nicht auf dem grossen Schauplatz auftraten, wo Griechen und Römer ihre grossen Rollen spielten, in undurchdringliches Dunkel verhüllt, das sich erst in späteren Zeiten etwas aufhellt.

Die frühere Geschichte dieses Landes ist ganz unbekannt. Alles was davon gesagt wird und gesagt werden kann gründet sich auf sehr trügliche Vermuthungen und ganz unhistorische, fabelhafte Sagen, die weder Glauben noch nähere Untersuchungen verdienen.

Ritter Bruce fand hier ein desto grösseres Feld, um sein Steckenpferd, die Hypothesensucht, nach Herzenslust vor dem Publikum herum zu reiten. Die Grundlosigkeit aller seiner gewagten Vermuthungen, und die Unnüzlichkeit seiner historisch-antiquarischen Grübeleien ist schon von Männern erwiesen worden, auf deren Urtheilsspruch das ganze Publikum die Sache beruhen lassen kann.*)

Wir wollen uns also nicht dabei aufhalten, sondern bloß der Sagen und Angaben erwähnen, die das fabelhafte Gebäude der alten Geschichte Habessiniens bilden.

Die Hauptsumme derselben ist diese:

Habessinien soll zuerst von Kuschiten bevölkert worden seyn, die hier als Hirten und Troglodyten (Höhlenbewohner lebten **).

Diese Troglodyten sollen sich allmählich zu einem reichen, mächtigen, kultivirten Volke emporgeschwungen haben ***).

---

*) Ich meine den Rezensenten in der Jenaer allgemeinen Litteratur-Zeitung, dem in Zimmermanns Annalen und vorzüglich Herrn Prof. Tychsen, dessen Anmerkungen im V. B. von Bruces Reisen hier zum Nachlesen empfohlen werden müssen.
**) Bruce, im ersten Band.
***) Ebendaselbst.

Sie sollen Sternseher und Sternanbeter gewesen seyn*).

Zu König Salomo's Zeiten soll ihre Königinn **Makeda**, die unter dem Namen der **Königinn von Saba** bekannt ist, zu jenem Könige gereiset seyn, und von demselben nicht nur einen Thronerben, sondern auch für ihr Volk die jüdische Religion nach Hause mitgebracht haben**).

Von diesem Beweise salomonischer Weisheit und sabaischer Gelehrigkeit sollen die Könige von Habessinien in gerader männlicher Linie abstammen***). —

Dies sind die Sagen, auf welchen die ältere Geschichte von Habessinien beruht, und diese Sagen, so sehr auch eine die andere an Unwahrscheinlichkeit und Fabelhaftigkeit übertrift, müssen die Lükke ausfüllen, die sich hier in der Weltgeschichte findet.

Griechen und Römer haben uns nichts verzeichnet, das uns hier den Mangel inländischer Nachrichten ersezzen könnte, und die wenigen Geschichtsbücher welche die Habessinier besizzen, werden nur bei der Geschichte neuerer Zeiten brauchbar, da sie zu spät geschrieben sind, um über die ältere Geschichte Licht verbreiten zu können; auch mögen sie wohl nicht sehr zuverläßig seyn, und sind von europäischen Geschichtforschern noch nicht gehörig benuzt worden.

Wir wollen jezt hier die Angaben von den habessinischen Regenten und den wichtigsten Begebenheiten, so wie wir sie bei Bruce und seinen Vorgängern aufgezeichnet finden zusammenreihen, und die nähere Prüfung derselben den historischen Kritikern überlassen.

Zu unserm gegenwärtigen Zwekke — nämlich als allgemeine historische Uebersicht, die zum Verständniß der Geographie und jezzigen Verfassung dieses Landes unentbehrlich ist — mag diese Skizze hinreichen.

---

*) Bruce im ersten Band.
**) Ebendaselbst. Womit Ludolf und Le Grand in seinem Anhange zum Lobo zu vergleichen.
***) Nach der alten, aber sehr unwahrscheinlichen Sage der Habessinier.

Habessinische Annalen.

I. Aeltere, ungewissere und fabelhaftere Geschichte von Habessinien.

Jahr nach Erschaffung d. Welt.	
1700	Kusch soll (wie die unwahrscheinlichste Sage behauptet) der erste König der Ethiopier gewesen seyn, und mit seinem Hirtenvolke in Hölen gewohnt haben.
	Sechs Könige sollen nach ihm regiert haben, deren Namen nicht aufgezeichnet sind *).
	Namen der Könige welche zu Axum residirten **).
2058	Arue, um diese Zeit soll Axum erbaut worden seyn ***).
2400	Agabo, Bruder des vorigen.
2600	Gedur, Agadur oder Sabanut, mit seinem Bruder Agabo.
2650	Gedur allein.
2800	Gedur II.
2958	Makeda (sonst Nitokris oder Nikaulas) die sogenannte Königinn von Saba, die im Jahr der Welt 2973. jene so wichtige Reise nach Jerusalem that.
3020 (3014 nach Bruce)	Menilech oder David I. — ihr Sohn und Nachfolger, die Frucht ihrer Reise und ihres Umgangs mit Salomo.

*) Dappsr's Afrika, Seite 685.

**) Nach Bruce's Vermuthung (I. B. 424.) soll Axum ungefähr zu Abrahams Zeiten erbaut worden seyn.

***) Abba Gregorius berichtete dem Ludolf, daß er von all diesen Sagen der frühern Geschichte von Habessinien nie etwas gehört habe, ausser daß einst eine Schlange unter dem Namen Arwe von den alten Ethiopiern angebettet worden seyn soll.

Reihe der salomonischen Könige von Habeßinien bis zu Christus Geburt.

Jahr der Welt	Nach Bruce *)	Jahre der Regierung	Nach Drpper **)	Jahre der Regierung
3024.	Heubebpa ob. Zapbur.	1	Anbebo, Manilechs Sohn.	1
	Awida.	11	Auba, Bruder d. vorigen.	11
	Auspi.	3	Guaasio oder Sigasio.	3
	Sawe	31	Zangua.	44
	Gesaya	15	Guasio, reg. nur ½ Tag.	
	Katar	15	Autet oder Autet.	61
	Mouta	20	Bahaja oder Bahare.	9
	Bahas	9	Kawada.	2
	Kawida	2	Kanze.	10
	Kanaja	10	Cubur.	9
	Katzina	9	Guazha.	1
	Wazeba	1	Cubra.	1
	Hazer	2	Kaales.	1
	Kalas	6	Setia.	17
	Solaya	16	Safeelia.	27
	Falaya	26	Aglubu oder Aglaba.	3
	Aglebu	3	Ausena oder Anskua.	1
	Assena	1	Breguas.	19
	Brus	29	Guaase.	17
	Mohesa	1	Bezelengua.	17
	Bazen	16	Baajene.	27
	Summe: 230 Jahre.		Summe: 271 J.	

Anmerkung. Daß diese Listen der Könige mangelhaft sind, ersieht man aus der Summe der Regierungsjahre, denn Bazen regierte zur Zeit von Christus Geburt (worinn, beide hier eingerückte Verzeichnisse übereinstimmen) folglich müßte die Summe aller Regierungsjahre dieser Könige wenigstens 900 seyn.

4000. **Bazen** — daß dieser habeßinische König zur Zeit des römischen Kaisers Augustus regierte, und daß

*) Im I. Band, Seite 524.
**) Am angeführten Orte. — Ludolf hält diese Königsverzeichnisse mit Recht für untergeschoben.

von Habessinien.

die Geburt des Meßias in das achte Jahr seiner Regierung falle, dies wird von den Geschichtschreibern für eine erwiesene historische Wahrheit angenommen.

Das Verzeichniß seiner Nachfolger bis auf Abreha und Azbeha, das verschiedentlich angegeben wird, darf sich dieses Vorzugs nicht erfreuen, denn man zweifelt sehr an seiner Aechtheit. *)

Die Namen der Nachfolger Bazen's werden genannt:

Jahr nach Christi Geburt	Nach Bruce **)	Nach Dapper.	Jahre der Regierung.
8.	Tsenat Segued.	Königinn Kandaze, Tochter des Bazen †).	
	Garima Asfert.	Mesne, ihr Sohn.	6
		Sektua. , ,	9
	Saraaba.	Abgala. , ,	10
		Agba. , ,	7/8
	Tsion.	Malt. , ,	4
		Afle. , ,	13
	Sargai.	Didima. , ,	10
		Autete. , ,	2
	Bagamai.	Alba. , ,	30
		Zegbhin von Rama.	8
	Jan Segued.	Gazele. , ,	26
	Tsion Heges.	Beseffeoch. , ,	4
		Asgua. , ,	77
	Moal Gensa.	Herk. , ,	21
	Saif Araad.	Besesaue — Guachem — Habas — Sagel, regierten ganz kurz nach einander.	
	Agedar.	Asfe. , ,	14
333.	Abreha und Azbeha, zwei Brüder ***). Unter ihrer Regierung wurde die christliche Religion durch Frumentius in Habessinien eingeführt.	Azgheba. , ,	23
		Samra. , ,	3
		Alba. , ,	6
		Stenden. , ,	37
		Secham. , ,	9
		San. , ,	30
		Igga. , ,	18
		Alamide. , ,	30
		Achimas. , ,	3

*) Wie Ludolf, weil die Namen nicht ethiopisch sind.
**) Welcher die Regierungsjahre nicht anzeigt.
***) Bruce vermuthet Abreha und Azbeha seien nur Eine Person gewesen; aber aus Ludolfs angeführten Stellen eines habessinischen Dichters erhellt das Gegentheil.
†) Diese Kandaze gehört gar nicht hieher; denn sie war — nach aller Wahrscheinlichkeit — eine Hirtenköniginn aus Atbara.

Jahr nach Christus Geburt	Verzeichniß ihrer Nachfolger, aus Ludolf und Bruce. *)
	Aßfa (Asfeha)
	Aßfad und Amey (Arphad und Amzi)
	Arado (Araad)
	Aladoba (Saladoba)
	Alamid (Alamida)
	Tazena (Tezhana)
522	Kaleb, auch Elesbaas genannt.

Dieser König führte den in der habessinischen Geschichte berühmten Krieg mit Arabien **).

Gebra Meskel (Guabra Maskal.)
Konstantin.
Bazzer. ⎫
Azbeha. ⎬ Diese fünf Könige fehlen
Armaha. ⎬ in Ludolf's Verzeichnisse.
Jan Asfeha ⎬
Jan Segued ⎭
Fre=Sennai (Fere Sanai)
Aderaaz. ⎫ Diese zwei fehlen auch bei
Aizor. ⎭ Ludolf.

| 960 | Delnoad (Del Naad) |

Revoluzion in Habessinien.

Um das Jahr 960. nach dem frühen Tode des Königs Aizor — so erzählt Bruce diese merkwürdige Geschichte ***) — bemächtigte sich Ju-

───────────

*) Die Namen, wie Bruce sie schreibt, stehen in Klammern dabei.

**) Bruce, im I. B. S. 560. u. ff.

***) Eben daselbst Seite 570. — Ludolf sagt, diese Revoluzion sei nach Delnoad's Tod ausgebrochen; er nennt die Familie der Usurpatorinn Zague, und giebt einige Namen ihrer Nachfolger an, die bei Bruce fehlen.

von Habessinien.

<small>Jahr nach Christus Geburt</small>

dith, sonst auch Saat, das heißt Feuer, genannt, des habessinischen Reichs. Sie war eine Jüdinn, Tochter des Judenkönigs von Samen, Gattinn des Statthalters von Bugna, eine Feindinn der christlichen Religion, und benuzte jezt die günstigen Umstände um sich auf den Thron zu schwingen. Sie hatte sich einen starken Anhang gemacht, sie eroberte den steilen Berg Damo in Tigre, wo das Staatsgefängniß der habessinischen Prinzen war und ermordete alle die sie daselbst fand. Der junge König Del Naad, Aizor's Sohn und Nachfolger war noch ein Kind, und konnte keinen Widerstand thun; einige Edle aus Amhara flüchteten mit ihm in das mächtige und treue Königreich Schoa, wo dieser einzige noch übrige Sprößling der unglüklichen Königsfamilie eine neue Linie stiftete, die in Schoa regierte, während der Ueberrest von Habessinien in den Händen der Kronräuberinn und ihrer Familie war. — Dieser Judith, die Geschichte schildert sie, als ein unzüchtiges, boshaftes, grausames und geiziges Weib *) — war es also gelungen, die christliche Königsfamilie von dem Throne zu verdrängen, und sich und ihre Nachkommen eine lange Reihe von Jahren hindurch im Besiz der geraubten Krone zu erhalten. Zwar vemochte sie es nicht, die christliche Religion, nach ihrem Wunsche zu vertilgen, doch gab sie den Habessiniern eine Zeit lang jüdische Regenten.

---

*) Nach Ludolf.

Jahr nach Christus Geburt	in Habessinien	in Schoa
960 1000	Nun regierten bis gegen Judith — ihre 40jährige Regierung soll sich durch Verbrechen aller Art ausgezeichnet haben. Als ihre jüdischen Nachfolger werden genannt: Totadem. Jan Schum. Garima Schum. Harbai. Marari. } Die Habessinier schildern diese Regierungen als die gräuelvollsten. Nach dieser jüdischen kam die mit ihr verwandte edle christliche Familie Zague aus Lasta auf den Thron. Von denselben regierten Habessinien. Tekla Haimanout. Redus Harbe. Itibarek.	Del Naad, der seines Thrones beraubte junge König von Habessinien, der nun in Schoa regierte und seinen Stamm daselbst fortpflanzte. Seine Nachkommen die auch über Schoa herrschen sind: Mahaber Wedem. Igba Sion. Tzenaf Araad. Nagasch Zare. Asfeha. Jakob.
um 1200	Lalibela, ein Regent, der seiner grossen Talente wegen gerühmt wird. Er rief die in Egypten von den Türken verfolgten Christen zu sich und nahm sie in Schutz. Dadurch erhielt er Künstler, mit deren Hülfe er Kirchen in Felsen hauen ließ, und den Nil abgraben wollte, worüber er starb. Imeranha Christos. Naakueto Laab — Dieser letzte König aus dem Hause Zague trat durch Vermittelung des Abuna's Tekla Haimanout, dem damaligen Könige von Schoa Jkon Amlak, als dem rechtmäßigen Erben freiwillig die habessinische Krone ab, und erhielt dagegen die unumschränkte Herrschaft über einen bestimmten Strich Landes in Lasta für sich und seine Nachkommen auf ewig, nebst anderen grossen Vorrechten *).	Bahar Segued. Adamas Segued. Jkon Amlak, welcher wieder auf den Thron seiner Vorältern gelangte.

*) In deren Besitz diese Familie nach zu Bruce's Zeit war. Den Hauptinhalt jenes Vertrags giebt derselbe im I. B. S. 577 und 578.

von Habeſſinien.

Jahr nach Chriſtus Geburt	
	II. Neuere, zuverläßigere Geſchichte von Habeſſinien.
1268	Mit dem wichtigen Zeitpunkte, in welchem die alte Königliche Familie wieder auf den Thron von Habeſſinien kam, beginnt eine neue Epoche der Geſchichte dieſes Landes.
	Ikon Amlak. König.
1283	Igba Sion.
1312	Amda Sion.
1342	Saif Araad.
1370	Wedea Asferi.
1380	David II.
1409	Theodor.
1412	Iſaak.
1429	Andreas I. oder Amdaſion.
	Tekla Mariam oder Haſeb Nanya.
	Sorwe Raſous. ⎫
	Amda Raſous ⎭
1434	Zara Jakob.
1468	Baeda Mariam.
1478	Iskander, oder Alexander.
1495	Naod.
	Kovillau's Ankunft in Habeſſinien.
1508	David III.
	Seine Mutter ſchikt einen Geſandten nach Portugal. Ankunft einer portugieſiſchen Geſandtſchaft. Alvarez. Krieg mit Adel.
1540	Azenef Segued.
	Kriſtoff von Gama. Bermudes.
1559	Menas oder Adamas Segued.
	Die Türken nehmen die Küſte Habeſch in Beſiz.
1563	Serza, Denghel, oder Melek Segued.
1595	Za Denghel.

Jahr nach Christus Geburt	
	Aufnahm der katholischen Religion.
1604	Jakob.
1605	Socinios (Susneus) oder Melek Segued.
	Er nimmt die katholische Religion an. Ankunft des römischen Patriarchen. P. H. Lobo.
1632	Facilidas oder Sultan Segued.
	Die katholischen Missionnare werden verjagt.
1665	Hannes I., oder Oelafe Segued.
1680	Jasous I.
	Poncet kömmt nach Habessinien.
1704	Tekla Haimanout, I.
1706	Tifilis.
1709	Oustas.
	Ein Usurpator, unterhält heimlich katholische Priester.
1714	David IV.
	Hinrichtung katholischer Priester.
1714	Bakuffa.
	Ein harter Regent.
1729	Jasous II., oder Adiam Segued.
1753	Joas.
	Er begünstigt seine Verwandte, die Gallaer.
1769	Hannes II.
1769	Tekla Haimanout II.
	Bruce kömmt nach Habessinien.

Anhang.

I.

Jakob Baratti's
eines Italieners
Reise
nach Habessinien.

Im Jahre 1655.

Als Anhang zu diesem zweiten Theile liefre ich noch zwei in verschiedener Rüksicht merkwürdige Reisen nach Habessinien.

Die erste ist die des Italieners Jakob Baratti, die so seltsam ist, daß man sie leicht für eine bloße Edichtung halten könnte.

Ludolf nennt diesen Baratti einen Lügner, ohne gerade zu sagen, derselbe sei gar nicht in Habessinien gewesen. Was aber von seiner Reisebeschreibung zu halten sei, ob sie ganz Erdichtung oder nur schiefe, mit Lügen durchwebte Erzählung ist; dies möchte wohl schwer zu bestimmen seyn.

Baratti erzählt manches von Habessinien, das mit den Nachrichten der übrigen Reisebeschreiber ganz übereinstimmt, oder doch leicht zu erklären ist; aber er bringt weit mehr Berichte vor, die dem, was die glaubwürdigsten Schriftsteller sagen, gerade entgegen ist.

Ich habe deßwegen bloß hier, um der Sonderbarkeit willen einen kurzen Auszug aus seiner Reisegeschichte geliefert — die schon gar nichts für sie Sprechendes hat, ohne seine Nachrichten zu benuzzen, die auch der Erwähnung nicht werth sind.

Die zweite Reise, deren Beschreibung ich in diesem Anhange mittheile, ist die des Franzosen Poncet, von welcher ich noch Einiges sagen werde.

Jakob Baratti's Reise nach Habessinien.

Von ihm selbst beschrieben.

(In einem kurzen Auszuge.

Im Jahr 1655 fand ich Gelegenheit, mit florentinischen Kaufleuten auf einem deutschen Schiffe nach Alexandrien zu segeln. Ich hatte einiges Geld und einen Bedienten mitgenommen, und landete innerhalb vierzehn Tagen glüklich bei Alexandrien an. Weil aber damals die Pest sehr stark in dieser Stadt wüthete, hielten wir uns nicht lange daselbst auf. Meine Absicht war eigentlich, eine Reise ins gelobte Land zu machen, und meine Andacht beim heiligen Grabe zu verrichten. Allein weil es gerade keine Gelegenheit dahin gab, und einige französische Kaufleute so eben nach Groß-Kairo abreisten, so beredeten mich meine Gefährten, in Gesellschaft jener Franzosen den Weg nach dieser berühmten Stadt anzutreten. Ich ließ mir dies gefallen, und war noch keinen Monat lang zu Kairo, als sich eine Karavane versammelte, um an's rothe Meer zu gehen. Der französische Konsul, bei dem ich wohnte, munterte mich auf, diese Reise mitzumachen; und überdies mußte es sich gerade fügen, daß der Abbuna aus Habessinien sich zu Kairo befand und mit der nämlichen Karavane abreisen wollte. Dies nahm ich als einen besondern Wink der Vorsehung an, und war von dem an entschlossen, meine Reise zu den afrikanischen Christen fortzusezzen.

Nachdem ich mich nun auf eine lange Reise mit Geld und Wechselbriefen versehen hatte, suchte ich mit dem Abbuna Bekanntschaft zu machen. Dies war nun so schwer nicht, weil er die italienische Sprache verstand, und von den europäischen Sitten schon viele Kenntniß hatte. Er war von schwärzlichter Farbe, lustig und doch dabei ernsthaft, von hohem Wuchs, und etwa sechzig Jahre alt. Er hatte wenig Dienerschaft bei sich, weil er von den Türken nicht erkannt seyn, und sich dadurch ihrer Habsucht aussezzen wollte. Um sich für einen Kaufmann ausgeben zu können, hatte er etliche Waaren von geringem Werthe bei sich. Ich aber gab mich ebenfalls um grösserer Sicherheit willen für einen italienischen Pilgrim aus, weil man unter dieser Maske auch bei Heiden in größrer Achtung steht.

Wir traten im März unsre Reise an, und trafen nach vielen ausgestandenen Mühseligkeiten in Suez ein. Dies ist ein berühmter Handelsplaz, der von sehr vielen Nazionen besucht wird. Die Stadt hat ein Kastell, und ist etwa so groß als Pisa. Die Gebäude sind geräumig und ganz zum Handel eingerichtet. An etlichen findet man schwarzen und weissen Marmor. Es ist hier eine jüdische Synagoge, und selbst ein heidnischer Tempel; die Christen aber müssen ihren Gottesdienst in Privathäusern halten. Der Abbuna fand hier einige habessinische Kaufleute, die ihn sehr gut aufnahmen, und auch mich ihrer Gastfreundschaft würdigten. Wir mußten hier etliche Monate lang eine sichere Gelegenheit abwarten, um unsre Reise fortsezzen zu können. Diese fand sich denn endlich, indem der türkische Bassa von Egypten einen Gesandten an den ethiopischen Hof abschikte. Es hatte zwar anfangs einige Schwürigkeit, bis man die Erlaubniß mitzureisen erhielt. Allein man bewilligte sie uns endlich für zweihundert Kronen. Der Gesandte zog nun mit grossem Gefolge aus der Stadt, dem wir uns auf unsern Maulthieren anschlossen.

Reise nach Habessinien.

Wir kamen auf unserm Wege durch verschiedene Länder; etliche davon waren fruchtbar, besonders an Dattelbäumen; andere aber sehr unfruchtbar. Der größte Theil unsers Wegs gieng über rauhes Gebirg, wo nichts als wilde, in Europa ganz unbekannte Thiere zu sehen waren. Zuerst kamen wir in das Land, welches die Einwohner Ganfila nennen, und zunächst an Dafroha ligt. Weiterhin zogen wir durch **Barnagasso, Lakka** und einen Theil von **Dangali**.

Die türkische Armee, welche gerade damals im Begriff war, gegen die Habessinier zu Felde zu ziehen, trafen wir bei einem fischreichen See in dem Königreiche **Barnagasso**, welches vor kurzem dem König von Ethiopien abgenommen worden war. Die Einwohner dieses Landes sind Christen, die man nur dem Namen nach von den Heiden unterscheiden kann, so unwissend sind sie in ihrer Religion. Sie leben hin und her im Lande in kleinen elenden Hütten, welche mehr fürs Vieh als für Menschen bestimmt zu seyn scheinen. Die Wände sind von Koth und Steinen aufgeführt, und mit geflochtenem Stroh oder Binsen bedekt. In der Mitte steht eine Säule, auf welcher der innere Bau des Hauses ruhet. Die Städte selbst haben keine bessere Bauart. Das Land ist ganz dürre. Man findet daher nur wenige Städte, weil die fruchtbaren Pläzze mit frischem Wasser oder Seen ebenfalls rar sind.

Die türkische Armee streifte mit starken Parteien das Land auf und ab. Das Hauptkorps aber stand am See **Gueresch**. Bei unsrer Ankunft waren sie in allem nicht über 6000 Mann stark, und zu schwach, sich mit den Habessiniern in ein Treffen einzulassen. Sie waren jezt bloß auf einen sichern Rükzug bedacht, nachdem sie zuvor das Land umher ausgeplündert und Weiber und Kinder in die Gefangenschaft geführt hatten.

Wir brachten unter dem Schuz des Gesandten zwei Nächte unter ihnen zu. Es ist unter den Völkern, die an Habessinien gränzen, etwas gewöhnliches, daß sie jährlich einen Streifzug dahin machen, weil man mit geringer Gefahr einen beträchtlichen Raub daraus holen kann.

Die Habessinier waren ehmals als tapfere Leute berühmt, jezt aber sind sie verzagt, und lassen es geschehen, daß jede geringe Nazion ihre Gränzen beunruhigt, und ihnen grossen Schaden zufügt.

Nachdem wir uns hier etliche Tage verweilt hatten, sezten wir unsre Reise nach der Stadt Bashaw im Königreiche Tigremahon fort. Sie liegt an einem grossen Fluß, den die Einwohner Togassi, andre aber Guekarhok nennen. Er nimmt viele andre Flüsse in seinem Lauf auf, und fällt endlich in den Nil. Dieser Fluß kömmt dem Lande äusserst gut zu Statten, weil er es durch eine Menge Arme und Kanäle fast in allen Theilen bewässert.

Wir fanden überall die schröklichsten Spuren von der Wuth der Feinde. Die Städte waren bis auf den Grund abgebrannt; die Einwohner entflohen, oder gefangen genommen, und selbst eine Menge Bäume umgehauen.

Darauf kamen wir in ein Land, das so fruchtbar ist, als irgend eins in Afrika. Hier stiessen wir wieder auf streifende Parteien von der türkischen Armee, die sich fast, ohne Wiederstand zu finden, bis an die kaiserlichen Gezelte gewagt, und grosse Beute gemacht hatten. Sie waren wirklich auf ihrem Rükzug begriffen, und wurden von den Habessinern verfolgt.

Wir mußten mehrere Meilen reisen, ehe wir die Einwohner des Landes fanden. Endlich begegnete uns ein leichtes Korps, das den Feinden nachsezte. Sie beklagten sich beim türkischen Gesandten über die Grausamkeit seiner Landsleute, und wurden so ungestümm, daß wir in Sorgen standen, sie könnten zulezt Rache an ihm nehmen. Aber die Gegenwart des Abbuna verhinderte sie, an seiner Person Gewalt zu verüben. Sie erwiesen ihrem geistlichen Oberhaupt alle mögliche Hochachtung, und liessen ihn durch einige von ihnen vollends heimbegleiten.

Sobald der Kaiser von der Ankunft des Abbuna gehört hatte, schikte er ihm etliche vom Hof entgegen, die ihn bewillkommen sollten. Wo er durchkam, gieng ihm die Geistlichkeit und das Volk entgegen; und als er sich dem kaiserlichen Zelte näherte, empfieng ihn der ganze Hof. Beim Eintritt in dasselbe bezeugte er dem Kaiser seine Ehrfurcht dadurch, daß er ihm den Gürtel küßte. Um das kaiserliche Gezelt her war ein grosser freier Plaz, auf welchem die Hofleute hin und her zu gehen pflegten. Zur Rechten stand ein anderes schönes Gezelt, in welchem die Weiber des Kaisers und seine Konkubinen wohnten. Auf der Spizze des kaiserlichen Zeltes stand ein Engel, der in der Linken ein Kreuz in der Rechten aber ein Schwerd hielt.

Nachdem sich der Patriarch seiner erzbischöflichen Würde gemäß angekleidet hatte, wurde er von dem Zeremonienmeister in den Audienzsaal geführt, wo der Kaiser auf einem Ruhebett lag, das mit weissem Baumwollenzeug überzogen, und mit goldnen Franzen besezt war. Hinter ihm hieng ein blosses Schwerd, und zu beiden Seiten standen seine geheimen Räthe. Ueber seinem Throne hieng eine Dekke von Goldstoff mit grüner. Seide durchwürkt, das ganze Zimmer war mit dem nämlichen Zeuge ausgeschlagen.

Beim Eintritt kniete der Abbuna dreimal nieder. Dann stieg er auf die Stufen des Throns, um dem Kaiser seine Ehrfurcht zu bezeugen. Dieser richtete sich ein wenig auf, umarmte den Prälaten, und wünschte ihm viel Glük zu seinem angetretenen Amte. Auf diese Zeremonien folgte noch eine kurze Unterredung, dann wurde er wieder mit aller Achtung und Höflichkeit entlassen. Ich hatte bei dieser Gelegenheit auch die Ehre, des Kaisers Gürtel küssen zu dürfen.

Ich folgte hierauf dem Abbuna, der mich zu sich nahm, und die ganze Zeit über seine Gastfreundschaft

II.
Karl Poncet's
Reise
nach Habessinien,
in den Jahren 1698. 1699. und 1700.

Gegen das Ende des vorigen Jahrhunderts erwachte wieder der Bekehrungseifer der Jesuiten, und sie suchten mit Hülfe König Ludwigs XIV. von Frankreich wieder in Habessinien einzubringen.

Sie brachten es endlich auch dahin, daß der französische Konsul zu Kahira, de Maillet, den Auftrag erhielt, vorläufig eine Gesandtschaft nach Habessinien zu schikken.

Dazu wurden nun ausersehen der Arzt und Apotheker Karl Poncet und der Pater Brevedent.

Lezterer starb auf der Hinreise; ersterer aber vollbrachte diese Reise, und kam nach Frankreich zurük, wo man seine Erzählung für ein Mährchen hielt, weil sie nicht durchaus mit den älteren Nachrichten von Habessinien übereinstimmte. Bruce, hat aber diesen Reisebeschreiber hinlänglich gerechtfertigt.

Poncet wurde hierauf wieder als Gesandter nach Habessinien geschikt, aber er gieng mit den Kostbarkeiten, die er bei sich hatte, durch und starb endlich in Persien.

Nachher wurde Du Raule in gleichem Karakter in dieses Land gesandt, da er aber zu Sennaar mit seinem Gefolge ermordet wurde, so wagte sich nicht sobald wieder ein Europäer in diese barbarischen Gegenden.

Poncet war ein Mann von schlechtem Karakter; da es aber Bruce übernommen hat*), ihn von dem Verdachte der Erdichtung zu reinigen, so bleibt seine Reisebeschreibung immer sehr merkwürdig, und ich hielt

---

*) Im II. B. S. 455. u. ff.

es der Mühe werth, sie hier in einer getreuen deutschen Uebersezzung zu liefern. Ich habe zugleich das, was Bruce bei Gelegenheit der Erwähnung dieser Reise, an der Beschreibung derselben tadelt oder verbessert, in Anmerkungen beigefügt, welche diese Reisebeschreibung um so brauchbarer machen.

Man vergleiche nun Lobo, Ludolf, Poncet und Bruce — es ist der Mühe werth! Ich habe hiezu vorgearbeitet soviel in meinen Kräften stand.

Karl Poncet's
Reise nach Habessinien.

Von ihm selbst beschrieben.

(Aus dem Französischen übersezt.)

Ich verließ Kachira*) am 10ten Junii 1698, begleitet von Hagi-Ali einem Offizier des Kaisers von Ethiopien, und dem Pater Brevedent, einem Missionar von der Gesellschaft Jesu. Bei Bulak eine halbe Meile von dieser Stadt, schifften wir uns auf den Nil ein. Weil das Wasser sehr niedrig stand, und unsre Steuerleute sehr unwissend waren, brachten wir 14 Tage bis nach Manfelut zu, eine Fahrt die man sonst bei hohem Wasser und gutem Wind in fünf Tagen zu machen pflegt.

Manfelut ist eine Stadt in Oberegypten, die zum Leinwandhandel sehr bequem liegt. Sie hat eine Garnison von 500 Janitscharen und 200 Spahis, um die Streifereien der Araber, die das ganze Land dort umher verwüsten, abzuwehren.

Der Sammelplaz der Karavanen nach Sennaar und Ethiopien ist Ibnali**), eine halbe Meile oberhalb Manfelut. Wir lagerten uns in diesem Dorfe, um abzuwarten, bis die ganze Karavane beisamen seyn würde, und blieben da länger als drei Monate unter unsern Zelten, wo wir nicht wenig auszustehen hatten: Denn die Hizze ist in diesen Gegenden unerträglich, vornehmlich für Europäer, die nicht daran gewöhnt

---

*) Poncet war hier ansäßig, und hatte sich der Chymie und Apothekerkunst gewidmet.   Bruce.
**) Ibnah.   Bruce.

sind. Die Glut der Sonne ist so heftig, daß wir von 10 Uhr des Morgens, bis gegen Abend kaum athmen konnten. Nachdem wir Kameele gekauft, und uns mit allem zum Uebergang in die Wüsten Libiens nöthigen Vorrath versorgt hatten, verliessen wir am 24ten September Nachmittags diesen unangenehmen Aufenthalt und nahmen unser Nachtlager anderthalb Meilen davon, am östlichen Ufer des Nils, an einem Ort der Lautora*) heißt, wo wir wieder einige Tage still liegen mußten, um die Kaufleute von Girge und Siut, die noch nicht angekommen waren, zu erwarten.

Ein Verwandter des Königs von Sennaar lud mich ein nach Siut zu kommen, und schikte mir dazu ein arabisches Pferd. Ueber den Nil fand ich eine sehr breite Brükke**) von schönen Werkestükken. Ich sah da auch Trümmer von einem alten prächtigen Amphitheater, nebst einigen Grabmählern, alles Werke der Römer. Die Stadt Siut hat rings umher sehr anmuthige Gärten und schöne Palmbäume, welche die vortreflichsten Dateln in ganz Egypten tragen.

---

*) Alcantara. Bruce.

**) Poncet glaubte, er wäre am östlichen Ufer des Nils, aber dies ist falsch. Die Städte Siut und Monfalout liegen beide auf der Westseite des Flusses; die Karavane hatte auch nichts mit der Ostseite zu thun, weil ihr Weg viele Tagreisen gegen Westen und südwärts von Westen gieng. Die Brükke, die er passirte, gieng auch nicht über den Nil. Es gibt keine Brükke über diesen Fluß vom mittelländischen Meere an, bis man an den zweiten Wasserfall, nicht weit vom See Tzana in Habessinien kommt. Das Amphitheater und die Ruinen, wovon er redet, sind nicht die Ueberbleibsel der alten Stadt Isiu, und was er für den Nil ansah, war ein Kanal aus dem Flusse, um die Stadt mit Wasser zu versorgen. Bruce.

Als ich bei meiner Zurükkunft alles beisamen fand, brachen wir am 2ten Oktober in aller Frühe auf. Noch an eben dem Tage kamen wir in eine fürchterliche Wüste. Man ist in diesen Einöden grossen Gefahren ausgesezt, weil sich der flüchtige Staub beim geringsten Lüftchen erhebt, die Luft verdunkelt, und dann, indem er wie Regen wieder herab fällt, die Reisenden öfters unter sich begräbt, oder wenigstens den Weg, den sie halten müssen, überdekt.

Bei dem Zug der Karavanen wird eine sehr genaue Ordnung beobachtet. Ausser dem Anführer der über alle Streitigkeiten, die etwa vorfallen können, entscheidet, giebt es noch Wegweiser, die vor der Karavane hergehen, und auf einer kleinen Trommel das Zeichen zum Aufbruch oder Stillhalten geben. Drei bis vier Stunden vor Tag wird aufgebrochen; um die Zeit müssen alle Kameele und Lastthiere bereit seyn. Man kann die Karavane nicht aus den Augen lassen, noch sich davon entfernen, ohne die augenscheinlichste grösste Gefahr in der Wüsten umzukommen. Die Wegweiser sind so geschikt, daß, unerachtet keine Spur im Sande zu sehen ist, sie doch niemals auch nur den geringsten Umweg nehmen. Ist man nun bis Mittag gereißt, so hält man ein halb Stündchen, ohne doch die Kameele abzupakken, und ruht ein wenig aus; dann geht der Zug weiter bis drei, vier Stunden in die Nacht hinein. Da man bei jedem Stillager den Rang behält, den man am Tage der Abreise hatte, so giebt es hierüber niemals den geringsten Streit unter den Reisenden.

Am 6ten October kamen wir nach Helaue *). Es ist dieses ein ziemlich grosser Flekken, und der lezte

---

*) El-Vah heißt der Originalname.

im Gebiethe des Großsultans. Es liegt darinn eine Garnison von fünf hundert Janitschaaren und dreihundert Spahis, unter einem Offizier, der Kachif-Helaue genannt wird. Der Ort ist sehr angenehm, und entspricht vollkommen seinem Namen, der ein Wonneland bedeutet *). Man sieht dort eine Menge Gärten von Bächen durchwässert, und eine grosse Anzahl von immer grünenden Palmen. Man findet da Koloquinten, und die Felder stehen voll von Sennessträuchen. Die Blätter davon, deren man in Europa beinahe nicht entbehren zu können glaubt, werden dort gar nicht gebraucht. Die Einwohner von Helaue bedienen sich in ihren Krankheiten bloß der Ezulawurzel, die sie eine Nacht durch von Milch ausziehen, und den Morgen darauf durch ein Sieb laufen lassen. Es ist ein sehr gewaltsames Mittel, aber ganz nach ihrem Geschmak, und sie rühmen's sehr. Ezula ist ein grosser Baum, dessen Blüte blau ist. Aus dieser Blüte wird eine Art von eirundem Ball mit Wolle angefüllt, welche die Eingebohrnen zu ziemlich feinem Kattun verarbeiten.

Wir blieben vier Tage zu Helaue, um Wasser und Lebensmittel einzunehmen; denn wir hatten eine Wüste vor uns, wo man weder Bäche noch Quellen findet. Die Hitze ist so groß, und der Sand dort so heiß, daß man nicht barfuß gehen kann, ohne daß die Füsse gar bald ausserordentlich schwellen. Dabei sind die Nächte sehr kalt; welches den Reisenden beschwerliche Krank-

---

*) Die Araber nennen El-Vah einen Strauch, der unserm Hagedorn an Wuchs und Blüthe nicht ungleich ist. Sie sagen, der Stab Moses sei von diesem Holze gewesen, als er das Wasser von Marah süß machte. Mit einem Stabe von eben diesem Holze versüßte Kaleb Ibn el Waalid, der grosse Vertilger der Christen, das Wasser zu El-Vah, welches vorher sehr bitter war, und gab ihm von diesem Wunder den Namen. Bruce.

heiten zuzieht, wofern sie nicht grosse Vorsicht brauchen. Nach zwei Tagreisen kamen wir nach Chabbe *). Einer Gegend wo viel Alaun gefunden wird, und nach drei Tagen nach Selima, wo wir aus einer herrlichen Quelle, mitten in dieser Wüste Wasser auf fünf Tage schöpften. Der Anblik dieser unermeßlichen Einöde, wo man weder Vögel, noch wilde Thiere, noch irgend ein Gewächs, nicht einmal ein Mükchen antrift, wo man nichts sieht als Sandberge und Kameelgerippe, erfüllt die Seele mit einem gewissen Schauer, der die Reise langweilig und unangenehm macht. Es würde sehr schwer seyn, durch diese Wüsten zu kommen, wenn man nicht die Kameele hätte. Diese Thiere behelfen sich sechs bis sieben Tage ohne Fressen und Saufen; welches ich nicht hätte glauben können, hätte mich nicht die genaueste Beobachtung davon überzeugt. Und was noch wunderbarer ist, ein ehrwürdiger Greis, ein Bruder des Patriarchen von Ethiopien, der mit bei unserer Karavane war, versicherte mich, er hätte zweimal die Reise von Selima nach Sukkan im Negerlande gemacht, und jedesmal auf dem Zuge durch die Wüsten auf diesem Wege vierzig Tage zugebracht, auf beiden Reisen aber hätten die Kameele die ganze Zeit über weder gefressen noch gesoffen. Drei, vier Stunden Ruhe des Nachts erhalten sie, und ersezzen den Abgang der Fütterung, die man ihnen nicht eher geben darf, als wenn man sie getränkt hat, sonst ist es ihnen tödlich. Den Maulthieren und Eseln, die man auch auf dem Zuge durch die Wüsten zu brauchen pflegt, giebt man täglich nur eine gewisse Portion Wasser.

Das Königreich Sudan liegt westwärts von Sennaar. Die Kaufleute des Oberegypten holen von da

*) Cheb. Bruce.

Gold und Sklaven. Die Könige von Sennaar und Sudan führen fast beständig Krieg mit einander.

Am 26ten Oktober kamen wir nach Machou, einem grossen Flekken am östlichen Ufer des Nils *). Dieser Fluß bildet hier zwei grosse Inseln, mit Palmen, Sennos und Koloquinten besezt. Machou ist von Helaoue an der erste bewohnte Ort, und liegt in der Provinz Tungi; es gehört dem Könige von Sennaar, und macht den Anfang des Landes der Barauras **), die wir Barbarinen nennen. Der Erbab oder Gouverneur dieser Provinz, der erfahren hatte, daß uns der Kaiser von Ethiopien an seinen Hof kommen ließ, lud uns ein nach Argos, wo er sich aufhält, zu kommen. Dieser Flekken liegt Machou gegenüber, am andern Ufer des Nils: wir fuhren auf Nachen hinüber. Der Gouverneur empfieng uns sehr höflich, und bewirthete uns drei Tage lang, welches uns nach den vielen Beschwerlichkeiten, die wir ausgestanden hatten, sehr gut bekam. Der oberste Zollaufseher, ein Sohn des Königs von Dongola, hält sich auch zu Argos auf. Dieser Prinz erscheint öffentlich niemals anders als zu Pferde, welches mit 200 metallenen Glökchen behängt ist, die kein geringes Geräusch machen, und von 200 mit Lanzen und Säbeln bewafneten Soldaten begleitet. Er kam unsere Zelten zu durchsuchen, wo ihm Caffee vorgesezt, und der Zoll bezahlt wurde, der in Seife und Kattun besteht. Er bat uns auf den andern Tag zum Mittagessen; wir giengen hin. Sein Pallast ist groß und von Baksteinen, die an der Sonne getroknet worden, gebaut: die Mauern sind sehr hoch, und hin und

---

*) An der Westseite des Nils, der sich hier am meisten nach Westen wendet.   Bruce.

**) Das Land der Barabra, oder Berberianer. Die wahre Bedeutung des Worts ist, das Land der Hirten.   Bruce.

Reise nach Habessinien.

wieder mit dikken vierekigten Thürmen ohne Schießscharten versehen, weil man in diesen Gegenden keine Kanonen, sondern nur Musketen gebraucht.

Nach einem Aufenthalt von acht Tagen verliessen wir Machou am 4 November, und kamen am 14 desselben Monats nach Dongola. Das ganze Land, das wir auf unserm Wege bis zu dieser Stadt antrafen, ist sehr anmuthig; aber es ist nicht mehr als ungefähr eine Meile breit: weiterhin giebt es nichts als fürchterliche Einöden. Der Nil fließt mitten durch diese reizende Ebene. Seine Ufer sind hoch und steil: also ist es nicht das Austreten dieses Flusses, wie in Egypten, was hier die Felder fruchtbar macht, sondern der Fleiß und die Geschiklichkeit der Einwohner. Da es hier zu Lande nur sehr selten regnet, so sind sie sorgfältig darauf bedacht, vermittelst gewisser Räder, die durch Ochsen getrieben werden, eine erstaunliche Menge Wasser herauf auf zu pumpen, welches sie mitten durch die Aekker hin, in gewisse dazu bestimmte Behältnisse leiten, und aus diesen wieder ausschöpfen, um ihre Aekker wenns nöthig ist, damit zu wässern, die sonst unfruchtbar und unbebaut liegen bleiben würden.

In diesen Gegenden braucht man im Handel kein Geld, alles macht man da durch Tausch, wie in den ersten Zeiten der Welt. Für Pfeffer, Anis, Hanf, Nelken, Churga, eine Art von blau gefärbtem Kattun, französischen Lavendel, egyptischen Mahaleb und dergleichen kaufen die Reisenden die nöthigen Lebensmittel. Man ißt nichts als Brod von Dora, einem kleinen runden Korn, aus dem auch eine Art von dikkem sehr übel schmekendem Bier gemacht wird. Da es sich nicht hält, so muß man fast alle Stunden welches machen. Ein Mensch der Dorabrod und eine Kürbisflasche voll von diesem widrigen Getränke hat, dünkt sich glüklich, und im Stand ein herrliches Mahl zu halten. Bei einer so leichten Nahrung befinden sich diese Leute wohl, und sind stärker und stämmiger als die Europäer. Ihre Häuser sind von Erde, niedrig und mit Dorarohr gedekt. Ihre Pferde sind vollkommen schön, und lassen sich sehr gut reiten. Die Sättel haben sehr hohe Rükken, welches sie nicht wenig ermüdet. Die Vornehmen gehen mit blossem Kopf, und ihr Haar ist mit Geschmak geflochten. Ihre ganze Kleidung besteht in einer Art von ziemlich unreinlichen Unterrok, an den Füssen tragen sie weiter nichts als eine Sohle, die sie mit Riemen anbinden. Die gemeinen Leute hüllen sich in ein Stük Kattun, das sie auf hundert verschiedene Arten um sich herumwikkeln. Die Kinder gehen fast nakkend. Alle Mannsleute haben eine Lanze, die sie überall mit sich tragen; das Eisen daran ist gekrümmt, es giebt deren, die sehr gut gearbeitet sind. Wer Degen hat, trägt sie am linken Arm. Schwüre und Gotteslästerungen sind sehr gemein bei diesen rohen Leuten, die weder Schaam noch Höflichkeit noch Religion besitzen. denn ob sie sich gleich zu Mahomeds Lehre bekennen, so wissen sie doch davon nichts als das Glaubensbekenntniß, welches sie alle Augenblikke herbeten. Was hiebei zu bedauern ist und meinem guten Reisegefährten, dem Pater Brevedent, Thränen auspreßte, ist dieses, daß vor nicht allzu langer Zeit das Christenthum in den Gegenden hier ausgebreitet war, aber wieder verloren gieng, weil sich niemand fand, der eifrig genug gewesen wäre, dieses verlassene Volk zu belehren. Wir fanden noch auf unserer Reise eine Menge von Einsiedeleien und Kirchen halb in Trümmern *).

---

*) Dongola ward frühzeitig erobert und fiel von seinem Glauben ab. Die Ruinen von den Einsiedeleien und Kirchen waren lange

Wir reisten von Machou nach Dongola, um uns von den starken Zügen durch die Wüsten zu erholen. Erst vor zwei Jahren war dieses ganze Land durch die Pest verheert worden. Zu Kachira, wo ich mich (1696.) aufhielt, und dem Dienst der Kranken widmete, war sie so heftig, daß man versichert, es wären täglich an 10,000 Menschen gestorben. Diese schrökliche Plage entvölkerte ganz Ober-Egypten, und das Land der Barbarinen; so daß wir verschiedene Städte, und eine grosse Anzahl Dörfer ohne Einwohner fanden, so wie grosse Strekken von sonst fruchtbaren Gefilden ganz unbebaut und gänzlich verlassen waren.

Als wir Dongola im Gesicht hatten, begab sich der Führer unserer Karavane zum König um für seine Gesellschaft, daß sie in die Stadt kommen durfte, die Erlaubniß sich auszubitten, die ihm auch sehr gerne zugestanden wurde. Wir waren in einem Dorfe, welches gleichsam die Vorstadt ausmacht, und fuhren über den Fluß auf einem Nachen, den der König zur Bequemlichkeit des Publikums unterhält. Waaren bezahlen einen Zoll, Reisende aber nichts.

Die Stadt Dongola liegt *) am östlichen Ufer des Nils am Abhang eines dürren sandigen Hügels. Die Häuser sind sehr schlecht gebaut, und die Strassen halbleer, aber mit Sandhäufen angefüllt, welche Wassergüsse vom Berge dahin schwämmen. Im Mittelpunkt der Stadt liegt ein grosses geräumies Schloß, dessen Besestigung aber nichts sagen will. Indessen hält es doch

---

vor dieser Zeit weggeschleppt, und zum Bau der Moskeen verwandt worden. Wenn Vater Brevedent also um einer Gesellschaft von Christen willen zu Dongola weinte, so mußte es die bereits vor 500 Jahren umgekommenen gelten.   Bruce.

*) Unterm 20 Grad, 22 Minuten nördlicher Breite.   Bruce.

die Araber im Zaum, die auf dem flachen Lande wohnen, wo sie gegen einen leichten Tribut an den Mek oder König von Dongola ihre Heerden ungestört weiden lassen. Wir speißten verschiedenemal bei diesem Fürsten, aber an einer von der seinigen abgesonderten Tafel. Bei der ersten Audienz, die er uns gab, trug er eine Weste von grünem Sammet, die bis auf den Boden hieng. Er hält eine zahlreiche Garde. Die zunächst um ihn sind, tragen einen langen Degen in der Scheide vor sich her: die äussere Wache hat Halbpiken. Er kam zu uns in unser Zelt, und weil ich einige glükliche Kuren gemacht hatte, lud er uns ein, an seinem Hofe zu bleiben; als wir ihm aber sagten, daß wir mit dem Kaiser von Ethiopien in gewissen Verbindungen stünden, drang er nicht weiter in uns. Sein Reich ist erblich, aber dem König von Sennaar zinsbar.

Wir verliessen Dongola am 6ten Jenner 1699. und vier Tage hernach kamen wir in das Königreich Sennaar. Erbad Ibrahim, ein Bruder des ersten königlichen Ministers, den wir auf der Gränze fanden, empfieng uns sehr gütig, und hielt uns frei bis nach Korti einen grossen Flekken am Nil, wohin er uns begleitete, und wo wir am 13ten Jenner ankamen. Da die Völkerschaften, die oberhalb Korti längs dem Nil hin wohnen, sich gegen den König von Sennaar empört haben, und die Karavanen, wenn sie durch ihr Land ziehen, plündern; so ist man gezwungen, seinen Weg zwischen Ost und Süd zu nehmen, und durch die grosse Wüste Bihuda*) zu reisen; ein Zug, den man auch bei der größten Anstrengung unter fünf Tagen nicht vollenden kann. Doch ist diese Wüste nicht so fürchterlich, als die libischen; man findet hier zuweilen Kräuter und Bäume. Nachdem wir sie durchwandert hat-

---

*) Bahjouda. Bruce.

hatten, lenkten wir wieder an das Ufer des Nils ein nach Derreira, einem grossen Flekken, wo wir zwei Tage blieben. Diese Gegend hat Lebensmittel in Menge, und deswegen nennen es wohl die Einwohner Beelad-Allah *) Gottesland. Wir verliessen es am 26. und wendeten uns ostwärts. Man findet auf diesem Wege keine Dörfer, die Einwohner aber die unter Zelten wohnen, bringen den Reisenden Lebensmittel zu.

Nach einigen Tagereisen findet man den Nil wieder, und kommt nach Guerri. Hier wohnt ein Gouverneur, dessen vornehmstes Geschäft darinn besteht, zu untersuchen, ob bei den Karavanen, die aus Egypten kommen, jemand die Blattern habe; weil diese Krankheit dort nicht minder gefährlich ist, und nicht geringere Verheerungen anrichtet, als in Europa. Er begegnete uns aus Ehrfurcht für den Kaiser von Ethiopien, mit vieler Achtung, und verschonte uns mit der Quarantaine, die in dieser Gegend, wo wir über den Nil fuhren, gewöhnlich gehalten werden muß.

Die Ueberfahrt über diesen Fluß ist besonders. Menschen und Güter kommen in einem Nachen; das Vieh aber bindet man mit dem Kopf, und unter dem Bauche mit Strikken an, die man so, wie der Nachen fortrükt, anzieht oder fahren läßt. Das Vieh muß schwimmen, und leidet nicht wenig dabei; vieles kömmt gar um; denn wiewohl der Nil hier nicht breit ist, so ist er doch reissend und tief. Wir verliessen Guerri

---

*) Dieser kleine Distrikt ligt am Rande der tropischen Regen, und geniest sie zum Theil; dadurch wird es fruchtbarer, als die Gegenden, welche bloß durch menschlichen Fleiß gewässert werden. Die Araber in dieser Gegend nennen den Regen figürlich Rahamet Ullah, die Barmherzigkeit Gottes, und das Land, welches sich dessen zu erfreuen hat, Beled Ullah. Bruce.

(Lobo's Reise II. Theil.)

am 1ten Februar, und nahmen unser Nachtlager zu Alfaa, einem grossen Dorf von Werkstükken gebaut, dessen Bewohner grosse hübsche Leute sind.

Nachdem wir uns gegen Nordwest gewendet hatten, um die grossen Krümmungen, die der Nil macht zu vermeiden*), nachdem wir ferner die Dörfer, Alfon, Kotran und Kamin, und eine grosse Insel, die auf unsern Karten nicht angegeben ist, hinter uns hatten, kamen wir nach Harbagi, einer Stadt, wo es Lebensmittel genug giebt, und wo wir ein wenig ausruhten. Die folgenden Tage zogen wir durch Akaziawälder, deren hohe stachlichte Bäume mit gelben und blauen Blüthen bedekt waren; diese leztern verbreiten einen sehr lieblichen Geruch. In diesen Wäldern giebt es Schaaren von kleinen grünen Papageien, von einer Art Haselhühnern und vielen andern Gattungen von Vögeln, die man in Europa nicht kennt. Aus diesen reizenden Wäldern kamen wir in sehr fruchtbare gut angebaute Ebenen. Nachdem wir noch einige Zeit fortgezogen waren, sahen wir die Stadt Sennaar, deren Lage uns wie gezaubert zu seyn schien.

Diese Stadt die fast anderthalb Meilen im Umfang hat, ist sehr bevölkert, aber unreinlich, und die Polizei Anstalten darinnen sind schlecht. Man zählt ungefähr hunderttausend Einwohner. Sie liegt westwärts vom Nil auf einer Anhöhe in 13. Gr. 4. M. nördlicher Breite, nach einer Beobachtung die P. Brevedent Mit-

---

*) Ich begreife nicht, warum Poncet sagt, er hätte zur Vermeidung der vielen Krümmungen des Nils nordostwärts reisen müssen. Dies hätte ihn offenbar rükwärts nach Bahfouda und zu den Arabern gebracht. Er muß südwestwärts gegangen seyn, um die Krümmungen des Nils zu vermeiden, weil er nach Herbagi kam.
              Bruce.

tags am 21ten März 1699. anstellte *). Die Häuser haben nur ein Stokwerk, und sind schlecht gebaut; aber die Terassen, die ihnen zu Dächern dienen, sind sehr bequem. Die Vorstädte bestehen bloß aus armseligen Rohrhütten. Der königliche Pallast hat hohe Mauern von Baksteinen, die an der Sonne gedörrt worden; aber da ist nichts regelmässiges, man sieht da bloß ein unordentliches Gewirre von Gebäuden, ohne alle Schönheit. Die Zimmer sind ziemlich kostbar möblirt, und auf morgenländische Art mit grossen Teppichen belegt.

Gleich den Tag nach unserer Ankunft wurden wir dem König vorgestellt. Zum Anfang mußten wir unsere Schuhe ausziehen; ein nothwendiges Stük des Zeremoniels, das die Ausländer beobachten müssen; die Unterthanen des Königs dürfen ohnedem niemals anders als barfuß vor ihm erscheinen. Wir kamen zuerst in einen grossen Hof, mit vierekkigten Stükken Fayance von verschiedenen Farben gepflastert. Auf beiden Seiten stand Wache mit Lanzen bewafnet. Als wir fast durch waren, hielt man uns nahe bei einem offenen Saal, wo der König den Gesandten Audienz zu geben pflegt, vor einem Steine an. Wir grüßten den König nach Landesgebrauch, das heißt, indem wir niederknieten, und dreimal den Boden küßten. Der König ungefähr neunzehn Jahr alt, ist schwarz, aber wohl ge-

---

*) In Ansehung der Lage von Sennaar ist er sicher irrig, wenn er behauptet, es liege auf einer Anhöhe. Es liegt in einer Ebne, dicht am westlichen Ufer des Nils. In Ansehung der Breite ist auch ein kleiner Irrthum vorgefallen. Der Leser darf sicher glauben, daß die Breite von Sennaar vermöge beinahe fünfzig Beobachtungen mit einem dreischuhigen messingenen Quadranten, die ich während eines Aufenthalts von etlichen Monaten angestellt, bis auf einen geringen Unterschied 13°. 34'. 36''. beträgt. Bruce.

bildet, und von majestätischem Wuchs; er hat keine so aufgeworfene Lippen, auch keine so plattgedrükte Nase wie seine Unterthanen. Er saß auf einem niedlichen Ruhebette wie eine Kanape geformt, die Beine nach Art der Morgenländer über einandergeschlagen, und von etwa zwanzig alten Herren, die auch wie er, aber etwas tiefer saßen, umgeben. Seine Kleidung war eine lange Weste von Seide mit Gold gestikt, und mit einer Art von Scherpe von sehr feinem Kattun umgürtet. Auf dem Kopf hatte er einen weissen Turban. Die alten Herren waren fast eben so gekleidet. Der erste Minister, der am Eingang des Saals stand, führte das Wort für uns an den König, und antwortete wieder an dessen Stelle. Wir begrüßten diesen Fürsten noch einmal, wie wir's im Hofe gethan; und überreichten ihm einige Kristalle, und europäische Seltenheiten, die er mit Wohlgefallen annahm. Er that verschiedene Fragen an uns, die von Wißbegierde und vielem Verstande zeugten. Er sprach mit uns über die Veranlassung unserer Reise, und schien für den Kaiser von Ethiopien viel Zuneigung und Ehrfurcht zu haben. Nach einer Stunde entfernten wir uns wieder mit drei tiefen Verbeugen. Er ließ uns durch seine Leibwache bis an unsere Wohnung begleiten, und schikte uns grosse Gefässe voll Butter, Honig, und andere Erfrischungen, nebst zwei Ochsen und zwei Schaafen.

Der König speißt zweimal die Woche auf einem Landgut, eine Meile von der Stadt, zu Mittage; der Zug dahin geht in folgender Ordnung. Drei bis vier hundert Reuter auf sehr schönen Pferden machen den Anfang. Darauf erscheint der König umgeben, mit einer grossen Menge Bedienten, zu Fuß, und von Soldaten begleitet, die mit lauter Stimme Loblieder auf ihn singen und dazu auf einer kleinen Trommel spielen, welches eine ziemlich angenehme Wirkung macht. Sieben bis achthundert Mädchen und Weiber haben sich unter diese Soldaten gemischt, und tragen auf den Köpfen grosse runde Körbe von Stroh, von verschiedenen Farben, und sehr niedlich gearbeitet. In diesen Körben, die allerhand Arten von Blumen vorstellen, und mit einem pyramidenförmigen Dekkel versehen sind, haben sie kupferne und verzinnte Schüsseln, die mit Obst und schön zugerichteten Fleischspeisen angefüllt sind. Diese Schüsseln werden dem König aufgetragen, und hernach unter sein Gefolge ausgetheilt. Zwei bis dreihundert Reuter in eben der Ordnung, wie die ersten, beschliessen den Zug.

Der König, der sich öffentlich niemals anders, als mit einem seidenen Schleier von verschiedenen Farben vor dem Gesichte sehen läßt, sezt sich, sobald er angekommen ist, an die Tafel. Seine gewöhnliche Ergözlichkeit besteht darin, daß er mit den vornehmen Herren seines Hofs, um ausgesezte Preise mit Flinten, von denen sie noch keinen starken Gebrauch gemacht haben, nach der Scheibe schießt. Wenn er damit den grösten Theil des Tags zugebracht hat, so kehrt er Abends nach der Stadt zurük, und zwar in eben der Ordnung, wie er am Morgen ausgeritten ist. Diese Lustreise geschieht ordentlicherweise am Mittwoch und Sonnabend. Die übrigen Tage hält er Früh und Abends geheimen Rath, und bemüht sich sehr seinen Unterthanen Recht zu verschaffen, denen er auch kein Verbrechen hingehen läßt. Man sucht hier nicht die Prozesse zu verlängern. Sobald man einen Beschuldigten eingezogen hat, bringt man ihn vor den Richter. Dieser befragt ihn, und findet er ihn strafbar, so verurtheilt er ihn zum Tode. Das Urtheil wird auf der Stelle vollzogen: man nimmt den Verbrecher, wirft ihn rükflings zu Boden und schlägt ihn mit Stökken auf die Brust, bis ihm die Seele ausgeht.

In Sennaar ist alles sehr wohlfeil. Ein Kameel kostet nicht mehr als 7 bis 8 Sols, ein Ochse 50 S., ein Schaaf 15, und ein Huhn 1 S. So ist es nach Verhältniß mit allem Uebrigen. Weizenbrod will den Eingebornen nicht schmekken; sie bakken's nur für Fremde. Das von Dora ist ihnen lieber. Dieses Brod ist ganz gut, wenn's frisch ist; aber in einem Tage wird es schon unschmakhaft und ungenießbar. Es ist eine Art von breiten Kuchen, so dik wie ein grosser Thaler. Die Waaren dieses Landes sind Elephantenzähne, Tamarinden, Bisam, Tabak, Goldstaub u. s. w. Alle Tage ist Markt auf einem grossen Plaz mitten in der Stadt, wo alle Arten von Lebensmitteln und Waaren zu verkaufen sind. Ein anderer Markt wird auf dem Plaz vor dem königlichen Pallast gehalten. Hier sind Sklaven feil. Sie sizzen an der Erde, die Beine über einander geschlagen, Männer und Jungen auf der einen, Weiber und Mädchen auf der andern Seite. Für zehn Thaler bekömmt man einen der gesundesten und stärksten Sklaven, welches auch die Ursache ist, daß die egyptischen Kaufleute jährlich eine grosse Anzahl davon ausführen.

Die geringste Münze dieses Königreichs gilt so viel als ein französischer Zweier (double), und ist ein kleines Stük Eisen, wie ein Antoniuskreuz gestaltet. Der Fadda kömmt aus der Türkei; es ist eine Silbermünze, sehr dünn und kleiner als ein Denar; an Werth so viel als ein Sols. Ausser diesen beiden Münzen bedient man sich blos spannischer Realen und Piasters, die aber rund seyn müssen, denn die vierekigten haben im Handel keinen Kurs. Die Piasters gelten dort ungefähr vier Franken.

Die Hizze ist in Sennaar so unerträglich, daß man den Tag über kaum Athem schöpfen kann. Sie beginnt im Jenner, und hört mit Ende Aprils auf. Alsdenn folgen Regen, die drei Monathe anhalten, die Luft faul machen, und dadurch unter Menschen und Vieh grosses Sterben verursachen. Zum Theil liegt auch die Schuld an den Einwohnern, die zu nachläßig sind, um dem Wasser Ablauf zu verschaffen, welches also stehen bleibt, faul wird, und schädliche Ausdünstungen verbreitet.

Die Leute sind von Natur tükkisch und betrügerisch; dabei aber sehr abergläubisch und für ihren Muhamedismus eingenommen. Wenn sie auf der Strasse einem Christen begegnen, so ermangeln sie gewiß nicht, ihr Glaubensbekenntniß herzusagen, welches in drei Worten besteht: Es ist nur ein Gott, und Mahomed ist sein Prophet. Branntwein und sogar Most ist ihnen verboten, und sie trinken ihn nur heimlich. Ihr gewöhnliches Getränk ist eine Art von Bier, fast wie das zu Dongola. Sie nennen's Busa; es ist sehr dik und von schlechtem Geschmak. Die Zubereitung davon ist diese. Sie lassen Dorakörner am Feuer rösten, werfen sie darauf in kalt Wasser, und in 24 Stunden ist es zum Gebrauch fertig. Sie trinken auch gerne Kaffee, der hingegen in Ethiopien gar nicht getrunken wird.

Frauenzimmer vom Stande tragen eine Weste von Seide oder sehr feinen Kattun mit langen Aermeln, die bis auf die Erde herabhängen. Ihre Haare sind geflochten und voller Ringe von Silber, Kupfer Messing, Elfenbein oder gefarbten Glas. Diese Ringe sind an den Lokken in Gestalt von Kränzen befestigt: auch ihre Arme, Füsse, Ohren, und selbst ihre Nasenlöcher sind mit solchen Ringen behangen. An den Fingern tragen sie Ringe von geringen Steinen. An den Füssen haben sie weiter nichts als Sohlen, die sie mit Schnüren anbinden. Gemeine Weiber und Mädchen gehen nur vom Gürtel bis auf die Knie bedekt.

Die Einfuhrwaaren bestehen in Gewürz, Papier, Messing, Eisen, Drat von beiden, Mennig, Sublimat, weissem und gelbem Arsenik, kurzer Waare, französischen Lavendel, egyptischen Mahaleb, und Schwärze, die hier Kool genannt, und sehr geschäzt wird, weil man sie braucht, Augen und Augenbraunen damit zu färben. Alle diese Waaren gehen auch in Ethiopien, nur mit dem Unterschied, daß in Sennaar die grösten Glaskügelchen am meisten geschäzt werden, in Ethiopien hingegen die kleinsten.

Die Kaufleute von Sennaar treiben nach Osten zu einen starken Handel. Zur Zeit des Monsoon gehn sie bei Suoguen am rothen Meere zu Schiffe. Die Perlenfischerei, die hier gehalten wird, und die obengenannte Stadt gehören dem Großsultan. Von da gehen sie nach Mocha einer Stadt im glüklichen Arabien, die dem König von Remen gehört, und dann weiter nach Surate, wo sie Gold, Bisam und Elephantenzähne hinbringen, und dagegen Gewürz und andere indische Waaren mit zurüknehmen. Sie bringen auf dieser Reise gewöhnlich zwei Jahre zu.

Wenn ein König von Sennaar gestorben ist, so versammelt sich der grosse Rath, und läßt vermöge eines barbarischen Herkommens, alle Brüder des Prinzen der den Thron besteigen soll, umbringen. Der Prinz Gorech, der bis an den Tod seines Bruders unbekannt blieb, wurde von seiner Amme verborgen, und vor der Grausamkeit dieser furchtbaren Versammlung geschüzt. Auch rettete man einen von den Brüdern des jezt regierenden Königs. Dieser Prinz hält sich am ethiopischen Hofe auf, wo er sich durch Verdienst und Geburt auszeichnet.

Nach einem dreimonatlichen Aufenthalt am Hofe des Königs von Sennaar, der sich gegen uns sehr gütig bezeigte, nahmen wir von ihm Abschied. Er gab uns noch Soffori oder Bedekkung mit, die uns frei halten, und bis an die Gränzen des Reichs begleiten sollte. Wir bestiegen einen Nachen, der nichts anders war, als ein dikker ausgehölter Stamm von einem Baume: am 12ten May fuhren wir über den Nil, und lagerten uns bei Basboch*), einem grossen Dorfe, eine halbe Meile von der Stadt Sennaar. Da blieben wir drei Tage, um abzuwarten, bis unsere ganze Karavane beisamen wäre, und verliessen's wieder am 15 Abends. Wir reiseten die ganze Nacht bis nach Bakras, einem grossen Flekken, dessen Herr ein ehrwürdiger Greis von 130 Jahren, uns noch so stark und rüstig wie ein Vierziger vorkam. Er hatte fünf Königen von Sennaar gedient. Tags darauf kamen wir nach Abek, einem elenden Dörfchen, wo man bloß armselige Schäferhütten antrift, und den folgenden, nachdem wir zehn Stunden, ohne auszuruhn, fortgereiset waren nach Baha**), einem kleinen Dorf an einem Arm des Nils, der trokken war. Am 19 hatten wir unser Nachtlager zu Dodar, welches um nichts besser als Baha ist. Von da kamen wir in vier Stunden nach Abra, einem grossen Flekken; hierauf nach dem Dorfe Debarke, alsdann nach Bulbul***), und endlich, nachdem wir eine sehr

---

*) Basboch ist ein elendes Dorf, das kaum aus hundert von Lehm und Rohr aufgeführten Hütten besteht.   Bruce.

**) Baha liegt nicht am Nil, sondern an einem kleinen Fluß, der in jenen fällt.   Bruce.

***) Enbulbul.   Bruce.

schöne volkreiche Gegend durchzogen hatten, nach Gesim, einem grossen Flekken am Ufer des Nils, und mitten in einem Walde, dessen Bäume von denen, die wir bisher gesehen hatten, sehr verschieden waren. Sie sind höher als unsere grössten Eichen, und es giebt darunter so dikke, daß wohl neun Männer sie nicht umspannen konnten. Ihre Blätter sind denen von der Melone beinahe ähnlich, und ihre Frucht, die sehr bitter ist, dem Kürbis: es giebt deren auch runde. Ich sah zu Giesein, einen von diesen dikken Bäumen ganz natürlich ohne Kunst ausgehölt. Man gieng durch eine kleine Thüre in eine Art von Kammer, die von oben offen, und so geräumig war, daß fünfzig Personen sehr leicht darinn hatten stehen können.

Ich sah noch einen andern Baum Geling genannt, der nicht dikker als unsere Eichen, aber eben so hoch ist als diejenigen, von denen ich oben geredet habe. Seine Frucht sieht fast aus wie Wassermelonen, nur ist sie etwas kleiner. Ihr Inneres ist in Zellchen abgetheilt, die mit gelben Körnern angefüllt sind, und mit einer gewissen Substanz, die gepulvertem Zukker gleich kömmt. Diese Substanz schmekt ein wenig sauer, aber dabei angenehm, riecht gut, und ist sehr erfrischend, eine Wohlthat in diesen heissen Gegenden: ihre Rinde ist hart und dik. Die Blüthe dieses Baums hat fünf weisse Blätter wie die Lilie, und tragt Körner, die fast wie Mohnsaamen aussehen.

Es giebt dort noch einen Baum, der Deleb heißt. Er ist noch einmal so hoch als die höchsten Palmen, und fast eben so gestaltet. Seine Blätter gleichen einem Fächer, sind aber noch breiter. Die Frucht davon ist rund, traubenförmig, und vom Stiel an bis in die Mitte ein wenig dikker als die vorherbeschriebenen. Sie liegt in fünf sehr harten Schaalen, die eine Art von

Kelch bilden. Zu Zeit ihrer Reife ist sie gelb, und die äussere Rinde davon so dik und hart, daß wenn sie der Wind an einander schlägt, ein entsezliches Getöse davon entsteht. Fiele alsdenn eine solche Frucht einem Menschen auf den Kopf, so würde sie ihn unfehlbar erschlagen. Wenn man diese äussere Rinde zerschlagen hat, welches nicht wenig Mühe kostet, so entdekt man eine Menge von Fäden und Fasern, die eine Substanz, fast wie Honig, enthalten. Diese Substanz von einem balsamischen Geruche, ist so süß und lieblich, daß ich mich nicht erinnere, jemals etwas köstlicheres gegessen zu haben. Mitten in dieser Substanz findet man einen braunen, dikken und sehr harten Kern, welcher der Saame des Baums ist. Ausser dieser eben beschriebenen Frucht trägt dieser Baum noch eine andere, die wie eine Rübe gestaltet ist, und wie gebratene Kastanien schmekt.

Der Domi ist gleichsam das Männchen vom Deleb. Er ist um die Hälfte niedriger als eine Palme: aber seine Blätter sind fast eben so lang, und noch einmal so breit. Man macht daraus Körbe, Dekken und sogar Segel für die Schiffe auf dem rothen Meere. Dieser Baum trägt eine Frucht einen Fuß lang, mit fünf oder sechs Blättern bedekt, und deren weisses Mark süß wie Milch und sehr nahrhaft ist.

Der Baum Eugles ist auch ausserordentlich dik. Es sind neun bis zehn starke Bäume unregelmäßig in einander gewachsen. Er hat kleine Blätter und trägt keine Frucht, sondern nur kleine blaue Blüthen ohne Geruch. Es giebt in den ungeheuern Wäldern dieses Landes noch viele Gattungen von Bäumen, die den Europäern ganz unbekannt sind.

Wir blieben neunzehn Tage zu Geesim. Dieser Flekken liegt auf halbem Wege von der Stadt Sennaar nach den ethiopischen Gränzen, im 14ten Grade nördlicher Breite, nach P. Brevedents Beobachtungen *). Wenn man dahin kömmt, muß man seine Kameele verkaufen, wegen der Berge, über die man zu reisen hat, und wegen der Gewächse, an denen diese Thiere sich vergiften, weswegen man auch in Ethiopien bloß Maulesel und unbeschlagene Pferde braucht. Man verkauft zu Geesim die Kameele nicht anders als unter der Bedingung, daß man sie bis nach Giranna brauchen wolle, wo sich die Käufer, die sie suchen, einzufinden pflegen.

---

*) Wollte man diese Beobachtung als richtig annehmen, so würde sie eine Verwirrung über die ganze Geographie dieser Reise verbreiten. Poncet sagt, Geesim liege auf dem halben Wege zwischen Sennaar und den Gränzen von Ethiopien, und ein kleiner Bach, etwas jenseits Serke, mache die Gränze zwischen beiden Staaten. Nun aber sind von Sennaar bis Geesim neun Stationen, darunter man eine doppelt nennen kann, und zwischen Geesim und Serke nur vier; also kann Geesim nicht der halbe Weg zwischen Sennaar und Serke seyn. Ferner ist die Breite von Sennaar nach Brevedent 13° 4', oder besser 13° 34'. Nimmt man nun die Breite von Geesim 10° an, so muß die Weite zwischen diesem Orte und Sennaar ungefehr 250 Meilen betragen, die sie in acht Tagen zurückgelegt hätten, oder täglich über 30 Meilen, welches in diesem Lande schlechterdings unmöglich ist.

Am meisten wird dieser Fehler dadurch offenbar, daß wir gewiß wissen, daß die Hauptstadt Gondar, wohin sie reisten, unter 12° 34' nördlicher Breite liegt. Geesim mußte folglich südwärts von Gondar liegen, und die Karavane solches schon passirt seyn, als die Observazion angestellt wurde. Sie waren aber noch nicht einmal an den Gränzen von Sennaar, viel weniger an der Hauptstadt von Habessinien, wohin die Reise gieng, sondern noch nordwärts davon. Folglich stekt in der Observazion ein Irrthum, welcher aber um so verzeihlicher ist, weil Brevedent tödtlich an der Ruhr krank lag. Wir wollen also diesen Fehler verbessern, und für die nördliche Breite von Geesim 14° 12', ungefähr 100 englische Meilen von Sennaar, und 203 von Gondar annehmen. Bruce.

Reise nach Habessinien. 221

Wir sahen auch zu Geesim eine Karavane von Gebertis, einer mohammedanischen Völkerschaft, die von dem Kaiser von Ethiopien abhängt, der sie, ihrem Namen gemäß, wie Sklaven behandelt. Daß wir uns hier in diesem Flekken, der eine schöne angenehme Lage hat, so lange aufhielten, kam daher, weil die Mutter des Königs von Sennaar gestorben war. Der königliche Beamte, der uns führte, kehrte nach Sennaar zurük, um von seinem Herrn neue Befehle einzuholen, und wir waren genöthigt, auf ihn zu warten. Das war für uns ein verdrießlicher Vorfall: denn die Regen überraschten uns dort. Anfangs regnete es nur nach Sonnenuntergang. Vor diesem Regen geht allezeit Bliz und Donner her. Den Tag über ist der Himmel heiter, die Hizze aber uns erträglich.

Wir verliesen endlich Geesim am 11. Junii, und nach fünf Tagreisen fanden wir ein Dorf das Deleb heißt, wegen der grossen Alleen von Bäumen gleiches Namens, die man so weit nur das Auge reicht, überall erblikt. Den Tag darauf kamen wir nach Chau, einem Dorfe am Nil, und am folgenden nach Abotkna, wo's eine Art von Buchsbaum gibt, der weder solche Blätter noch solche Vestigkeit wie der unsrige hat. Man sieht auf dieser ganzen Strasse grosse Wälder von immergrünen Tamarinden. Die Blätter dieses Baums sind ein wenig breiter, als die von den Zypressen. Er trägt kleine blaue Blüthen von sehr angenehmem Geruch, und eine Frucht, die fast wie unsere Pflaumen aussieht: die Eingebohrnen nennen sie Erdeb. Diese Tamarindenwälder sind so dicht, daß die Sonnenstrahlen sie nicht durchdringen können. Die folgende Nacht ruhten wir im Thale Sennon, mitten auf einer schönen Wiese, aus. In zwei Tagen kamen wir nach Serke, einer artigen Stadt von sechs bis siebenhundert Häuser, die zwar nur von indischem Rohr, aber doch hübsch gebaut sind. Serke liegt mitten in Bergen in einem schönen Thale. Wenn man aus der Stadt kömmt, findet man einen kleinen Bach, der Ethiopien vom Königreich Sennaar scheidet: Von Serke, das wir am 20. Junius verliessen, bis Gondar, der Hauptstadt von Ethiopien, fanden wir eine Menge schöner Quellen, und fast immer zusammenhängende Gebirge, von verschiedenen Gestalten, alle sehr anmuthig und mit Bäumen bewachsen, die in Europa unbekannt sind, und uns noch schöner und höher, als die in Sennaar vorkamen. Diese Gebirge, die zum Theil wie Pyramiden, zum Theil kegelförmig aufsteigen, sind so gut angebaut, daß kein Flek Erdreich unbenuzt da liegt; und ausserdem sind sie auch so bevölkert, daß man sie eine zusammenhängende Stadt nennen könnte. Unser Nachtlager war darauf zu Tambisso, einem grossen Flekken, der dem Patriarchen von Ethiopien gehört, und den folgenden Tag kamen wir nach Abiad, welches auf einem hohen Berge liegt, der mit Maulbeerfeigenbäumen bewachsen ist. Von Geeßm bis an dieses Dorf, stehen alle Felder voll von Baumwollenstauden. Am 23. Junius hielten wir still in einem Thale, das mit Ebenbäumen und Bambusrohr angefüllt ist. Auf diesen Bergen findet man auch häufig die wohlriechende Binse, und eine Menge von andern aromatischen Pflanzen und Kräutern.

Am 24. sezten wir über den Fluß Gandova, der sehr tief und schnell ist. Er ist nicht ganz so breit, wie die Seine bei Paris. Er stürzt von den Bergen mit solcher Schnelligkeit herab, daß er in seinen Ueberschwemmungen alles mit sich fortreißt. Diese sind zuweilen so heftig, daß man zehn Tage mit der Ueberfahrt zubringen muß. Da er eben sehr niedrig gieng,

Reise nach Habessinien.

so sezten wir ohne Mühe über. Er ergießt sich in einen andern Fluß, den man Tekesel den schröklichen nennt und beide Flüsse fallen vereinigt in den Nil. Den folgenden Tag kamen wir wieder über zwei grosse Flüsse. An ihren Ufern standen Buchsbäume von ungeheurer Dikke, und so hoch, wie unsere Buchen.

Am 26. kamen wir in eine grosse Ebene voller Granatbäume, und nahmen da unser Nachtlager. Vor uns lag Girana, wo wir den andern Morgen hinkamen. Girana ist ein Dorf auf dem Gipfel eines Bergs, von dem man die schönste Gegend übersehen kann. Hier wechselt man, wie schon gesagt, mit den Lastthieren, und nimmt Pferde statt der Kameele. Der Herr des Orts besuchte uns, und ließ uns Erfrischungen bringen. Wir fanden da eine Bedekkung von dreißig Mann, die uns der Kaiser von Ethiopien zu unsrer Sicherheit entgegengeschikkt hatte. Hier wurden wir auch, wie's dort gebräuchlich ist, der Mühe, unser Reisegeräthe wie bisher fortzuschaffen überhoben. Wenn nämlich der Kaiser von Ethiopien jemand an seinen Hof kommen läßt, so wird sein Reisegeräthe dem Herrn des ersten Dorfs, das man auf dem Wege findet, anvertraut. Dieser überliefert es seinen Unterthanen, die es bis ins nächste Dorf tragen müssen. Diese übergeben's dann den Einwohnern des zweiten Dorfs, die's wieder bis zum nächsten Dorfe fortschaffen; und so immer weiter bis zur Hauptstadt. Alles dies geschieht mit bewunderungswürdiger Genauigkeit und Treue.

Anhaltende Regen, Ermüdung von der Reise, und vornehmlich des P. Brevedents Krankheit nöthigten uns einige Tage in Girana zu bleiben. Wir verliessen's am 1 Julius, und nach einem dreistündigen Zuge über Berge und ungangbare Wege, kamen wir nach Barangoa, und den Morgen darauf nach Chelga, einer grossen schönen Stadt mit Alleen umgeben. Es wird hier ein starker Handel getrieben: alle Tage ist Markt, wohin die Einwohner der umliegenden Gegend Bisam, Gold und alle Arten von Vieh und Lebensmitteln zum Verkauf bringen. Der König von Sennaar hat hier mit Genehmigung des Kaisers von Ethiopien einen Zolleinnehmer, für die Abgabe von Kattun, welche unter diesen beiden Fürsten zu gleichen Theilen getheilt wird. Zwei Meilen von Chelga nordwärts, sieht man einen Strom, der von einem sehr hohen und steilen Berg herabstürzt, und eine natürliche Kaskade macht, die sich kaum durch Kunst würde nachbilden lassen. Das Wasser von dieser Kaskade wird in verschiedene Kanäle getheilt, und durchwässert alle umliegende Felder, und macht sie fruchtbar.

Am 3 Julius erreichten wir endlich Barko, ein artiges Städtchen, mitten in einer Ebene, noch eine halbe Tagreise von der Hauptstadt Ethiopiens. Wir mußten da liegen bleiben, weil ich sehr krank wurde, und mein guter Reisegefährte, der P. Brevedent, sich äusserst schwach befand. Ich verlohr ihn auch nach einigen Tagen, und sein Verlust gieng mir sehr nahe.

Krankheit und Betrübniß hielten mich in Barko bis zum 21 Julius auf; erst an diesem Tage kam ich Abends nach Gondar. Ich stieg im Pallast ab, wo ein Zimmer neben denen der kaiserlichen Kinder, für mich bereit gehalten wurde. Gleich am andern Morgen bekam ich den Kaiser zu sprechen, der mir viel Gnade erzeigte, und mir befahl, ich sollte, so lang es bei meiner Schwächlichkeit nöthig wäre ausruhn, ehe ich mich öffentlich sehen liesse. Er kam fast täglich zu mir durch eine kleine Gallerie, die an sein Zimmer stieß. Nachdem ich mich von einer so langen und beschwerlichen Reise erholt hatte, gab er mir am 10 August Morgens um zehn Uhr öffentliche Audienz. Man hol-
te

te mich in meinem Zimmer ab und nachdem ich wohl durch zwanzig andere gegangen war, kam ich endlich in einem Saal, wo der Kaiser auf seinem Throne saß.

Dieser Thron, dessen Fuß von gediegenem Golde ist, stand im Hintergrund des Saals in einem Alcov der mit einem von Gold und Lasur hellglänzenden Baldachin bedekt war. Der Kaiser hatte ein seidenes, goldbordirtes Kleid mit sehr langen Aermeln, und eine eben so bordirte Schärpe an. Er saß mit blossem Haupte, und seine Haare waren sehr zierlich geflochten. Ein grosser Smaragd funkelte auf seiner Stirne, und gab ihm ein majestätisches Ansehen. Er saß allein in dem Alcov auf seinem Kanape, die Füsse nach morgenländischer Sitte über einander geschränkt. Die Grossen standen zu beiden Seiten aufrecht und in Reihen, die Hände kreuzweise über einander geschlagen, und beobachteten das größte Stillschweigen.

Als ich am Throne war, machte ich dem Kaiser drei tiefe Verbeugungen, und küßte ihm die Hand. Dies ist aber nur denen erlaubt, die der Kaiser auszeichnen will; andern giebt er seine Hände nicht eher zu küssen, als bis sie sich zuvor dreimal zur Erde niedergeworfen, und ihm die Füsse geküßt haben. Ich überreichte ihm den Brief von Maillet, dem französischen Konsul zu Kairo; er ließ ihn sogleich verdolmetschen, und schien damit zufrieden zu seyn. Nachdem ich ihm hierauf mehrere Fragen, den König von Frankreich betreffend, beantwortet hatte, gab ich ihm meine Geschenke, die in Gemählden, Spiegeln, Kristallen und andern künstlichen Glasarbeiten bestanden. Der Kaiser nahm sie gütig auf, und weil ich noch schwach war, hieß er mich sizzen, und mir eine herrliche Mahlzeit geben.

(Lobos Reisen II. Theil.) P

Ich fand diesen Fürsten sehr religiös. Er war mit bei den Feierlichkeiten an Maria Himmelfahrt, die von den Ethiopiern auf besondere Weise begangen werden. Er lud mich auch dazu ein. Ich kam um 8. Uhr, und fand ungefähr 12000. Mann, die im grossen Hofe des Pallasts in Schlachtordnung standen. Der Kaiser war diesmal mit einem blausametnen Kleide angezogen, das mit goldnen Blumen gestikt war, und bis an die Erde hinabhieng. Sein Haupt war mit Gold durchwürktem Musselin bedekt, das eine Art Krone, wie die alten sie trugen, bildete, und ihm die Mitte des Kopfs bloß ließ. Seine Schuhe waren nach indischer Art, mit Blumen von Perlen geschmükt. Zwei Prinzen vom Geblüt erwarteten ihn in prächtiger Kleidung an der Thüre des Pallasts mit einem kostbaren Thronhimmel, unter welchem der Kaiser einher gieng. Vor ihm her traten Musikanten mit Trompeten, Pauken, Queerpfeifen, Harfen, Hautbois und andren Instrumenten, die eine ziemlich angenehme Musik machten. Hinter ihm folgten die ersten sieben Minister des Reichs, die einander am Arme führten. Jeder hatte eine Lanze in der Hand, und war fast mit der nämlichen Krone geziert, wie der Fürst. Der mittlere trug die kaiserliche Krone mit blossem Haupte, und schien sie mit Mühe an seiner Brust anzuhalten. Diese geschlossene Krone, über welche ein Kreuz von Edelsteinen hergeht, ist sehr prächtig. Ich gieng im nämlichen Reihen mit den Ministern, türkisch gekleidet, und von einem Offizier am Arme geführt. Die Kronbeamten führten einander auf gleiche Weise, und sangen in Chören Loblieder auf den Kaiser. Darauf folgten die Musketiers in eine Art von Ueberröcken gekleidet; hinter welchen dann die Trabanten mit Bogen und Pfeilen bewaffnet sich anschlossen. Dieser ganze Zug endigte sich mit den kaiserlichen Handpferden, die aufs prächtigste angeschirrt und mit Dekken von Goldstoff bedekt waren, welche fast auf den Boden reichten. Auf denselben lagen Tigerhäute von auserlesener Schönheit.

Der Patriarch stand in seiner bischöflichen Kleidung, die mit goldnen Kreutzen besäet war, am Eingang der Kapelle, von beinahe hundert weiß gekleideten Religiosen umgeben. Sie waren in Reihen gestellt, und hielten ein eisernes Kreuz in der Hand, einige standen in der Kapelle, andre auffen. Der Patriarch nahm den Kaiser beim Eintritt in die Kapelle, die man Tensa Christos oder die Kirche der Auferstehung nennt, mit der rechten Hand, und führte ihn nahe zum Altar, einer Reihe Religiosen gegenüber, deren jeder eine dikke angezündete Kerze in der Hand hielt. Man trug den Thronhimmel über dem Haupte des Kaisers bis zu seinem Betstuhl, der mit reichen Teppichen bedekt war, und den Betstühlen der Prälaten Italiens gleicht. Der Kaiser blieb fast immer bis zur Kommunion, die ihm der Patriarch unter beiden Gestalten reichte, aufrecht stehen.

Am Ende der Zeremonie löste man zwei Kanonen, wie man es schon beim Anfang gethan hatte. Der Rükzug des Kaisers nach seinem Pallaste geschah auf eben die Weise, wie der Einzug. Als der Kaiser im grossen Saal seines Pallasts angekommen war, sezte er sich auf einen hohen Thron. Zu beiden Seiten saßen die zwei Prinzen, und nach ihnen die Minister. Ich bekam meine Stelle dem Kaiser gegenüber. Alle standen, die Hände kreuzweis übereinander geschlagen, und beobachteten ein tiefes Stillschweigen. Nachdem der Kaiser Meth getrunken und einige Orangenschalen, die ihm auf einem goldenen Geschirr gereicht wurden, genommen hatte, so kamen alle, die sich eine Gnade erbeten wollten, herein, und naheten sich bis zum Fusse des Throns, wo einer von den Ministern ihre Bittschriften annahm, und sie mit lauter Stimme ablas. Der Kaiser nahm sich selbst bisweilen die Mühe, sie zu lesen, und gab sogleich seinen Bescheid darauf.

Der Fürst speiste dismal öffentlich. Er saß auf einem Bette, und vor ihm stand eine grosse Tafel. Es waren noch andere niedrige Tafeln für die Herren des Hofs da. Ochsenfleisch, Hammelfleisch, und Geflügel sind die Speisen, die man aufträgt. Ich sah kein Wildpret, und man versicherte mich, es werde keins in Ethiopien gegessen. Ich war sehr überrascht, als ich rohes Ochsenfleisch auf die Tafel des Kaisers bringen sah. Man richtete es auf eine besondere Art zu. Nachdem ein Stük von einem Ochsen in kleine Theile geschnitten worden, beträufelt man sie mit Galle vom nämlichen Thiere, die vortreflich auflöst, und streut Pfeffer und andere Gewürze darauf. Dieser Ragout, der nach ihrem Geschmakke das auserlesenste Gericht ist, kam mir sehr unappetitlich vor. Man hat in diesem Lande noch eine andere Art, rohes Fleisch zuzurichten. Man nimmt nämlich aus dem ersten Magen der Ochsen die Kräuter, welche noch nicht ganz verdaut sind, heraus, vermischt sie mit dem Fleisch und macht daraus mit Senf einen Ragout, den man Menta nennt, der aber noch weit ekelhafter ist, als das, wovon ich so eben geredet habe.

Die Speisen werden wie in Frankreich zuvor gekostet, ehe sie der Monarch geniest. Darauf trinkt er ein wenig Branntwein, Meth aber während der ganzen Mahlzeit.

Man wird sich vielleicht wundern, daß man sich in einem Lande, wo es so vortrefliche Trauben giebt, nur des Meths allein bedient. Ich erfuhr aber, daß der

Wein aus Trauben sich wegen der grossen Hizze nicht gut erhält. Den Meth macht man auf folgende Weise: man läßt die Gerste keimen und röstet sie sodann, und macht sie zu Pulver. Das nämliche macht man mit einer Traube, die hier zu Lande wächst, und Tabdo genannt wird. Man nimmt ein glasirtes Gefäß, und gießt zu vier Theilen Wasser einen Theil Honig, und mischt sie untereinander. Zu zehn Pfund von diesem Wasser nimmt man zwei Unzen Gerste und zwei Unzen Tadbo. Man mischt dies alles untereinander, und läßts drei Stunden an einem warmen Orte gähren; man rührets auch von Zeit zu Zeit um, und so hat man nach drei Stunden einen vortreflichen Meth, der lauter und klar ist, und dem weissen spannischen Wein gleich sieht. Dies Getränke ist sehr gut, erfordert aber einen starken Magen; man zieht auch Branntwein daraus, der so gut ist als der unsrige.

Nach der Tafel kam die Kaiserinn, ihrem Gemahl einen Besuch zu machen. Sie war ganz mit Juwelen bedekt, und prächtig gekleidet. Ihr Gesicht ist weiß und ihre Gestalt majestätisch. Bei ihrem Eintritt zog sich der ganze Hof aus Ehrfurcht zurük; mich aber hieß der Kaiser mit meinem Dolmetscher da bleiben. Nachdem mich die Kaiserinn wegen einiger Unpäßlichkeiten um Rath gefragt hatte, erkundigte sie sich nach den Damen in Frankreich, ob sie auch schön seien, wie sie sich kleideten, und womit sie sich gewöhnlich beschäftigten.

Der Pallast ist groß und geräumig, und die Lage desselben sehr reizend. Er steht mitten in der Stadt auf einem Hügel, der die ganze Gegend beherrscht; er hat ungefähr eine Meile im Umfang; die Mauren sind von Quadersteinen, und mit Thürmen umgeben, auf welchen man hohe steinerne Kreuze errichtet hat. Es sind vier kaiserliche Kapellen im Umfang des Pallastes. Sie werden von hundert Geistlichen bedienet, welche auch die Aufsicht über ein Kolleginm haben, wo man den Hofbeamten in Lesung der H. Schrift Unterricht gibt.

Die Prinzessin Helzia, Schwester des Kaisers, hat einen prächtigen Pallast zu Gondar. Da es den Prinzessinnen in Ethiopien nicht erlaubt ist, Fremde zu heurathen, so nahm sie einen der Vornehmsten im Reiche zu ihrem Gemahl. Dreimal in der Woche macht sie dem Kaiser, der grosse Achtung und Freundschaft für sie hegt, ihre Aufwartung in seinem Pallast. Wann diese Prinzessin öffentlich erscheint, reitet sie auf einem reichgesattelten Maulthier, und zwei ihrer Kammerfrauen tragen über ihrem Haupt einen Thronhimmel. Vier bis fünfhundert Frauen umgeben sie, und singen Loblieder auf sie; während sie auf einer blechernen Trommel munter und lebhaft spielen. Es gibt in Gondar einige Häuser, die nach europäischer Art gebaut sind, die meisten aber gleichen einem umgestürzten Trichter.

Obgleich der Umfang der Stadt Gondar drei bis vier Meilen beträgt, so hat sie doch weit nicht das Angenehme unsrer Städte, weil es nur einstöckige Häuser sind und auch nirgends Kaufläden angetroffen werden. Dem ungeachtet wird in dieser Hauptstadt ein starker Handel getrieben. Die Kaufleute versammeln sich auf einem grossen Platz, um da ihre Geschäfte abzumachen, und ihre Waaren zum Verkauf auszustellen. Der Markt dauert vom Morgen bis zum Abend. Alle Arten von Waaren sind hier zu verkaufen. Jeder Kaufmann hat eine ihm eigene Stelle, wo er dasjenige, was er feil hat, auf Decken auslegt. Gold und Salz sind die Münze, deren man sich hier bedient. Jenes hat kein Gepräge vom Landesherrn, wie in Europa, es ist in Stangen, die man zerschneidet, wie man's gerade nöthig hat, von einer Unze bis zu einer halben Drachme, die 30 S. nach unserer Münze gilt: damit es aber nicht verfälscht werden möge, so sind überall Goldschmiede, die's nach der Probe untersuchen. Zur Scheidemünze braucht man Bergsalz. Dieses ist weiß wie Schnee, und stein hart. Es wird aus dem Berge Lasta genommen, und in die kaiserliche Magazine geschaft, wo man Täfelchen daraus macht, die Amuli genannt werden, oder halbe Täfelchen, die Kurman heissen. Jedes Täfelchen ist einen Fuß lang und drei Zoll breit und dik. Zehn solche Täfelchen gelten drei französische Livres. Man bricht davon so viel ab, als man gerade zur Bezahlung nöthig hat, und bedient sich dieses Salzes eben so gut zur Münze als zum häußlichen Gebrauch.

Es giebt in der Stadt Gondar ungefähr hundert Kirchen. Der Patriarch, das geistliche Oberhaupt, der in einem schönen Pallast bei der Patriarchalkirche wohnt, hängt von dem zu Alexandrien ab, der ihn einweiht. Er ernennt alle Superioren der Klöster, und hat unumschränkte Gewalt über die Mönche, die sehr zahlreich sind; denn es gibt keine andern Priester in Ethiopien, so wie ausser den Patriarchen keine andern Bischöffe. Der Kaiser hat viel Achtung für dieses Oberhaupt der Kirche. Er befahl mir ihn zu besuchen, und ließ mir einige Seltenheiten geben, die ich ihm überreichen sollte. Der Prälat, der Abona Markos hieß, empfieng mich höflich; er legte mir gleich ein Meßgewand um die Schultern, und murmelte mit einem Kreuz in der Hand einige Gebete über mich, zum Zeichen, daß er mich künftig als eins von seinen geistlichen Kindern und Schäfchen betrachten wollte. Die Priester vermögen sehr viel über das gemeine Volk; aber zuweilen mißbrauchen sie auch ihre Gewalt. Der Kaiser Ati Basiti, des jezt regierenden Großvater, ließ deren siebentausend vom Berg Balbau herab stürzen, weil sie sich gegen ihn empört hatten. Welch eine grosse Menge Geistliche es hier geben müsse, kann man leicht daraus abnehmen, was mir der Vorgänger des jezzigen Patriarchen davon sagte, daß er nämlich bei einer einzigen Ordinazion zehn tausend Priester, und sechstausend Diakonen gemacht hätte. Die ganze Zeremonie der Ordinazion besteht darinn, daß der Patriarch sizzend, den Anfang des Evangeliums Johannis über diejenigen, die er zu Priestern nehmen will, abbetet, und ihnen mit einem eisernen Kreuz von sieben bis acht Pfund, das er in der Hand hat, seinen Segen gibt. Den Diakonen gibt er bloß den Segen ohne das Evangelium herzusagen.

Die Ethiopier haben einen beinahe gleich starken Widerwillen gegen Muhammedaner und Europäer. Die Veranlassung dazu ist diese. Sie hatten sich zu Anfange des sechszehnten Jahrhunderts in Ethiopien mächtig gemacht, und die Oberherrschaft an sich gerissen. Da die Habessinier aber ein so hartes verhaßtes Joch nicht ertragen konnten, riefen sie die Portugiesen zu Hülfe, die damals in Indien, wo sie sich kurz vorher niedergelassen hatten, sehr berühmt waren. Diesen neuen Erobern war es sehr willkommen, Eingang in Ethiopien zu finden. Sie bekriegten die Muhammedaner, schlugen sie gänzlich, und sezten die kaiserliche Familie wieder auf den Thron. Ein so wichtiger Dienst verschaffte den Portugiesen grosses Ansehen am ethiopischen Hofe. Verschiedene von ihnen liessen sich da nieder, und erhielten die vornehmsten Aemter. Ihre Anzahl wuchs; ihre Sitten verfielen; und endlich triebens sies so weit, daß sie den Ethiopern verdächtig wurden, die nichts anders glaubten, als sie wollten sich ihres Staats bemächtigen, und ihn der Krone Portugal unterwerfen. Dieser Argwohn brachte das Volk gegen die Portugiesen in Wuth; überall griff man zu den Waffen, und begann über ih-

nen ein gräuliches Blutbad, zu einer Zeit, wo sie glaub:
ten, daß ihr Ansehn im Reich am festesten gegründet
wäre. Diejenigen, die ihm entgangen waren, beka:
men Erlaubniß sich zu entfernen. Siebentausend Fami:
lien verliessen Ethiopien, und zerstreuten sich in Indien
und an den Küsten von Afrika. Einige nur blieben
im Lande, von denen nun die weissen Habessinier ab:
stammen, die man noch hier sieht. Die Muhammeda:
ner werden in Gondar geduldet, aber im untern Theile
der Stadt, und in einem abgesonderten Viertel. Man
nennt sie Gabertis, Sklaven. Die Ethiopier leiden sie
nicht bei sich am Tische; sie mögen nicht gern einmal
Fleisch essen, das ein Mohammedaner geschlachtet, noch
aus einer Tasse trinken, daraus er getrunken hat, es
müßte denn vorher ein Geistlicher darüber gebetet, das
Kreuz geschlagen, und dreimal gehaucht haben, um den
bösen Geist daraus zu vertreiben. Wenn ein Ethiopier
einem Mohammedaner auf der Strasse begegnet, so grüßt
er ihn mit der linken Hand, welches ein Zeichen von
Verachtung ist.

Das ethiopische Reich ist sehr groß, und aus meh:
rern Königreichen zusammen gesezt. Das von Tigra
hat vier und zwanzig von ihm abhängige Fürstenthümer,
die man als eben so viele kleine Gouvernements ansehen
kann. Das Königreich Agau *) ist eine neue Erobe:
rung des Kaisers. Vorher war's eine Republik, die ih:
re besondere Regierungsform und Gesezze hatte. Der
Kaiser von Ethiopien hält für beständig zwei stehende
Armeen: die eine an den Gränzen des Königreichs Ne:
rea, die andere an denen vom Königreich Goyam, wo
die reichsten Goldgruben sind. Alles Gold aus diesen
Gruben wird nach Gondar gebracht, gereinigt, und in

---

*) Das Land der Agaus.

Stangen in den kaiserlichen Schaz geliefert, aus dem es zum Unterhalt der Truppen und des Hofs verwendet wird.

Die grasse Macht des Kaisers rührt daher, daß er unumschränkter Herr über alles Vermögen seiner Unterthanen ist. Er nimmt und giebt wie's ihm gefällt. Wenn das Haupt einer Familie stirbt, so zieht er alle unbewegliche Güter desselben ein, von denen er den Kindern oder Erben zwei Drittheile läßt. Das übrige Drittheil vergibt er an einen andern, der dadurch sein Vasall und verbunden wird, ihm im Krieg auf seine Kosten zu dienen, und ihm nach Verhältniß der überlassenen Güter, Soldaten zu stellen. Daher kann dieser Fürst, der eine unendliche Menge von Vasallen hat, in kurzer Zeit, und mit geringen Kosten, sehr zahlreiche Armeen aufbringen.

In allen Provinzen werden genaue Register über alle Güter geführt, die durch den Tod ihrer Besizzer an den Kaiser zurückfallen, der sie hernach wieder an andre vergiebt. Die Art der Belehnung ist diese. Er schikt demjenigen, den er zum Vasallen gewählt hat, eine Binde von Taffet, auf der mit goldenen Buchstaben geschrieben steht: Jesus, Kaiser von Ethiopien, aus dem Stamme Juda, der immer über seine Feinde siegte. Der Ueberbringer bindet selbst feierlich diese Binde dem neuen Lehnsmann um die Stirne, und sezt ihn darauf, unterm Schall von Trompeten, Pauken und andern Instrumenten in den Besiz der verliehenen Güter ein.

In Ethiopien währen die Regen ein halbes Jahr; sie beginnen im April, und hören erst im September auf. Die ersten drei Monate sind die Tage schön und heiter: sobald aber die Sonne untergeht, regnet es bis wieder zu ihrem Aufgang, gemeiniglich mit Donner und Bliz. Man hat lange nach der Ursache des jährlichen ordentlichen Austretens des Nils in Egypten geforscht, und es sehr unschiklich dem Schmelzen des Schnees zugeschrieben; denn ich glaube nicht, daß jemals in Ethiopien, Schnee gesehen worden. Man darf davon keine andere Ursache suchen, als eben diese Regen, die eine herabstürzende Sündfluth zu seyn scheinen. Die Ströme schwellen davon ausserordentlich an, und schwemmen Gold mit sich fort, welches viel reiner als das aus der Grube ist. Die Landleute raffen es sorgfältig auf.

Es gibt wenig Länder, die volkreicher oder fruchtbarer als Ethiopien wären. Alle Felder, und selbst die zahlreichen Berge sind angebaut. Man sieht ganze Ebenen mit Kardamonen bedekt, und mit Ingber, der einen sehr lieblichen Geruch hat. Sein Gewächs ist viermal grösser, als das in Indien. Die Menge grosser Flüsse, die Ethiopien durchwässern, und an deren Ufern beständig Lilien, Jonquillen, Tulpen und unendlich viele andere Blumen, die ich in Europa nicht gesehen habe blühen, macht dieses Land sehr angenehm. Die Wälder haben einen Ueberfluß an Schasmin, Orangen, Zitronen, Granaten, und andere Bäumen mit sehr schönen Blüthen, die einen herrlichen Geruch um sich her verbreiten. Man findet auch einen Baum, der eine Art von Rosen trägt, die noch viel stärker als die unsrigen riechen.

Sobald die Regenzeit vorbei ist, pflegt der Kaiser ins Feld zu rükken. Er bekriegt die Könige von Galla und Changalla, das seine mächtigsten Feinde sind. Diese Fürsten, welche ehmals Vasallen von Ethiopien waren, bedienten sich der Schwäche der vorherigen Regierungen, um ihr Joch abzuschütteln, und sich frei zu machen. Der jezt regierende Kaiser forderte sie auf, in ihre vormalige Abhängigkeit zurük zu kehren; und da sie's ihm abschlugen, kündigte er ihnen den Krieg an. Er hat sie in mehrern Schlachten überwunden, worüber diese Völker so in Furcht geriethen, daß sie so oft eine ethiopische Armee im Felde erscheint, sich in unzugängliche Gebirge flüchten, wo sie, wenn man sie angreift, ihr Leben theuer bezahlen. Dieser Krieg war im Anfang sehr mörderisch, und täglich kamen eine Menge tapferer Leute um, weil die Soldaten ihre Waffen mit einer Art Frucht die unsern rothen Johannisbeeren gleicht, vergiften. Die Ethiopier fanden aber seit kurzem ein sicheres Mittel, die Wirkung eines so heftigen Gifts zu hintertreiben. Sie machen nämlich einen Umschlag mit ihrem Urin, den sie in Sand lassen. Wird dieser Sand auf die Wunde gelegt, so zieht er aus derselben das Gift mit so gutem Erfolg heraus, daß der Kranke in kurzer Zeit hergestellt ist.

Ehe der Kaiser zu Felde zieht, läßt er den Tag seiner Abreise bekannt machen, und seine Zelte in einer grossen Ebene im Angesicht der Stadt Gondar aufschlagen. Das kaiserliche Zelt ist von rothem Sammet, und mit Gold bordirt. Drei Tage hernach bricht er wirklich auf, und begibt sich nach Orringon, dem Sammelplaz der ganzen Armee. Der Kaiser hält hier drei Tage lang Revüe, worauf der Krieg seinen Anfang nimmt; er daurt aber nicht länger als etwa drei Monate. Die Armeen sind sehr zahlreich; ja man hat mich versichert, daß die, welche der Kaiser von Ethiopien im J. 1699. kommandirte, aus 4. bis 500,000 Mann bestanden habe*).

*) Ich übergehe alles, was sich während Poncets Aufenthalt zu Gondar zutrug, und aus Unkenntniß der Sprache vielen Irrthümern unterworfen seyn mußte. Was er aber von den grossen Armeen, von des Königs Kleidung bei der Audienz, von der Menge Juwelen, die er hatte und trug, von seiner einzigen Gemahlinn, und von den grossen steinernen Kreuzen an den Ecken des Pallastes zu Gondar schreibt, das halte ich, nebst manchen andern Sachen, für Zusäze, die nach der Zeit gemacht worden. Bruce.

Man hat sich in Europa in Ansehung der Gesichtsbildung und Gesichtsfarbe der Ethiopier, lange Zeit mit einem Irrthum unterhalten, weil man sie mit ihren Nachbarn, den Schwarzen in Nubien verwechselte. Ihre natürliche Farbe ist braun und olivenfarbig. Sie haben einen schlanken, ansehnlichen Wuchs, schöne wohlgestaltete Augen, gut geformte Nasen, und weisse Zähne; da hingegen die Einwohner von Sennaar oder Nubien plattgedrükte Nasen, dikke aufgeworfene Lippen, und ganz schwarze Gesichter haben.

Die Kleidung der Vornehmen ist eine Weste von Seide oder feinem Kattun, mit einer Art von Scherpe. Die Bürgersleute sind eben so gekleidet, nur mit dem Unterschied, daß sie keine Seide, und gröbern Kattun tragen. Das gemeine Volk hat weiters nichts als Beinkleider von Kattun, und eine Scherpe, die den halben Leib bedekt. Die Art sich zu grüssen ist sonderbar: man nimmt sich bei der rechten Hand, und führt sie wechselweise zum Mund; man nimmt auch die Scherpe desjenigen, den man grüßt, und wikkelt sie sich um den Leib: daher bleiben diejenigen, die keine Weste tragen, wenn man sie grüßt, halb nakt stehen.

Der jezzige Kaiser heißt Jesus. Er hat, obgleich erst ein und vierzig Jahre alt, schon eine zahlreiche Familie, von acht Prinzen und drei Prinzessinnen. Es ist ein Herr von vorzüglichen Eigenschaften: er hat einen lebhaften, durchdringenden Verstand, viel Sanftmuth, und Freundlichkeit, und die Gestalt eines Helden. Er liebt die Wissenschaften und Künste; aber Krieg ist seine Leidenschaft. Er ist unerschrokken und tapfer im Gefecht, und immer an der Spizze seines Heers. Seine Liebe zur Gerechtigkeit ist ausserordentlich; er läßt sie mit der größten Genauigkeit verwalten; da er aber kein Freund von Blutvergiessen ist, so geht es ihm allemal schwer ein, einem Verbrecher das Leben abzusprechen. So grosse Eigenschaften machen ihn eben so gefürchtet als beliebt bei seinen Unterthanen, deren Ehrfurcht für ihn fast bis zur Anbetung geht. Ich hab ihn sagen hören, ein Christ dürfe das Blut eines andern Christen nicht ohne wichtige Ursache vergiessen. Daher will er, man soll eine genaue und umständliche Untersuchung anstellen, ehe man einen Verbrecher zum Tode verdammt. Die Strafen sind Henken oder Köpfen. Auch werden einigen Verbrechern ihre Güter eingezogen, mit einem sehr strengen Verbot, ihnen beizustehen und sogar ihnen Essen oder Trinken zu geben, wodurch denn diese Elenden gezwungen werden, wie wilde Thiere, herumzuirren. Indessen da der Kaiser ein gütiger Herr ist, so läßt er sich leicht bewegen, die Unglüklichen zu begnadigen. Es ist zu verwundern, daß, ungeachtet die Ethiopier so lebhaft und hizzig sind, man dennoch fast gar nichts von Todtschlägern, oder andern solchen Verbrechern, die Schaudern erregen, hört. Ich bin überzeugt, daß ausser der Religion die genaue Verwaltung der Justiz, und die gute Polizei in diesem Reiche sehr viel zur Reinigkeit und Unschuld der Sitten beitragen.

Um meine chymische Geheimnisse zu sehen und kennen zu lernen, beschied mich der Kaiser einst nach Tzemba, eine halbe Meile von Gondar, welches ein am Flusse Rab gelegenes Kloster ist. Von Tzemba hat man nur noch ungefähr 60. französische Meilen zu den Quellen des Nils. Ich war willens, die berüchtigsten Quellen zu sehen, und der Kaiser hatte die Güte, mir eine Kompagnie Reiter mitzugeben, ich konnte aber eine so günstige Gelegenheit nicht einmal benuzzen, weil ich schon lange stark an der Brust litt. Mourat, einer der ersten Minister im Reiche, der selbst oft bei den

Nilquellen gewesen war, und sie mit aller Sorgfalt untersucht hatte, erzählte mir folgendes davon.

Im Königreich Gojam giebt es ein sehr grosses Gebirg, auf dessen Höhe zwei starke Wasserquellen sind, die eine gegen Ost, die andere gegen West. Diese zwei Quellen bilden zwei Bäche, die sich mit grossem Ungestümm gegen die Mitte des Gebirgs auf ein lokkeres und zitterndes Erdreich herabstürzen, das mit Rohr und Binsen bewachsen ist. Diese Wasser kommen erst zehn oder zwölf Meilen von da zum Vorschein, wo sie nach ihrer Vereinigung den Nilfluß bilden, der sich in kurzer Zeit durch die Wasser von verschiedenen andern Flüssen, die er aufnimmt, verstärkt. Was einem wunderbar vorkommen muß, ist, daß der Nil mitten durch einen See fließt, ohne sein Wasser mit ihm zu vermischen. Dieser See ist so groß daß man ihn das Meer von Dembea nennt. Das Land um ihn her ist bezaubernd schön. Man erblikt von allen Seiten nichts als grosse Dörfer, und reizende Lorbeerwälder. Seine Länge beträgt ungefähr 100 Meilen, und seine Breite 35 bis 40. Sein Wasser ist süß und angenehm, und viel leichter als das Nilwasser. Fast in der Mitte dieses Sees ist eine Insel, wo der Kaiser einen Pallast hat, der dem in Gondar nichts an Schönheit und Pracht der Gebäude nachgiebt, ob er gleich nicht so groß als jener ist.

Der Kaiser machte eine Reise dahin, und ich hatte die Ehre, ihn zu begleiten. Er fuhr allein in einem kleinen Schiffchen, von drei Ruderen geführt. Der Neffe des Ministers Mourat und ich folgte ihm in einem andern. Diese Schiffe, die nicht über sechs Personen führen können, bestehen aus Binsenmatten, die sehr zierlich in einander verbunden aber nicht verpicht sind. Obgleich die Binsen an diesen Matten sehr stark angezogen sind, so begreife ich doch nicht, wie sie Wasser halten können. Wir verweilten drei Tage in diesem bezaubernden Pallast, wo ich einige chymische Versuche machte, die dem Kaiser ausnehmend gefielen. Dieser Pallast ist mit einer doppelten Mauer umgeben, und hat zwei Kirchen, davon eine dem heiligen Claude gewidmet ist, und dieser Insel den Namen gibt, die man die Insel St. Claude nennt, und etwa eine Meile im Umfang hat.

Von da begab sich der Kaiser nach Arringon, den Schauplaz des Kriegs, woselbst auch ein eben so schöner Pallast, wie in Gondar, steht; ich aber nahm meinen Weg nach Emfras, eine Tagreise von Gondar. Diese Stadt ist nicht so groß als Gondar, aber angenehmer und in einer schönen Lage; selbst die Häuser sind besser gebaut. Sie stehen alle zwischen lebendigen Zäunen, die immer grünen, blühen und Früchte tragen, und mit regelmässig dazwischen gesezten Bäumen untermischt sind. Dies ist der wahre Begriff, den man sich von den meisten Städten Ethiopiens machen muß. Der Pallast des Kaisers liegt hoch, und beherrscht die ganze Stadt.

Emfras ist durch seinen Sklaven- und Zibethandel berühmt. Man zieht hier eine so ungeheure Menge von diesen Thieren, daß mehrere Kaufleute deren bei 300 haben. Das Zibetthier ist eine Art Kazze; man hat Mühe es zu füttern; die Woche giebt man ihnen dreimal rohes Ochsenfleisch, die übrigen Tage aber ein Getränk von Milch. Man berduchert dieses Thier von Zeit zu Zeit mit gutem Räuchwerk, und schabt jede Woche einmal eine salbenartige Materie davon ab, das mit dem Schweiß aus seinem Körper bringt, welches dann der Zibet ist, den man mit Sorgfalt in Ochsenhörnern verwahrt.

Ich

Ich kam in der Weinlese nach Emfras, die man nicht, wie bei uns im Herbst, sondern im Februar hält. Hier fand ich Trauben, die über acht Pfund wogen, und deren Beere den grossen Nüssen gleich kamen. Es giebt Trauben von allerhand Farben; die weissen aber, so gut sie auch sind, werden nicht geschäzt.

Emfras ist die einzige Stadt Ethiopiens, wo die Muhammedaner freie Religionsausübung haben, und wo ihre Häuser zwischen denen der Christen stehen.

Die Ethiopier haben nur eine Frau, aber sie wünschen sehr, daß es ihnen erlaubt sein möchte, mehrere zu haben, und daß sie in der Schrift etwas finden könnten, daß ihren Wunsch begünstigte. Ihre Priester sind sehr streng gegen diejenigen, die mehrere Weiber unterhalten; die weltlichen Richter hingegen haben weit mehr Nachsicht.

Die Ethiopier bekennen sich zum Christenthum; sie haben die Bibel und Sakramente, und glauben die Verwandlung des Brods und Weins in den Leib und das Blut Jesu Christi. Sie rufen die Heiligen an, wie wir, kommuniziren unter beiderlei Gestalt, und weihen mit dem aufgehabnen Brod, wie die Griechen. Sie beobachten wie die Morgenländer vier Fasten in welchen man weder Eier, noch Butter, noch Käse genießt, und erst nach Sonnenuntergang speißt. Weil es in Ethiopien keine Oehlbäume giebt, so müssen sie sich eines Oehls bedienen, das von einer Art Rübsaamen kömmt, und einen ziemlich angenehmen Geschmak hat. Sie fasten auch mit der nämlichen Strenge des Mittwochs und Freitags. Vor dem Essen wird allemal gebetet. Eine Stunde vor Sonnenuntergang verlassen die Bauern ihr Feld, um Beten zu gehen, indem sie nichts essen wollen, ohne sich dieser Pflicht zu vor entledigt zu haben. Niemand ist vom Fasten ausgenommen. Junge und Alte, ja Kranke selbst sind dazu verpflichtet. Kinder läßt man im zehnten Jahr zum Abendmahl gehen, und von dem an müssen sie auch fasten.

Ihre Beicht ist sehr unvollkommen. Sie werfen sich zu den Füssen des Priesters nieder, und klagen sich überhaupt als grosse Sünder an, die die Hölle verdient hätten, ohne ins Detail ihres Sündenbekenntnisses hineinzugehen. Darauf berührt der Priester, der in der Linken das Evangelienbuch, in der Rechten aber ein Kreuz hält, die Ohren, die Nase, den Mund und die Hände der Beichtenden mit dem Kreuze, wobei er einige Gebete hersagt. Endlich liest er das Evangelium, macht mehrere Zeichen des Kreuzes über ihm, legt ihm eine Busse auf, und läßt ihn gehen.

Die Ethiopier haben weit mehr Bescheidenheit und Hochachtung in den Kirchen, als mans gewöhnlich in Europa findet. Nie gehen sie anders als mit blossen Füssen hinein, und zwar darum, weil der Boden ihrer Tempel mit Teppichen belegt ist. Man hört in denselben weder reden noch sich schneuzen, ja man schaut nicht einmal hinter sich. Wer zur Kirche geht, muß weisse Wäsche tragen, sonst würde man ihm den Eingang versagen. Bei Austheilung des Abendmahls bleibt niemand in der Kirche, als der Priester und die Kommunikanten.

Ihre Kirchen sind sehr schön; man findet darin viele Malereien, aber keine Statuen oder Bilder in erhabener Arbeit. Indessen nahm der Kaiser doch die geschnizten Kreuzifixe, die ich ihm nebst einigen Miniaturen zu überreichen die Ehre hatte, an. Er küßte sie mit Ehrfurcht, und ließ sie in seinem Kabinet aufstellen. Die Mininturgemählde stellten einige Heilige vor, deren Namen er unten auf ethiopisch anschreiben ließ. Sie räuchern beständig während der Messe und dem Gottesdienst. Wenn sie gleich keine Notenbücher haben, so ist ihr Gesang doch regelmässig und angenehm; Sie begleiten ihn auch mit Instrumentalmusik. Die Geistlichen stehen des Nachts zweimal auf, um Psalmen zu singen. Ausserhalb der Kirche ist ihre Kleidung fast wie die der Weltlichen; sie sind von diesen durch nichts ausgezeichnet, als durch eine gelbe oder violens blaue Mütze. Diese verschiedenen Farben zeigen ihre Orden an; die Mönche stehen in Ethiopien sehr in Ehren.

Man hat in Ethiopien die jüdische Beschneidung beibehalten. Das Kind wird am siebenten Tag nach seiner Geburt beschnitten, hernach tauft man es, ausser wenn es Gefahr läuft zu sterben, wo man dann die Taufe nicht aufschiebt. Die Beschneidung gilt unter ihnen für kein Sakrament, sondern bloß für eine Zeremonie, die man um des Beispiels Jesu willen nachahmt, der ja auch beschnitten seyn wollte.

(Poncet's schwächliche Gesundheit die durch das ungewohnte Klima noch mehr gelitten hatte, nöthigte ihn, früher als er wollte, nach Frankreich zurükzukehren. Der Kaiser gab ihm nach seiner Versicherung, sehr ungern die Erlaubniß dazu. Zugleich beschloß dieser Fürst, an Ludwig XIV. einen Gesandten mit Briefen und Geschenken zu senden. Ein Neffe von Mourat, einer der ersten Minister wurde dazu ernannt. Der kaiserliche Großschazmeister bekam Befehl, Poncet mit allem was er verlangen würde, zu versehen, und dieser trat nun die Rükreise nach Frankreich an. Hier folgt sein Tagebuch davon aber hin und wieder abgekürzt.)

Meine Abreise wurde auf den 2ten Mai 1700 veste gesezt. Man gab mir eine Bedekkung von 100 Reu tern, um mich bis an die Gränzen des Reichs zu bringen, und einen Dollmetscher der alle Sprachen derjenigen Provinzen, durch die wir zu reisen hatten, verstand, denn jede von diesen hat ihre besondere Sprache. Einige Kaufleute, die nach Messuah reisten, machten mir Gesellschaft, und waren sehr vergnügt, bei dieser Gelegenheit ihre Reise desto sicherer machen zu können. Obgleich der Gesandte Mourat in mich drang, meine Abreise zu beschleunigen, aus Furcht vor den Regen, die schon alle Nacht zu fallen anfiengen, so konnt' er doch selbst sobald nicht aufbrechen, weil ihn der Kaiser noch zurükhielt. Wir bestimmten also Duvarna, um uns da wieder zu finden, und dann unsere Reise zusammen fortzusezzen.

Wir nahmen unsern Weg über Emfras*). Der Offizier, der uns führte, gieng allemal eine Stunde vor uns in die Oerter, wo wir einkehren sollten, zu dem Gouverneur oder Befehlshaber, und zeigte ihm die Befehle des Hofs, die auf eine Rolle Pergament geschrieben sind. Diese Rolle stekt in kleinen Kürbissen, die er an seidenen Schnüren gereiht um den Hals trägt. Sobald er angekommen ist, versammeln sich die Vornehmsten des Orts, vor dem Hause des Gouverneurs, wo er in ihrer Gegenwart seinen Kürbis abbindet, ihn zerbricht, und die kleine Rolle herausnimmt, die in der Landessprache Ari-Heses, Befehle des Kaisers, genannt wird. Diese übergibt er ehrerbietig dem Gouverneur, mit dem Zusaz, daß wenn er sie nicht vollzieht, sein Kopf darauf steht. Wenn ein solcher

---

*) Poncet machte also einen starken Umweg, denn Emfras liegt in einer Breite von 12° 12′ 38″, und in einer Länge von 37° 38′ 30″, folglich etwa 22 Meilen von Gondar, beinahe unter eben dem Meridian. Seine erste Station hätte am Fluß Angrab seyn sollen.   Bruce.

Reise nach Habessinien.

Befehl bei Lebensstrafe erlassen wird, so ist er mit rothen Buchstaben geschrieben. Der Gouverneur nimmt zum Zeichen der Ehrfurcht und des Gehorsams die Rolle, und legt sie sich auf den Kopf. Darauf gibt er Befehl in allen Orten seines Gouvernements, dem Offizier und der ganzen Bedekkung alles frei zu geben.

Wir brachten einen ganzen Tag auf dem Wege von Gondar nach Emfras zu, weil wir sehr beschwerliche Wege über ein hohes Gebirg zu passiren hatten. Auf diesem grossen Gebirge steht ein Kloster mit einer Kirche, daß der heil. Anna gewidmet ist. Dieser Ort ist durch die Wallfahrten berühmt, die man von fernen Gegenden hieher anstellt. Man findet in diesem Kloster eine klare frische Quelle; die Wallfahrer trinken davon aus Andacht, und behaupten, daß sie durch Mitwirkung der h. Anna wunderbare Kuren hervorbringe.

In Emfras hörte ich ein Konzert von Harfen, und einer Art von Geige, die den unsrigen nahe kömmt. Ich war auch in einer Art von Schauspiel. Die spielenden singen Verse denjenigen, die sie belustigen wollen, zu Ehren. Einige tanzen Ballette nach kleinen Trommeln oder Pauken, und da sie sehr leicht und flüchtig sind, so machen sie im Tanze mancherlei seltsame Wendungen. Andere, mit einem blossen Säbel in der einen, und einen Schild in der andern Hand, stellen im Tanze Gefechte vor, und machen so wunderbare Sprünge, daß man's nicht glauben kann, wenn man's nicht gesehen hat. Einer von diesen Springern brachte mir einen Ring und sagte mir, ich sollte ihn verstekken, oder von jemand verstekken lassen, er wollte mir dann bald sagen, wo er wäre. Ich nahm den Ring, und verstekte ihn so gut, daß ich glaubte, es würde ihm unmöglich sein zu errathen, wo ich ihn verborgen hätte. Einen Augenblik hernach kam zu meiner grossen Verwunderung, der Springer, stets nach dem Takte tanzend, auf mich zu, und sagte mir leise in's Ohr, er hätte den Ring, und ich hätte ihn nicht gut verstekt gehabt. Noch andere halten in der einen Hand eine Lanze, und in der andern ein volles Glas, und springen erstaunlich hoch, ohne einen Tropfen daraus zu verschütten.

Von Emfras reiseten wir nach Koga, wo wir des Nachts blieben. Hier hielten sich sonst die ethiopischen Kaiser auf. Die Stadt ist klein, aber ihre Lage und Gegend angenehm. Hier fieng man an, unser Reisgeräthe dem Dorfherrn zu übergeben, der es auf die obenbeschriebene Art bis an die Gränze schaffen ließ. Ich habe die Oerter, durch die wir kamen, nicht genau aufgezeichnet; die Schwäche, in der ich mich befand, erlaubte mir nicht zu schreiben, wie ich gern gewollt hätte.

Wir brachten sieben bis acht Tage auf der Reise durch die Provinz Ogora *) zu, wo die Hizze nicht so heftig, als sonst ist, weil es da verschiedene hohe Berge gibt. Man hat mir gesagt, man finde dort zu einer gewissen Zeit im Jahr Eis, ich möcht es nicht versichern. In diesem Gebirge gibt es eine so grosse Anzahl von Häusern, daß es eine ganze Stadt zu seyn scheint. Sie sind rund gebaut: das Dach, wie ein umgekehrter Trichter gestaltet, ist von Rohr und steht auf Mauern; die zehn bis zwölf Fuß Höhe haben. Das innere der Häuser ist reinlich, und mit Bambusrohr künstlich ausgeschmükt. Man findet überall Marktplätze, wo alle Arten von Vieh und Waaren verkauft werden, und ein grosses Gewühl von Menschen zu sehen ist.

---

*) Soggota oder Woggora.   Bruce.

Reise nach Habessinien.

Aus der Provinz Ogora kamen wir in die Provinz Siry, wo man die Sprache von Tigra zu reden anfängt. Ehe wir die Hauptstadt Siry erreichten, mußten wir über den Fluß Tekeſel,*) oder den Fürchterlichen, wie man ihn wegen seiner reissenden Schnelligkeit nennt. Er ist viermal breiter als die Seine bei Paris; man sezt mit Nachen über, denn Brükken gibt es nicht. Es gibt da schöne Ebenen von Quellen durchwässert, und mit grossen Wäldern von Orangen, Zitronen, Schasmin und Granaten bedekt. Diese Bäume sind in Ethiopien so gemein, daß sie auf dem freien Felde ohne alle Kultur wachsen: auf Wiesen und Feldern blühen Tulpen, Ranunkeln, Nelken, Lilien, weisse und rothe Rosen, und tausend andere Gattungen von Blumen, die wir nicht kennen, und welche die Luft mit noch stärkern und balsamischern Düften ansüllen, als in den schönen Gegenden von der Provence.

Aus Siry giengen wir in die Provinz Adua über, deren Hauptstadt eben den Namen führt. Der Gouverneur ist einer von den sieben ersten Ministern des Reichs, und hat vier und zwanzig kleine Gouvernements oder Provinzen unter sich. Er hatte Befehl, mir alles, was zu meiner Einschiffung auf dem rothen Meer nöthig seyn würde, reichlich zu verschaffen, und er that es auch auf eine sehr verbindliche Art.

Ich wurde hier mit wildem Ochsenfleisch bewirthet, das die Ethiopier sehr hoch schäzzen: das Fleisch ist auch wirklich sehr gut und schmakhaft. Diese Ochsen haben keine Hörner, sind auch nicht so groß, als unsere Ochsen in Frankreich. Es gibt auch in dieser Provinz eine

---

*) Sein wahrer Name ist Takazze; er hieß bei den Alten Sirys.
Bruce.

Menge Ziegen; aber ich sahe weder Rehe noch Hirsche. Wir nahmen unsern Weg durch einen Wald, der voller Affen von verschiedener Grösse war. Sie erstiegen die Bäume mit einer Geschwindigkeit, die uns wegen der tausendfachen Sprünge, die damit unterliefen, sehr belustigte.

Von Adua kamen wir in die Provinz Saravi, wo ich den Verdruß hatte meinen kleinen Elephanten sterben zu sehen, den ich mit genommen hatte. In diesem Lande findet man die schönsten Pferde von Ethiopien, mit welchen auch die Marställe des Königs versehen werden. Diese Pferde, die voll Feuer, und so stark als die arabischen sind, tragen den Kopf immer hoch. Sie haben keine Hufeisen, weil man in Ethiopien das Beschlagen der Pferde und andrer Lastthiere gar nicht kennt.

Von da kamen wir endlich nach Duvarna, der Hauptstadt des Königreichs Tigra *). Diese Provinz steht unter zwei Gouverneurs; warum? weiß ich nicht, auch nicht welches Departement jeder hat. Man nennt sie Barnagas, Meerkönige, vermuthlich wegen der Nachbarschaft des rothen Meers.

Duvarna ist in zwei Städte, die obere und untere eingetheilt; die leztere haben die Mohammedaner inne. Alles was nach Egypten übers rothe Meer kömmt, geht durch Duvarna. Diese Stadt die ungefähr zwei Meilen im Umfang hat, ist gleichsam die allgemeine Niederlage für alle Waaren aus Indien. Die Häuser sind alle von Quaderstükken gebaut, und haben Terraß-

---

*) Dobarwa ist nicht die Hauptstadt von Tigre, sondern des Babarnagasch, der gegen seinen Herrn rebellirte, und die Stadt 1559. an die Türken übergab.   Bruce.

sen anstatt der Dächer. Der Fluß Moraba, der unten an der Stadt hinfließt, fällt in den Tekesel; er ist nicht breit, aber sehr schnell, und deswegen gefährlich. Wir brachten dritthalb Monate von Gondar bis hieher zu, wo ich den Gesandten Murat erwarten sollte.

Kurz nach meiner Ankunft erhielten die beiden Gouverneurs die traurige Nachricht von dem Tode des Prinzen Basilius, des ältesten Sohns des Kaisers und Thronerbens. Er war etwa neunzehn bis zwanzig Jahr alt, und hatte alle Eigenschaften, die einen vollkommenen Fürsten ausmachen können. Er verband mit einer männlichen Schönheit, Verstand, Muth, und ein gutes gefühlvolles Herz, welches alles ihn zur Freude des ganzen Hofs machte. Er liebte sein Volk, dessen Vater er geworden wäre, wenn er länger gelebt hätte. Dieses zeigte sich deutlich, am Abend vor seinem Tode. Der Kaiser besuchte ihn in Gesellschaft der angesehensten Herren des Hofs. Hier sagte der Prinz zu ihm, er hätte ihn nur um eine Gnade zu bitten, nämlich um die, daß er seinem Volke, welches unersättliche habsüchtige Minister unterdrükten, die Last abnehmen möchte. Der Kaiser wurde bis zu Thränen gerührt, und versprach, er wolle dafür sorgen. Ich erfuhr diesen Umstand von demjenigen, der nach Duvarna die Nachricht von seinem Tod, und den Befehl brachte, ihn wie gewöhnlich zu betrauren.

Was man sich sonst noch von den Tugenden dieses Prinzen erzählt, ist eines ewigen Andenkens würdig. Der Kaiser, sein Vater, war einst in einen feindlichen Hinterhalt gerathen. Da dies der Prinz sah, sprengte er mit verhängtem Zügel zu seiner Rettung herbei, warf sich mitten ins Gedränge, schlug die Feinde von allen Seiten zurük, und zeigte sich so ungemein tapfer, daß er das Leben seines Vaters mit Gefahr seines eigenen rettete.

Der Kaiser pflegt sich bisweilen, sei es nun aus Politik oder Liebe zum Vergnügen, zu verheelen, und mit zwei oder drei Vertrauten zu entfernen, ohne daß man erfährt, was aus ihm geworden ist. Einst war er zwei Monate lang so versteckt, welches den Prinzen in die schröklichste Unruhe und in einen tödtlichen Gram versezte, weil man glaubte, der Kaiser wäre gestorben.

Einige von den Grossen am Hofe riethen dem Prinzen, die Regierung an sich zu ziehen, und sich als Kaiser ausrufen zu lassen; weil zu befürchten wäre, daß bei gegenwärtigen Umständen einer seiner Brüder ihm zuvor kommen möchte; er könne auf ihre Treue zählen, und sie würden sich bereit finden lassen, alle ihre Güter, ja ihr Leben selbst für seine Dienste aufzuopfern.

Der Prinz aber, der eine zärtliche Liebe und eine unbestechliche Anhänglichkeit für seinen Vater hegte, verwarf diesen Vorschlag seiner eigennüzzigen Hofleute mit Unwillen, und erklärte ihnen, daß er niemals gesonnen sei, den Thron zu besteigen, ehe er den Leichnam seines Vaters gesehen, oder die zuverläßigsten Nachrichten von seinem Tode eingezogen hätte. Der Kaiser kam dann wirklich einige Tage nach diesem Vorfall zurük, und erfuhr die boshaften Rathschläge, die seinem Sohne gegeben worden waren. Er machte weiter kein Aufsehen damit; aber die Schmeichler verschwanden nach und nach, ohne daß man sie bisher wieder gesehen hätte. Der muthmasliche Erbe des Reichs hat ein Fürstenthum, das ihm sehr ergeben ist.

Ich reiste durch dieses Fürstenthum auf dem Wege nach Duvarna. Die Stadt heißt Heléni. Es findet sich darinn ein sehr schönes Kloster und eine prächtige Kirche. Es ist dies die schönste und größte, die ich in Ethiopien gesehen habe. Mitten auf dem grossen Plaz vor der Kirche, sieht man drei dreieckigte Piramiden voller Hieroglyphen. Unter den Figuren dieser Piramiden bemerkte ich auf jeder Seite ein Schloß, das mir sehr sonderbar vorkam, denn die Ethiopier haben keine Schlösser, und kennen ihren Gebrauch nicht einmal. Ob man gleich keine Fußgestelle unter diesen Piramiden sieht, so sind sie doch so hoch, als der Obelisk auf dem St. Petersplaz in Rom, der auf seinem Fußgestelle steht. Man glaubt, dies sei das Land der Königinn von Saba: mehrere Dörfer, die von diesem Fürstenthum abhangen, führen noch heut zu Tag den Namen Sabaim. In den Gebirgen findet man Marmor, der dem europäischen nichts nachgiebt, und viel Gold, ja man findet schon welches, wann man das Feld umgräbt. Man hat mir heimlich einige Stükke gebracht, die sehr fein waren.

Nach der Ankunft des Kuriers, der die traurige Nachricht von dem Tode des Kronprinzen brachte, ließen sie die Barnagas in allen Städten ihres Gouvernement bei Trompetenschall bekannt machen. Jedermann legte Trauer an, welche darinn besteht, daß man sich die Haare vom Kopf scheeren läßt: dieses geschiehet im ganzen Reiche, an Männern, Weibern und Kindern. Tags darauf begaben sich die beiden Gouverneurs, von der ganzen Miliz und einem grossen Haufen Volks umgeben, nach einer Kirche, die der heiligen Jungfrau gewidmet ist; hier wurde dem Verstorbenen eine feierliche Seelmesse gehalten, und dann gieng der Zug in eben der Ordnung nach dem Pallast zurük. Die beiden Barnagas sezten sich hier in einem grossen Saal, und liessen mich zwischen sie sizzen; die Offiziers und die vornehmsten Personen stellten sich an die Wände des Saals. Weiber mit kleinen Trommeln und Mannsleute nahmen ihren Plaz mitten im Saal und sangen wechselweise zu

Ehren des Verstorbenen in einem so traurigen Tone, daß ich gerührt wurde, und so lange die Zeremonie währte, wol eine Stunde weinte. Unter diesen Leuten waren welche, die zum Zeichen der Betrübniß sich das Gesicht zerkrazten, daß es von Blut treifte, oder sich an den Schläfen mit Wachskerzen sengten. Im Saale waren blos Personen von Stande; das gemeine Volk war in den Höfen, wo es ein so erbärmliches Geschrei machte, daß auch die härtesten Seelen hätten gerührt werden müssen. Diese Zeremonien dauern nach Landesgebrauch drei Tage.

Man muß bemerken, daß wenn ein Ethiopier stirbt, man überall ein fürchterliches Geschrei hört. Alle Nachbarn kommen in der Wohnung des Verstorbenen zusammen, und weinen mit den Anverwandten, die sie da versammelt finden. Man wascht den Leichnam mit besondern Zeremonien, und wenn man ihn in eine neue Dekke von Kattun gewikelt hat, legt man ihn in einen Sarg mitten in einen Saal, der mit Wachsfakkeln erleuchtet ist. Hier wird das Heulen und Schreien unter Trommelschall verdoppelt. Einige bitten Gott für die Seele des Verstorbenen, andere sagen Verse zu seinem Lobe her, oder reissen sich die Haare aus, zerkrazen sich das Gesicht, oder versengen sich die Haut mit Wachskerzen. Diese Zeremonie ist rührend und schröklich zugleich, und währt so lange bis die Religiosen die Leiche abholen. Nachdem man noch einige Psalmen abgesungen, und geräuchert hat, beginnen sie den Leichenzug, in der rechten Hand ein eisernes Kreuz, in der linken ein Gebetbuch: sie tragen den Leichnam selbst und singen den ganzen Weg über Psalmen. Ihnen folgen die Verwandten und Freunde des Verstorbenen, unter beständigem Geschrei und Trommeln, alle mit geschornem Haupte. Kömmt man vor einer Kirche vorbei, so hält der Zug, man betet einige Gebete, und dann geht es weiter bis zum Begräbnißplaz. Hier wird von neuem geräuchert; man singt noch eine Zeitlang Psalmen in schwermüthiger Melodie, und nun wird die Leiche eingesenkt. Personen vom Stande werden in den Kirchen begraben, die andern in öffentlichen Begräbnißpläzzen, wo eine Menge von Kreuzen, ungefähr wie bei den Karthäusern, gesezt werden. Die Leichenbegleiter gehen darauf zurük ins Trauerhaus, wo eine Art von Fest gehalten wird. Man kömmt da drei Tage Früh und Abends zusammen, um zu weinen, und ißt diese ganze Zeit über sonst nirgends als da. Wenn diese drei Tage verflossen sind, so geht man auseinander, bis zum achten nach dem Sterbetage; alsdann kömmt man von acht Tagen zu acht Tagen wieder zusammen, um nocheinmal zwei Stunden zu weinen, und dieses geschieht das ganze Jahr hindurch. Es ist dies ihre Jahresfeier.

Wenn der Kronprinz oder sonst ein Herr vom Range stirbt, so entschlägt sich der Kaiser drei ganzer Monate lang aller Geschäfte, sie müßten denn sehr dringend seyn. Da er einen Gesandten nach Frankreich schikken wollte, so ließ er Murat kommen, gab ihm seine Befehle nebst einem Kreditiv an den König, bekleidete ihn in eine öffentliche Audienz mit dem Zeremonienmantel, und ließ ihn so abreisen. Die Reise des Gesandten war nicht glüklich. Die Pferde die er dem Könige bringen sollte, fielen unterwegs. Er schikte zurük nach Hofe, um andere holen zu lassen: das verzögerte seine Reise und brachte mich auf den Entschluß, ihn zu Messua zu erwarten, und dort das Nöthige zu unserer Einschiffung zu veranstalten.

Den Abend vor meiner Abreise gaben die Barnagas Befehl, daß 100 Mann zu Fuß mit Lanzen bewaffnet, unter Anführung eines Offiziers zu Pferd sich fertig halten sollten, mich den Tag darauf nach Messua zu begleiten. Ich verließ also Duvarna am 8 Sept. 1700, und kam mit vieler Mühe und Gefahr über einen sehr schnellen Fluß, der Moraba heißt.

Von Duvarna an lassen die Dorfherren, nicht mehr das Gepäkke der Reisenden durch ihre Unterthanen tragen, sondern man braucht dazu eine Gattung Ochsen, die man Berk nennt, und die von den gewöhnlichen, welche Friba heissen, unterschieden sind. Diese Thiere, deren Fleisch man nicht ißt, legen in kurzer Zeit ein grosses Stük Weges zurük. Ich hatte deren zwanzig, wovon der eine Theil unsern grossen Schiffsvorrath, der andere unsere Zelten trug, denn seitdem die Regen aufgehört hatten, schliefen wir des Nachts auf freiem Felde. Die Einwohner dieses Landes, theils Christen theils Mohammedaner, bringen den vorüberziehenden Karavanen Lebensmittel, und was sie sonst nöthig haben.

Acht Tage nach der Abreise kamen wir nach Arkuva *) einem Städtchen am Ufer des rothen Meers, welches die Geographen ganz unrichtig Areguies nennen: wir blieben da nur eine Nacht. Tags darauf fuhren wir in einem Nachen über einen Arm des Meers nach Messua **), einer kleinen Insel, oder vielmehr einem unfruchtbaren Felsen mit einer Festung, die dem Großsultan gehört, und die Wohnung eines Bassen ist.

Die Festung will nicht viel sagen; ein gut bewaffnetes Kriegsschiff könnte sie leicht erobern. Als ich da war, kam ein englisches Schiff auf der Rhede vor Anker, wel-

---

*) Der einzige wahre Name, den weder Mohamedaner noch Christen kennen, ist Arkenko.   Bruce.
**) Masuah.   Bruce.

ches die ganze Insel in Bestürzung sezte. Man machte schon Sicherheitsanstalten, aber der Kapitain schikte seine Schaluppen ans Land, um den Kommendanten zu versichern, daß er von Engländern, die Freunde des Großsultans wären, nichts zu befürchten hätte. Der Bassa von Messua sezt einen Gouverneur zu Suaquen, einer von der Pforte abhängigen Stadt am rothen Meere. Hier ist eine Perlen- und Schildkrötenfischerei, mit denen ein starker, und für den Großsultan sehr einträglicher Handel getrieben wird. Der Bassa von Messua empfieng mich sehr höflich auf Empfehlung des Kaisers von Ethiopien, der dort sehr gefürchtet wird, und zwar mit Recht; denn die Ethiopier könnten sich dieses Orts, der ihnen vormals gehörte, sehr leicht bemächtigen, wenn sie ihn aushungerten, und den Einwohnern das Wasser abschnitten, welches sie vor Arkova bekommen müssen, indem es auf der Insel selbst keines giebt.

Während meines Aufenthalts am ethiopischen Hofe erfuhr ich, die Holländer hätten's mehr als einmal versucht mit den Ethiopiern zu handeln; allein, es sei nun, daß die Verschiedenheit der Religion oder die grosse Macht der Holländer in Ostindien, die Ethiopier argwöhnisch gemacht haben, so ist so viel gewiß, daß sie von keinem Handel mit ihnen wissen wollen, und ich habe sie sagen hören, sie würden niemals solchen Christen trauen, die nicht fasten, die Heiligen nicht anrufen, und nicht die wirkliche Gegenwart Christi im heiligen Sakrament glauben.

Die Engländer haben auch Lust zu Verkehr mit den Ethiopiern, und ich weiß, daß ein armenischer Kaufmann, Agaryri, sich mit ihnen für diesen Handel, associirt hatte, der ihnen allerdings vortheilhaft seyn würde. Denn ausser Gold, Bisam, Elephantenzähnen u. s. w. würde man auch noch aus Ethiopien

Aloe, Mirrhen, Kaffia, Tamarinden und Caffee ziehen. Aus dem leztern machen sich die Ethiopier nicht viel, und man hat mir gesagt, es wäre vormals aus Ethiopien nach Jemen oder dem glüklichen Arabien, aus dem man ihn gegenwärtig zieht, versezt worden; denn jezt baut man ihn in Ethiopien bloß zur Nachfrage.

Daß der Gesandte so lange ausblieb, machte mich unruhig, denn ich besorgte, den Mousſon zu verlieren. Ich schrieb ihm, ich wäre entschlossen ihn zu Gedda zu erwarten. Er gab mir zur Antwort, ich möchte immer dahin reisen, er würde suchen sobald als möglich dahin zu kommen. Ich gab also allen meinen Bedienten, nachdem ich sie reichlich belohnt hatte, den Abschied. Alle weinten und wollten bei mir bleiben; aber ich gabe nicht zu. Darauf schiffte ich mich am 28. October auf einen zu Surate gebauten Machen ein. Fahrzeugen wie sie dort gebräuchlich sind, möcht ich mich nicht anvertrauen: sie schienen mir sehr schlecht und unsicher zu seyn, indem die Breter zwar gepicht, aber nur mit elenden Strikken aneinander bevestigt sind, eben so wie die Segel, die bloß aus Domiblättern bestehen. Indessen so elend diese Fahrzeuge gebaut, und so ungeschikt ihre Besizzer sind, so tragen sie doch viel, und werden, ob sie gleich nur etwa sieben Führer haben, auf diesem ganzen Meere stark gebraucht.

Zwei Tage nach unserer Abreise von Messue, landeten wir auf einer kleinen Insel, die Debelek*) heißt. Die Schiffe, die aus Indien kommen, pflegen da frisches Wasser, und allen andern Vorrath einzunehmen, den man daselbst in Ueberfluß findet, Brod ausgenommen, daran die Einwohner oft selbst Mangel leiden;

in-

---

*) Dahalak. Bruce.

indem sie die meiste Zeit von Fleisch und Fischen leben. Von da kamen wir nach einer andern Insel Abugafar genannt, welches Vater der Verzeihung bedeutet. Der Kapitain ermangelte nicht an Land zu steigen, und an das Grab dieses unglüklichen Abugafar eine Fakkel zu bringen. Die Mohammedaner würden einen Schiffbruch befürchten, wenn sie das unterliessen; sie beugen sogar von ihrem Wege ab, um den vorgeblichen Heiligen zu besuchen. Wir segelten darauf bei hohem Meere mitten durch die Klippen hindurch, welche dem Wasser gleich, und sehr zahlreich sind, und diese Fahrt sehr gefährlich machen; allein die Steuerleute, die alle diese Klippen kennen, fahren ohne Furcht hindurch, ob man gleich jeden Augenblik eine findet. Am sechsten Tage erreichten wir Kantumbul,*) einen sehr hohen Felsen im Meer, eine halbe Meile von vesten Lande von Arabien; wir lezten da vor Anker, und brachten daselbst die Nacht zu. Am folgenden Tage segelten wir an den Küsten von Arabien hin, und legten bei Ibrahim Mersa an. Acht Tage darauf landeten wir bei Konsita. Dies ist ein artiges Städtchen, welches dem Könige (Scherif) von Mekka gehört, und der erste Haven in seinem Lande gegen Süden. Man landet da gerne, weil man daselbst nur einen Zoll bezahlt, da man sonst zwei bezahlen muß. Es gibt hier sehr schöne Magazine, worin die ausgeladenen Waaren niedergelegt, und dann weiter zu Land auf Kameelen nach Gedda**) geschafft werden, welches nur fünf bis sechs Tagreisen davon entfernt ist. Wir blieben acht Tage zu Konsita, um auszuruhen, und guten Wind abzuwarten. Der Handel ist in dieser Stadt beträchtlich, weil eine grosse Menge mohamme-

---

*) Kontumbal (Nach Bruce.)
**) Dschidda

danischer, arabischer und indischer Kaufleute dahin kömmt; von der leztern Nazion werden die, welche den Gözzen dienen, nicht aufgenommen. Lebensmittel sind hier wohlfeiler, und in grösserm Vorrathe zu haben, als zu Gedda, wo wir am 5 Dezember 1700 ankamen. Vom Felsen Kantumbule bis Gedda segelten wir nur am Tage, und legten alle Abende aus Furcht vor den Klippen bei.

Gedda (Dschidda) ist eine grosse Stadt am Ufer des Meers, eine halbe Tagreise von Mekka. Der Haven oder die Rhede dabei ist ziemlich sicher, ob sie gleich Nordostwinden ausgesezt ist. Sie hat an gewissen Stellen guten Grund; und für kleine Schiffe Tiefe genug; nur grosse Schiffe müssen eine Meile davon in See bleiben. Ich gieng an Land, und nahm meine Wohnung in einem Okel. Dieses besteht aus vier grossen Wohngebäuden von drei Stokwerken, mit einem Hof in der Mitte. Der Erdstok ist für Magazine bestimmt; die andern haben die Reisenden inne. Andere Gasthöfe giebt es dort herum eben so wenig, als in der Türkei. Es giebt zu Gedda eine Menge solcher Okels. Sobald ein Reisender angekommen ist, sucht er sich eine Wohnung und Magazine aus, die ihm anstehen; dafür bezahlt er dem Eigenthümer einen vestgesezten Miethzinns, der niemals steigt noch fällt. Ich gab monatlich vier Thaler für zwei Zimmer, eine Terrasse und eine Kuche. Diese Okels sind Freistätte, heilige Oerter, wo man weder Beleidigungen noch Diebstähle besorgen darf. Unbequem ist es nur, daß man hier den Reisenden nichts giebt; er muß sich selbst meubliren, und was er essen will, selbst kaufen und zubereiten, oder es durch seine Bedienten thun lassen.

Gedda ist kein Ort, wo sich Christen niederlassen könnten, wegen der Nachbarschaft von Mekka; die Muhamedaner würden's nicht erlauben. Doch wird hier ein starker Handel getrieben, denn die Schiffe, die aus Indien kommen, legen hier an. Der Großsultan unterhält gewöhnlich dreißig grosse Schiffe zum Transport der Waaren. Diese Schiffe, die für 100 Kanonen gebohrt seyn könnten, haben gar keine. — Alles ist zu Gedda theuer, selbst das Wasser, wegen der vielen Fremden, die immer dahin kommen; eine Pinte Wasser, Pariser Maaß, kostet zwei bis drei Sols, weil man es vier Meilen weit herbringt. Die Stadtmauern taugen nichts; ein wenig besser ist die Vestung auf der Meerseite, aber eine Belagerung könnte sie doch nicht aushalten, ob sie gleich einige Kanonen hat. Die Häuser sind meistens von Stein und haben Terrassen statt der Dächer, nach Art der Morgenländer. Die Gegend umher ist äusserst unangenehm; man sieht da nichts als unfruchtbare Felsen, und unangebaute Sandstrekken. Mekka hätte ich gerne gesehen, aber es ist den Christen bei Lebensstrafe untersagt, sich da sehen zu lassen. Zwischen Gedda und Mekka giebt es keinen Fluß, wie einige ganz falsch berichtet haben; nur eine Quelle gibt es, aus der das Wasser für Gedda geschöpft wird.

Nach einem Aufenthalt von einem Monate erfuhr ich, der Gesandte würde sobald noch nicht kommen, und wäre erst die Zeit des Monsons vorüber, so würde er wohl noch ein Jahr in Ethiopien bleiben müssen. Ich entschloß mich daher, auf einem von den Schiffen, die nach Suez zu segeln Anstalt machten, mich einzuschiffen, und den Berg Sinai zu besehen, welchen Murat, im Fall er nicht nach Gedda käme, zum Ort unserer Zusammenkunft bestimmt hatte.

Ich bestieg also am 12 Januar 1701. eines von den Schiffen, die der Großsultan zu Surate hatte bauen lassen. Diese Schiffe sind sehr groß, haben aber doch nur einen Boden. Sie sind so hoch von Bord, daß auch der größte Mann stehend nicht daran hinaufreichen kann. Das Tauwerk ist sehr dik und vest; ihre Masten und Segel sind von den unsrigen wenig unterschieden. Das Besondere davon besteht in gewissen darinn angebrachten Kajüten oder Zisternen, die so geräumig sind, daß sie Wasser auf fünf Monate für 150 Menschen fassen können. Von innen sind diese Zisternen mit einem Firniß so gut verwahrt, daß sich das Wasser darin vollkommen rein und wohlschmekkend, und noch viel besser als in Fässern erhält.

Nach einer gefährlichen Fahrt zwischen Klippen, legten wir nach etwa sechs Tagen, an der Insel Hassama, zwei Meilen vom vesten Lande an. Diese Insel ist nicht bewohnt, aber man nimmt da sehr gutes Wasser ein. Von da bis Suez legt man alle Abend nahe am Lande an, und die Araber bringen Erfrischungen zu den Schiffen.

Zwölf ober dreizehn Meilen weiterhin erreichten wir die Rhede von Yambo. Dieses ist eine ziemlich grosse Stadt, durch ein Schloß an der Küste gedekt, dessen Bevestigung schlecht genug ist. Sie gehört dem Könige von Mekka. Die Räubereien der herumstreifenden Araber hielten mich ab, sie zu besehen. Mieula war die nächste Stadt, wo wir zwei Tage darnach landeten. Sie ist ungefähr eben so groß als Yambo, und hat auch ein ziemlich unbedeutendes Schloß. Von da kamen wir am 12. April nach Chiurma, welches ein sehr guter sicherer Haven ist. Es gibt dort herum weder Städte noch Dörfer, sondern nur einzelne Zelten, unter welchen Araber wohnen. Weil die Zeit des Monsons fast vorüber war, so glaubte ich nicht viel länger mehr die See halten zu können, und stieg daher bei Chiurma an's Land; hier nahm ich Kameele, die mich in sechs Tagen nach Tor brachten. Tor gehört dem Großsultan; im Schloße liegt eine Besazzung mit einem Aga; im Dorfe befindet sich eine grosse Anzahl griechischer Christen. Diese haben ein Kloster, welches von dem grossen auf dem Berge Sinai abhängt.

Dieses leztere besuchte ich.

Es liegt unten am Fuße des Berges. Die Thüren desselben sind wegen der Streifereien der Araber beständig zugemauert. Man zog mich vermittelst einer Rolle mit Strikken hinein; eben so auch mein Reisegepäkke. Es ist vest gebaut, mit guten starken Mauern. Die Kirche, nach der Aussage der Mönche, ein Werk Kaiser Justinians, ist prächtig. Es wohnen darin fünfzig Mönche, diejenigen ungerechnet, die ausgehen, um Gaben zu suchen. Ihre Lebensart ist sehr strenge; sie trinken keinen Wein, und essen niemals Fleisch, auch in den härtesten Krankheiten nicht. Das Wasser, das sie trinken, ist vortrefflich; es kömmt aus einer Quelle, die mitten im Kloster ist. Man gibt ihnen dreimal in der Woche ein Gläschen Branntwein, der aus Datteln gebrannt wird. Eben so streng beobachten sie die vier Fasten, die in der morgenländischen Kirche gebräuchlich sind. Ausser dieser Zeit bekommen sie Gemüse und gesalzene Fische. Sie stehen des Nachts auf, um zu singen, und bringen den größten Theil derselben im Chore zu. Sie zeigten mir ein Reliquienkästchen von weissem Marmor mit einem reichen goldgestiktem Tuche bedekt, welches den Körper der heiligen Katharina in sich verschließt. Den Körper selbst sieht man nicht; man zeigt nur eine Hand von der Heiligen, die ganz abgedorrt und mit goldenen Ringen an allen Fingern versehen ist. Der Erzbischof, der zugleich Abt des Klosters ist, hat einen Prior unter sich, der bei Anwesenheit des Erzbischofs nicht viel zu sagen hat. Die Neugierde reizte mich, den

Gipfel des Bergs zu besteigen, bis an den Ort, wo Moses die zwei Geseztafeln empfieng. Der Erzbischof war so gefällig, mich von einigen seiner Mönche begleiten zu lassen.

Wir mußten wenigstens 4000 Stufen steigen, ehe wir den Gipfel dieses berühmten Bergs erreichten, worauf man eine ziemlich artige Kapelle gebaut hat. Wir besahen darauf auch die Eliaskapelle, und kamen sehr müde wieder ins Kloster zurük. Der benachbarte Berg ist noch höher; ich getraute mir nicht, ihn zu besteigen, weil ich von der ersten Wallfahrt noch so müde war. Auf diesen zweiten Berge brachten die Engel den Leichnam der heiligen Katharine, nachdem sie den Martirertod gelitten hatte.

Einen ganzen Monat mußte ich mir in diesem Kloster die Zeit lang werden lassen, als endlich der so sehnlich erwartete Gesandte Murat auch dahinkam. Mit ihm reiste ich nun zu Lande fast immer längs der Küste hin über Suez nach Kahira, von wo ich in mein Vaterland zurükkehrte. *)

---

*) Von Poncet's weiteren Schiksalen spricht Bruce in seinem zweiten Bande weitläufiger.

III.
Al Makrizi's
Nachrichten
von
Habessinien,
insbesondere die muhammedanischen Fürsten daselbst betreffend.

Um mein Werk über Habessinien so vollständig zu machen, als in meinen Kräften steht, liefre ich hier auch Anhangsweise eine deutsche Uebersezzung von des arabischen Geschichtschreibers Makrizi historischen Nachrichten von Habessinien, nach Rink's Ausgabe. *)

Der arabische Schriftsteller Takieddin Achmed mit dem Beinamen Al Makrizi, weil er aus dem Viertel Makriz zu Baalbek in Syrien gebürtig war, wo er im Jahr 769 der Hedschrah **) das Licht der Welt erblikte, hat uns nämlich ausser seiner bekannten trefflichen Geschichte von Egypten und andern Schriften auch ein Werkchen hinterlassen, betitelt: Sammlung von Nachrichten islamitische Könige in Habessinien betreffend. — Dieses Werkchen ist zwar an sich nicht von grosser Bedeutung, indem der Verfasser seine Nachrichten nur vom Hörensagen gesammelt hat; da er aber Vieles sagt, das zur Bestätigung der Nachrichten anderer Schriftsteller dienen kann, und da er doch dem Lande selbst so nahe war, und wahrscheinlich nicht jeder Sage Glauben beigemessen hat, so mögen seine

---

*) M. s. im 1. B. dieses W. S. 301.
**) Herbelot's orientalische Bibliothek, Artikel: Makrizi.

Nachrichten doch hier eine Stelle verdienen. Freilich muß der Leser dabei bedenken, daß ein eifriger, gegen die Kristen eingenommener Muhammedaner diese zum Theil sehr einseitigen, oft sehr übertriebenen Nachrichten zusammen schrieb, und wird es nicht vergessen, die in diesem und dem vorhergehenden Theile gegenwärtigen Werks gegebenen sichreren Berichte über Habessinien damit zu vergleichen. Als Beitrag zur Länderkunde mögen diese Blätter aber immer hier eine nicht unschikliche Stelle behaupten. Für diese gewagte Uebersezzung muß ich um Nachsicht bitten; die sparsam eingestreuten Anmerkungen sind bloß Fingerzeige zu Rükweisungen.

Makrizi's
historische Nachrichten
von Habessinien.

Als ich mich im Jahr 839*) zu Mekka, welche Stadt Gott stäts erweitern möge! aufhielt, erfuhr ich durch Leute, welche wohl davon unterrichtet waren, folgende Geschichte von dem islamitischen Volke, das in Habessinien wohnt, und von denen, welche die Religion Gottes wider die Ungläubigen und Abtrünnigen beschützten.

Beschreibung von Habessinien.

Die Gränze Habessiniens gegen Nordost ist das indische Meer, welches sich von Babelmandab bis an das glükliche Arabien erstrekt. In diesem Theil des Landes findet sich der Fluß Sihoun; er hat süsses Wasser, und fällt in den Nil. Der westliche Theil Habessiniens aber stößt an das Land Tachrur. Weiter hin gegen Süden fängt das Land bei der Wüste an, welche in der Gegend liegt, die man Vadi Borcha zu nennen pflegt. Durch diese Wüste dehnt sich das Land bis nach Saphrat, der ehmaligen Hauptstadt des Königreichs aus, welche auch Ahsharam und Zarafratah genannt wird, und die Residenz des Nagash (oder Königs) war. Ferner erstrekt es sich bis an das Land Amhar, welches jezt der Hauptsiz des Reichs ist, und auch Marada genannt wird. Darauf folgen die Landschaften Schavah, Damout, Lamanon, Sanhou, Zeng, Adelelomra, Hamafa, Bareia, Terazeleslami,

---

*) Der Hedschrah, oder im Jahr 1435 unserer Zeitrechnung.

die man auch Zaila nennt. *) Ueber eine jede von diesen zwölf Landschaften ist ein König gesezt, die aber zu gleicher Zeit alle zusammen vom Hati, den man arabisch Suitan nennt, beherrscht werden. Es stehen neun und neunzig solcher Könige oder Gouverneurs unter ihm. Er selbst ist der hundertste. Ihre verschiedenen Gebiete aber sind uns wenig bekannt. In ganz Habessinien säet man des Jahrs zweimal, nämlich zur Regenzeit, wodurch jährlich eine doppelte Aerndte gewonnen wird. In der eigentlichen Regenzeit aber fallen starke Gewitter ein. Es gibt in diesem Lande viele Bäume, unter welchen der Ebenholzbaum und andere, die zweihundert Reuter beschatten können. Auch gibt es in Habessinien zweierlei Gattungen von Rohr, nämlich hohles und dichtes; überhaupt giebt es es hier Pflanzen, die man weder in Egypten, noch in Syrien und Irak findet. Das Land enthält auch Gold- und Eisengruben, und in einer gewissen Gegend gräbt man Silber. Die Schlangen sind hier ausserordentlich groß. Ein glaubwürdiger Mann erzählte mir, er habe einst eine solche Schlange gesehen, welche auf dem Gipfel eines Berges einen Bogen beschrieb, der zwar nicht an Farbe, aber an Grösse, einem Regenbogen gleich kam. Es gibt auch Zauberer, welche verhindern, daß der Wind nicht bläst; der Hati läßt sie darum so lange prügeln, bis der Wind wieder in seinem Gange ist; und nun weiß man, daß sie Bosheit getrieben haben. Die Habessinier haben schwarze Waldhüner. In der Gegend von Hadiah, welche zur Landschaft Zaila gehört, gibt es auch Wasserhüner,

---

*) Man vergleiche damit die geographische Beschreibung von Habessinien in diesem Bande. Amhar ist Amhara, Schava — Schoa; Damout — Damot — Hamasa wahrscheinlich Hamasen. Die übrigen Namen sind schwerer zu errathen. Makrizi scheint dem habessinischen Reiche eine grössere Ausdehnung zu geben, als es je gehabt hat, weil er auch Zeila dazu rechnet.

von Habeſſinien.

die gleich den Enten aus dem Waſſer hervorkommen, und darin gleichſam erzeugt werden.

In Habeſſinien iſt jederzeit ein Metropolite, welcher unter dem kriſtlichen Patriarchen von Egypten ſteht. Der Hati ſchreibt deswegen an den König in Egypten, der dann die Ernennung des Metropoliten dem Patriarchen aufträgt. Die habeſſiniſche Nazion bekennt ſich von den älteſten Zeiten her zur kriſtlichen Religion, und hält ſich zur Sekte der Jakobiten. Da ſie über ihrer Religion veſt halten, ſo verfolgen ſie auch alle Sekten, die anderer Meinung ſind, mit dem bitterſten Haſſe, und unter dieſen beſonders die Melchiten, ſo daß mit einer, der von dieſen weg nach Habeſſinien gereiſt war, erzählte, er habe ſich aus Furcht, für einen Melchiten erkannt und getödet zu werden, für einen Jakobiten ausgegeben.

Die Habeſſinier flechten ihre Häuſer aus Stroh oder Rohr, und überſchmieren ſie mit Kuhmiſt. Sie eſſen gern ihre Speiſen roh. Dies erzählte mir einer, der dabei war, als Hati David Ben Saif Arad einen halbgekochten Ochſenmagen, aus welchem der Miſt ihm über das Kinn herabfloß, verzehrte. Ebenderſelbige ſah auch einen Mann, der eine Henne fraß, welche, da ſie angebiſſen ward, noch vor Schmerzen ſchrie. Die Habeſſinier gehen nakkend, denn ſie kennen faſt keine genähten Kleider; doch bedekken ſie die Mitte des Leibs mit einem Schurze. Der König muſtert zwar ſeine Soldaten nicht; wenn aber ein Kriegszug unternommen wird, ſo muß auf ſeinen Befehl jeder Soldat an einem von ihm beſtimmten Orte einen Stein hinlegen; jeder, der aus dem Feldzug wieder zurük kommt, muß ſodann dieſen Stein wieder nehmen, worauf man aus der Zahl der übrig bleibenden Steine erfährt, wie viele umgekommen ſind.

Als Hati David Ben Saif Arad *) im Jahr (der Hedschrah) 812 starb, folgte ihm sein Sohn Theodorus in der Regierung nach; und da auch dieser bald hernach den Geist aufgab, kam das Reich an seinen Bruder Ishak Ben David Ben Saif Arad. Ich habe ihn auch Ibrahim nennen hören. **) Unter seiner Regierung gewann das Reich viel an innerer Kraft, weil ein gewisser Mamluk aus Tscherkassien, von der Zahl derer, welche in Egypten Brustharnische verfertigen, zu ihm kam, und sich in seinem Reiche niederließ. Dieser legte ihm grosse Zeughäuser an, worin allerlei Waffen für den Krieg, nämlich Degen, Spiesse, Harnische und andere ähnliche Instrumente aufbewahret wurden. Denn zuvor bestanden ihre Waffen bloß in kurzen Spiessen, die sie nach dem Feinde warfen.

Ferner kam auch ein vornehmer Egypter, Namens Tanbaga, zu ihm, der sich alle Mühe gegeben hatte, das Gouvernement über einen Theil von der Landschaft Said davonzutragen, zulezt aber sich flüchten mußte, und sich zu ihm begab. Dieser Mann verstand sich gut auf Waffenübungen, und besonders auf Reuterei. Da er nun beim König in Amt und Ansehen stand, so lehrte er seine Soldaten mit Pfeilen, Spiessen und Degen exerziren, und Feuerballen aus Naphtha verfertigen. Auf diese Weise lernten die Habessinier die Kriegskünste.

Ueberdieß fand sich noch ein Kopte von den Jakobitischen Kristen in Egypten bei ihm ein, der in der Kunst

---

*) Dies ist König David II, welcher im J. 1409. unserer Zeitrechnung starb, sein Vater war Saif Araab. (Bruce, II. B. S. 62.)
**) Dies stimmt ganz mit dem oben S. 185. gegebenen kronologischen Verzeichnisse der habessinischen Könige überein.

zu regieren wohl erfahren war. Dieser brachte ihm sein
Reich so in Ordnung, und sammelte ihm so viele Reichthümer, daß er nun auch das Ansehen eines Königs be-
hauptete, und sich einen Divan oder Räthe hielt; da
vorhin alles schlecht, ohne Räthe, ohne Ordnung und
Vorschrift verwaltet ward. Nachdem nun die Sachen
solchergestalt ein besseres Ansehen gewonnen hätten, zeichnete er auch den König durch einen prächtigeren Auf-
zug vor seinen Unterthanen aus, da ehmals David
Ben Saif Arad nakkend, d. i. ohne Schürze auszu-
gehen pflegte. Er sezte ihm auch einen Turban auf.
Wenn sich daher Ishak öffentlich sehen ließ, so gieng
er, von einem dichtgeschlossenen Haufen umgeben, in
königlichem Glanz einher. Zwar erzählte mir einer,
der dabei gewesen war, er habe ihn auf einem Pferde reiten, und zwischen einem dichten Haufen seiner Unterthanen einhergehen sehen, wobei er in der rechten
Hand ein Kreuz von rothem Hyazinthenholz hielt, das
er mit voller Hand anfaßte, und auf das dikke Bein
stellte, so daß die zwei Seiten davon, welche von der
Hand nicht bedekt wurden, einen grossen Glanz von
sich warfen. Da er aber jezt eine so glükliche Regierung genoß, und so viel Tapferkeit besaß, reizte ihn
der Satan, die islamitischen Gegenden anzufallen. Er
griff daher mit allen seinen Soldaten, die in Habessinien waren, die Moslems in schändlichen, langwieri-
gen Schlachten an, machte sie nieder, führte sie gefangen weg, und plünderte eine grosse Menge derselben,
daß kein Mensch, sondern der erhabene Gott allein,
der sie erschaffen hat, ihre Anzahl zu bestimmen im
Stande ist. Von dieser Zeit an gieng die Oberherrschaft der Moslems zu Grunde; wovon wir, so Gott
will, unten noch reden werden.

Darauf schrieb er an die Könige der Franken, um
sie zum Angriff und Umsturz des islamitischen Reichs

aufzuhezzen, und versprach ihnen dazu seine Beihülfe. Er fieng daher an, alles, was zwischen seinem und dem moslemitischen Gebiete lag, zu unterjochen und an sich zu reissen. Aber die Rache des grossen Gottes nahm ihn vor der Zeit weg, und lohnte ihm für sein Verbrechen mit einem gewaltsamen Tode, im Monat Dsulkadha des Jahrs 833. Auch wurden die Amharer von König Dschemal Eddin besiegt, der sie mit schweren Kriegen überzog, viele Völkerschaften davon vertilgte, und eine Menge Menschen gefangen wegführte, welche verschiedene Gegenden der Erde, nämlich das glükliche Arabien, Indien, Hedschas, Egypten, Syrien und Griechenland anfüllten. *)

Auf Ishak, von dem wir vorhin erzählt haben, folgte sein Sohn Andaras, **) der nach einer viermonatlichen Regierung starb. Darauf kam das Reich an seinen Vetter Hazbana Ben David Ben Saif Arad, der nur wenige Tage regierte, denn er starb im Monat Ramadan 834. ***) Der Nachfolger von diesem war Salmoun Ben Ishak Ben David; da nun dieser auch in kurzem starb, so herrschten ungefähr innerhalb eines Jahrs nach einander vier Könige über Habessinien. Die Kriege zwischen den Moslems und

---

*) Wie viel an diesen kurzen Nachrichten von König Isaak's Regierung wahr ist, können wir nicht bestimmen, da wir keine genauere Kunden davon haben, indem die habessinischen Jahrbücher von seiner und seiner vier Nachfolger Regierung verloren gegangen sind. (Bruce, II. B. S. 65.)

**) Andreas I. oder Amda Sion. Er regierte nach Bruce sieben Monate.

***) Bruce (II. B. S. 66.) nennt diesen König, welcher David's II dritter Sohn war, Tekla Mariam mit dem angenommenen Namen Haseb Nanyer, und sagt, er habe vier Jahre regiert.

von Habessinien.

und diesen Königen dauerte in einem fort, und zeichneten sich durch Niederlagen, Gefangennehmungen, Verbannungen, Brand und Raub aus. Im Jahr 839. kam auch eine starke häßliche Seuche (Pest) unter die Einwohner Habessiniens. Der König starb selbst daran, und überdies eine so grosse Menge Leute, daß das ganze Land entvölkert worden seyn soll. Gott ist der Erbe der Erde und derer, die auf ihr wohnen. Ja er ist der beste Erbe!

Beschreibung des Landes Zaila.

Zaila gehört zu den Landschaften Habessiniens, welche wir oben aufgezählt haben; seinen Namen hat es von der Stadt Zaila, die auf einer Halbinsel im Meere liegt. *) Die Länge dieser Provinz beträgt zu Wasser und zu Land ungefähr zwei Monate; doch ist die Breite noch beträchtlicher. Der größte Theil davon ist unbewohnt, so daß die Länge des bewohnten Landes nur drei und vierzig, die Breite aber dreißig Tage ausmacht. Dieses Land wird in sieben Königreiche eingetheilt, nämlich: Aufát, Davatu, Arababni, Hadiah, Scherha, Bali, Darah. Jedes dieser sieben Königreiche hat seinen eigenen König; alle aber stehen wieder unter dem Hati, König in Amhara; der alle Jahre seinen Tribut in Hausrath oder andern Dingen erhält. Diese Länder sind mager und gar nicht fruchtbar. Man findet daselbst Tempel oder Oerter, wo die Einwohner, welche so vest an ihrer Religion hangen, öffentlich zusammen kommen. Man nennt diese Provinz auch Jabarta, das ist, das heiße Land. Die Häuser sind aus Lehm, Steinen und Holz erbaut. Die Einwohner haben keinen Handel, und sind überhaupt nicht im blühendsten Zustande.

---

*) Nach Andern eine Insel.
(Lobos Reisen II. Theil.)

Das Königreich Aufat.

Die Länge dieses Königreichs beträgt fünfzehn, und die Breite zwanzig Tagreisen. Es hat Ueberfluß an volkreichen Städten; auch ist der Preiß der Lebensmittel gar nicht theuer; wie mir Scheik Moammer Adib Eshaar Shehaboddin Ahmed Ben Abdolchalak Ben Mohammed Ben Halef Ben Mohammed, ein Abendländer aus Mogat, dem Gott gnädig seyn wolle, von seiner Reise durch dies Land berichtet hat. „Als ich in Aufat war, sagte er, sah ich in dieser „Stadt Damaßener Trauben, die in ganzen Büscheln, „woran ungefähr hundert Trauben hiengen, für vier „Dirhem *) zu haben waren. Auch sah ich Leute, „welche Stükke Fleisch zu dreißig Pfund um anderthalb „Dirhem verkauften." — Das Land Zaila steht unter dem König in Aufat. Die Einwohner folgen der Sekte der Shaphäer, obgleich in unsern Tagen viele von ihnen Hanifiten sind. Ihre Sprache ist die habessinische, doch giebt es welche, die Arabisch sprechen. Uebrigens hat dieses Königreich viele Städte. Der König sizt auf einem Throne, und geht nur mit grosser Pracht und unter dem Gesang musikalischer Instrumente aus. Es gerathen bei ihnen auch viele Gattungen von Früchten, auch das Zukkerrohr, und andere in Egypten und Syrien unbekannte Kräuter. Es giebt auch einen alten Baum, den sie Jaat nennen. Er trägt keine Frucht, seine Blätter aber, die an Geschmak dem Mark der Pomeranzenbaumblätter gleich kommen, werden gegessen. **) Diese Speise schärft den Verstand, ruft vergessene Dinge wieder ins Gedächtniß zurük, erheitert den

---

*) Dirhem ist eine arabische Münze. Der silberne Dirhem ist eine Drachme; der kupferne ist eine ganz kleine Scheidmünze.
**) Der Lüsete ?

Geist, vermindert die Lust zum Beischlaf und Essen, und vertreibt die Schlafsucht. Daher werden diese Blätter von den Einwohnern, besonders von den Gelehrten, stark gesucht, und gegessen. Ferner bringt man in dieses Land Gold, welches aus Damour und Saham, den zwei Bergwerken in Habessinien, kömmt, und statt des Geldes gebraucht wird.

Das Königreich Davaru

Die Länge dieses Königreichs beträgt fünf, die Breite zwei Tagreisen. Die Einwohner dieses Landes, die sich zur Sekte der Hanifiten halten, bezahlen in eisernen Blechformen, die sie Hanochab nennen. Sie sind so breit als eine Nadel, und dreimal so lang. Für fünftausend solcher Eisenblechmünzen kauft man eine Kuh, und für dreitausend einen Widder. Uebrigens liegt dieses Königreich neben Aufat.

Das Königreich Arababni.

Es ist vier Tagreisen lang und eben so breit. Es stößt an das Königreich Davaru; und die Einwohner bedienen sich des nämlichen Geldes und ebenderselben Dinge, wie die Davaruaner.

Das Königreich Hadiah.

Die Länge dieses Reichs ist acht, die Breite neun Tagreisen. Der König hält eine grosse Armee auf den Beinen; bei den Einwohnern aber trift man die nämliche Lebensart und das nämliche Geld, wie bei den Arababniern. Nach diesem Lande kommen viele verschnittene Sklaven, welche in Egypten Attavashiah, in der einfachen Zahl aber Tavashi genannt werden. Der König in Amhara verbietet zwar unter schwerer Strafe Sklaven zu kastriren; man führt sie aber heimlich nach der Stadt Vashlu, deren Einwohner einfältige Leute sind, die gar keine Religion haben; daselbst macht man sie also zu Verschnittenen. Dies ist aber die einzige Stadt im ganzen habessinischen Reiche, die das zugibt. Dann werden die Kastraten nach der Stadt Hadiah gebracht, und noch einmal in Kur genommen, bis der Uringang, welcher von einer eiterigen Materie verstopft wurde, sich wieder öffnet. Die Hadienser, die überhaupt eine wundernswürdige Fertigkeit in dieser Kunst haben, bringen sie durch Arznei bald wieder zu recht. Doch kommen viele Kastraten schon deswegen um, weil sie gemeiniglich krank nach Hadiah gebracht werden.

Das Königreich Sherha

ist drei Tagereisen lang und vier breit. Die Einwohner folgen der hanifitischen Sekte.

Das Königreich Bali

hat zwanzig Tagereisen in der Länge, und sechs in der Breite. Dies ist unter allen Provinzen von Zaila die fruchtbarste. Die Einwohner haben kein Geld, sondern vertauschen ihre Waaren gegen einander, z. B. einen Ochsen für einen andern, einen Ochsen für Kleider, und so andere Sachen für andere. Uebrigens halten sie sich zur Sekte der Hanifiten.

Das Königreich Darah.

Seine Länge beträgt drei Tagereisen, und seine Breite eben so viel. Es ist die schlechteste Landschaft von Zaila. Die Einwohner bekennen sich zur hanfitischen Sekte, und bedienen sich anderer Sachen statt des Geldes. Alle Könige in diesem Lande sind Statthalter des Hati, von welchem sie auch eingesezt werden. Neben diesem Königreiche liegen Natsa, Souachen und Dahia, deren Einwohner Muhammedaner sind.

Diese sechs Königreiche von Zaila haben so mancherlei Dialekte, daß man mehr als fünfzig aufzählen könnte; und alle werden mit habessinischen Buchstaben geschrieben. Sie schreiben von der Rechten zur Linken, und haben sechszehn Buchstaben. Jeder Buchstabe hat wieder sieben Figuren, so daß ihre Zahl auf hundert und zwölf anwächst, ausser sechs andern Buchstaben, die für sich stehen, und nichts gemeinschaftliches mit irgend einem der vorhin aufgezählten sechszehn Buchstaben haben. Dabei aber sind die Vokale mit den Konsonanten verbunden, und nicht von ihnen getrennt. *)

So war der Zustand in diesem Lande; der zum Theil noch jezt der nämliche ist, zum Theil auch abgenommen hat, wie denn alle Reiche abnehmen. Alle aber bestehen durch den Willen Gottes, der unveränderlich und unwandelbar ist.

Nachricht von der Geschichte der Kriege in Habessinien gegen die Kristen.

Dieses Reich soll von einem gewissen Volke aus den Coraishiten, oder, wie andere wollen, aus Abdeddariten, oder, was noch andere behaupten, von einem Volke aus den Heshamiten gegründet worden seyn. Es ward von einem Sohne des Okail Ben Abi Taleb aus dem Lande Hejaz ausgeführt, und ließ sich zuerst in der Gegend von Jabrah, die jezt Jabarta heißt, nieder. Jabarta gehört aber zum Reiche Zaila. Dies Land bewohnten sie also, wie auch die Stadt Aufat. Ihre Tapferkeit und ihre Liebe zum Frieden machte sie bis auf die Zeiten Omars, der auch Valashma genannt wird, weit und breit berühmt.

Dieser verwaltete das Amt eines Gouverneurs der Stadt Aufat und aller dazu gehörigen Länder, das er

---

*) M. s. oben den 9ten Abschnitt.

vom Hati erhalten hatte, lange Zeit und mit nicht geringer Gewalt, und starb endlich von allen wegen seiner vortreflichen Eigenschaften geschäzt und geliebt. Er hinterließ vier oder fünf Söhne, die nach seinem Tode der Reihe nach in Aufat regierten. Unter diesen waren Bazau und Hakeddin, welche zuerst regierten; nach denselben kam Tsabreddin Mohammed Valahui Ibn Mantsur Ben Omar Valashma, der ums Jahr 700 nach der Hedschräh regierte. Dieser starb in sehr hohem Alter, und hatte zum Nachfolger seinen Sohn Ali Ben Tsabreddin Mohammed Ben Omar Valashma, der sich im ganzen Lande berühmt machte. Denn er sagte zuerst dem Hati den Gehorsam auf, unterwarf sich ihm aber bald wieder, da sich die Einwohner des Landes nicht zu seinem gemachten Schritte verstehen wollten. Der Hati übertrug sodann das Gouvernement der Stadt Aufat samt der umliegenden Gegend dessen Sohne Ahmed, sonst Harb Arad Ben Ali Ben Tsabreddin Mohammed Ben Omar Valashma genannt. Den Ali selbst aber behielt er sammt seinen übrigen Söhnen acht Jahre lang bei sich in Verwahrung. Endlich nahm er ihn doch zu Gnaden auf, und machte ihn wieder zum Gouverneur von Aufat.

Nun wurde also Ali, der seinen Sohn Ahmed verfolgte, zum zweitenmal König von Aufat. Sein Sohn Ahmad Harb Arad aber begab sich zum Hati, und ließ nichts unversucht, um an seinen Hof und in den Schuz desselben aufgenommen zu werden; welches ihm auch gelang. Er zeugte daselbst drei Söhne, unter welchen Saadeddin Mohammed.

Als ihn der Hati wieder lieb gewann, schrieb er an dessen Vater Ali, und befahl ihm, seinen Sohn über einen gewissen Ort im Lande Jabarta zu sezzen. Der Vater gehorchte dem Befehl, und machte seinen

Sohn zum Fürsten über eine gewisse ihm unterworfene Gegend. In dieser Eigenschaft regierte er auch eine Zeit lang, bis er in einem Volksaufruhr umkam.

Sein Bruder Abu Bechr Ben Ali folgte auf ihn. Ahmed Harb Arad hatte aber zu Aufat einen Sohn, Namens Hakeddin hinterlassen. Dieser legte sich auf die Kriegskunst, war aber ganz verachtet, indem ihn sein Großvater Ali Ben Tsabreddin verabscheute und fortjagte, und sein Oheim Mola Arsfah Ben Ali mit aller nur möglichen Feindschaft und dem bittersten Haß verfolgte.

Da er sich nun aus der Stadt Aufat in eine benachbarte Provinz vertrieben sah, brachte er es bei dem Stathalter über dieselbige dahin, daß er von ihm gut empfangen und in seinen Schuz aufgenommen ward. Dieser bediente sich sodann des Hakkedins, um durch ihn seinen Tribut aus den entlegenen Gegenden einzutreiben. Da aber lezterer zu Betreibung dieses Geschäfts daselbst angelangt war, so fieng er in kurzem an, seine Maasregeln so einzurichten, und das Land, über welchs er gesezt war, so stark zu bevestigen, daß er mit eine grossen Mannschaft, die er auf seine Seite gezogen hate, dem Statthalter, von welchem er abgeschikt wa, eine gleich starke Macht entgegenstellen konnte. Nun zog er mit einer ausgerüsteten Armee gegen ihn zu Felde, überwand und tödtete ihn, beraubte ihn sodan aller seiner Güter, und zog alle seine dienstfähige Soldaten an sich, denen er grosse Geschenke machte. Da er aber gegen seinen Oheim Mola Arssah einen Aufstand erregte, schrieb dieser die Nachricht davon an den Hati, und bat ihn um Hülfe gegen Hakkeddin. Darauf kam Hati Saif Arad, ihn mit einer Armee von dreissig tausend Mann zu unterstüzen. Hakeddin gieng ihm entgegen, und lieferte ein Treffen, worin er, unter Gottes Beystand, eine grosse Niederlage machte, den Proviant wegnahm, und seinen Oheim, der beim Treffen war, in die Flucht schlug. Dieser aber floh zum Hati, der ihm wieder eine grosse Armee mitgab, welche Hakeddin, nachdem sein Oheim Mola Arssah Ben Ali Ben Tsabreddin Mohammed Ben Omar Valashma getödtet war, so zusammenhieb, daß sehr wenige der Niederlage entrannen. Nachdem er diese ausgeplündert hatte, belagerte er die Stadt Aufat, worin sein Großvater Ali Ben Tsabreddin residirte, und über den Tod seines Sohns Mola Arssah, den er vor allen seinen Söhnen wegen guter und weiser Verwaltung der Regierungsgeschäfte liebgewonnen hatte, in die tiefste Trauer versunken war. Sein Haß und Widerwille gegen Hakeddin war daher nur um so grösser. Aber seine zerrüttete Lage versagte ihm die Kräfte sich zu rächen. Hakeddin hingegen verfuhr noch gelinde mit ihm, indem er ihn in der Regierung von Aufat bestätigte, und seine Macht vermehrte. Nach dieser Einrichtung, zog er sich mit seinen Truppen von der Stadt Aufat zurük, und führte die Einwohner derselben sammt ihrer ganzen Familie mit sich in das Land Shavah, wo er die Stadt Jahal erbaute, und zur Hauptstadt erhob, und sie den Bürgern von Aufat zum Wohnsiz einräumte. Seit der Zeit verlor die Stadt Aufat allmählig ihren Glanz, bis sie endlich ganz zerstört ward.

Hakeddin war der erste aus seiner Familie, der sich wider den Hati, König von Amhara und der ungläubigen Habessinier, sezte, ihm den Gehorsam verweigerte und das Reich wieder herstellte. Er hörte nie auf, gegen den Hati Krieg zu führen. Er schlug sich stets mit seiner Armee, und führte viele in Banden weg, bis Hati Saif Arad starb, af welchen sein

von Habessinien.

Sohn Hati David, mit dem Zunamen Ben Saif Arad, folgte, den Hakeddin ebenfalls mit immerwährenden Kriegen heimsuchte, indem ihm Gott die Kraft verlieh, die Amharenser zu unterjochen, so daß innerhalb neun Jahren mehr als zwanzig Schlachten geliefert wurden. Bei seiner lezten Unternehmung aber fiel er, nach einem harten Widerstand, für die Sache Gottes im Jahr 776, und ungefähr im zehnten seiner Regierung. Sein Leichnam aber konnte unter den übrigen Erschlagenen nicht gefunden werden. Er war ein Mann von kriegerischem Muthe, kühn, großmüthig, schnell im Handeln, furchtbar.

Auf ihn folgte sein Bruder Sqadeddin Abul Borchat Mohammed Valahua Ben Mantsur Ben Omar Valashma, welcher nach dem Beispiel Hakeddins die ungläubigen Einwohner von Amhara in einem fort bekriegte. Ja er zeichnete sich so durch eine standhafte Seele und billige Regierung aus, daß seine Armee zunahm, die Reuterei immer zahlreicher wurde, und das Reich selbst öfters einen beträchtlichen Zuwachs erhielt.

Einst griff er mit zwei und siebenzig Reutern die Feinde an, und jagte sie anfangs in die Flucht, ward aber nachher bei Ahbeza geschlagen, und gebunden zu ihrem Fürsten geführt. Kurz darauf kam einer seiner Reuter herbei gesprengt, hieb die, welche ihn begleiteten, nieder, entriß ihnen den König, sezte ihn auf sein Pferd, und brachte ihn zu den Seinigen zurük, die er wieder zusammenzog, und neuerdings gegen die Amharenser anführte.

Er schlug sich auch mit Aman Harfa, dem Emir des Hati, jagte ihn in die Flucht, und nahm eine grosse Zahl Feinde gefangen. Als er aus dem Lande

Saurah zurükzog, eroberte er in kurzem Zalla, wo er so grosse Reichthümer vorfand und wegschleppte, daß des Sultans Privatantheil vierzigtausend Ochsen betrug. Er theilte sie aber alle unter Arme und Dürftige und unter seine Armee aus, so daß ihm zulezt nichts zu essen übrig blieb, als was ihm eine seiner Frauen reichte.

Solaim Ben Ajad aber, sein Tochtermann, hatte zehntausend Ochsen bekommen. Da er nun von diesem verlangte, er möchte auch etwas davon aus Dankbarkeit gegen Gott verschenken, schlug ers ihm rund ab. Dies zog ihm nicht nur den Zorn seines Schwiegervaters zu, sondern der Höchste schikte auch die Ungläubigen hinter ihn, von denen er selbst und alle seine Truppen so vertilgt wurden, daß auch nicht Einer von ihnen entkam, ausser seine Frau, die Tochter Saadeddins, sammt ihren Kindern, welche ihm Gott nach seiner Gnade geschenkt hatte.

Darauf belagerte er mit vierzig Reutern die Stadt Zambuh, worin unzählig viele Ungläubige wohnten. Mit diesen ließ er sich in manches hizziges Gefecht ein, gieng aber mit Gottes Hülfe siegreich aus der Schlacht, und führte eine beträchtliche Zahl Gefangene mit sich fort. Nachher belagerte er Bali mit fünfzig Reutern. Die Amharenser aber hatten zehn Generäle, deren jeder zehn tausend Soldaten kommandierte. Alle aber, die mit ihm waren, machten nicht einmal die Zahl jener Offiziere aus. Als nun beide Armeen auf einander stiessen, verrichtete er zuvor mit seinen Gefährten das heilige Waschen, bükte sich zweimal, sagte Gebeter her, und rief Gott um Beystand an. Da sich nun alle derselben getrösteten, grief er mit den Seinigen die Feinde an, und machte mit Gottes Hülfe eine grosse Niederlage unter ihnen. Sehr viele blieben auf dem Wahlplaz, viele wurden zu Gefangenen gemacht. Ja die Zahl der Gebliebenen war so groß, daß ihre Köpfe und Leichname die Erde bedekten, und kein anderer Weg übrig blieb, als über sie wegzuschreiten. Zwischen diesem Lande aber und dem, das Saadeddin besaß, war ein Zwischenraum von zwölf Tagreisen. Indessen kam er doch siegreich und mit Beute beladen dahin zurük, und detaschirte Asad, einen seiner Kriegsgefährten, mit vierzig Reutern. Dieser stieß auf Zan Hash, den Feldherrn des Hati, mit fünfzig wohl bewaffneten Reutern. Er führte aber noch überdies eine grosse Armee von Reuterei mit sich, die auf ungesattelten Pferden saß; er selbst aber hatte sich durch seine kriegerische Tapferkeit grossen Ruhm erworben. Beide Armeen fochten tapfer mit einander, Gott aber, der den Glaubigen beistand, vertilgte die Unglaubigen, und bereicherte seine Verehrer mit der Beute von jenen. Darauf zog der Hati die Amharenser zusammen, und machte einen Einfall in das Land der Moslems. Emir Mohammed kam ihm aber mit sechs Reutern und ungefähr tausend Mann Fußvolk entgegen, und ward mit ihm handgemein. Aber in diesem Treffen fiel Emir Mohammed für die Sache Gottes, und alle, die mit ihm waren. Nur ein einziger Reuter entkam der Gefahr.

Der Hati schikte wieder einen Emir, mit Namen Barva, gegen welchen Saadeddin selbst zu Felde zog. Er hatte in seinem Gefolge Priester, Fakiren und Akkerleute, welche sich auf den lezten Blutstropfen zu wehren versprochen hatten. Diese beide Armeen hatten einander ein hartes Treffen geliefert, worin vierhundert Alte, die durch ihre Frömmigkeit und ihren Muth in Vertheidigung der Religion sich hervorthaten, ums Leben kamen. Jeder von ihnen trug zum Zeichen seiner Gewalt einen mit Eisen beschlagenen Stab, und kommandirte eine grosse Anzahl Fakiren, welche mit bei dem Feldzuge waren. Die Moslems kamen darauf in einer grimmigen Niederlage um, indem sie theils getödtet, theils in die Flucht geschlagen wurden. Die Amharenser verfolgten Haadeddin auf seiner Flucht bis zur Halbinsel Zaila, die mitten im Meere liegt.

In dieser Halbinsel belagerten ihn die Amharenser, und liessen ihm kein Wasser zukommen, bis ihnen einer dieser Gottlosen den Weg zeigte, auf dem man zu ihm gelangen konnte. Da sie nun auf ihn eingedrungen waren, stritt er mit ihnen, nachdem er drei Tage kein Wasser mehr gehabt hatte, wurde an der Stirne verwundet, und fiel zu Boden; worauf sie ihn mit ihren gezogenen Degen durchbohrten. Er starb aber mit frohem Muthe, als einer, der sich für die Sache Gottes aufopfert, welcher ihm auch gnädig seyn wolle! Dies trug sich im Jahre 805, ungefähr im dreissigsten seines Reichs zu. Er hatte das Lob eines sehr rechtschaffenen Mannes.

Bei seinen Lebzeiten noch starb sein Oheim Ali Ben Tsabreddin, nachdem ihn der Hati fast dreissig Jahre gefangen gehalten hatte. Mit Saadeddins Tod verfiel auch die Stärke der Moslems. Denn der Hati und die Amharenser, welche jezt Herren dieses Landes waren, liessen sich darin nieder, und erbauten aus den zerstörten Tempeln der Glaubigen kristliche Kirchen. Darauf plagten sie die Moslems zwanzig Jahre lang mit beständigen Schlachten, in welchen sie unzählig viel Niederlagen, Bande, Landesverweisungen, und Räubereien zu erdulden hatten.

Saadeddin aber hatte zehn Söhne, die sich in das glückliche Arabien begaben. Der älteste von ihnen hieß Tsabreddin Ali. Zuerst nahm sie Natsr Ahmed Ben Ashraf Ismael, der dortige König, in seiner Gastfreundschaft auf; und versah sie hernach bei

ihrer Abreise mit Lebensmitteln, auch gab er ihnen
sechs Reuter zur Begleitung, mit denen sie nach eilem
gewissen Orte, Saisarah genannt, hinzogen. Als sie
daselbst stille hielten, kam ihnen Gott zu Hülfe. Denn
die Armee ihres Vaters traf sie hier an, und Tsabreddin Ali übernahm sogleich das Kommando derselben.
Diese rükten dann mit sieben Reutern und dem Fußvolk den Amharensern entgegen, mit welchen sie auch
an einem gewissen Orte, Dsechr Amharah (Andenken der Amharenser) genannt, sich in ein Treffen ein-
liessen. Ob nun gleich die Amharenser achzig Reuter
hatten, so schlug sie doch Tsabreddin Ali in die Flucht,
und bemächtigte sich des Orts.

Im Lande Serjan lieferten sie den Amharensern
wieder ein Treffen, schlugen sie in die Flucht, und zerstreuten sie. Ihre Tempel und Häuser, aus denen sie
eine grosse Beute an Gold und andern Dingen wegschleppten, zerstörten sie mit Feuer.

So siegreich war Tsabreddin. Endlich aber ward
ihm das Glük ungünstig, als alle Amharenser von zehn
Emirs angeführt, deren jeder zwanzig tausend Mann
kommandirte, unter dem Befehlshaber Nait Bakel
sich versammelten, und die Länder der Moslems, worin
sie sich hernach ein Jahr lang hielten, unter ihre Botmässigkeit brachten. Tsabreddin aber, der mit seinen
Kriegern von einem Lande ins andere zog, hatte unaus-
sprechlich viel mit Hunger, Durst und andern Mühseligkeiten zu kämpfen. Gott aber unterstüzte ihn doch
wieder, und verstärkte seine Macht so, daß er seinen
Bruder Mohammed mit dem Befehlshaber Harb
Jausch und andere der Vornehmsten mit zwanzig Reutern auf eine Unternehmung detaschieren konnte. Diese
liessen sich mit den Amharensern im Lande Retua in
ein Treffen ein, worin der amharische Feldherr, und

viele andere Generäle bleiben, und der größte Theil der
Armee, nachdem die übrigen in die Flucht geschlagen
waren, umkam. Tsabreddin ward reich von der gemachten Beute, und regierte einige Zeit in diesem Lande.
Seine Absicht gieng endlich auch auf das königliche
Schloß, das er nach einer gewonnenen Schlacht, wobei viele der Vornehmsten umkamen, verbrannte. Aber
das Ende des Kriegs war noch nicht da.

Als Tsabreddin wieder zurükgekehrt war, übertrug
er seinem Bruder die Belagerung des Schlosses Barur,
der nach der Einnahme desselben wieder zurük kam.
Darauf schikte er den Omar mit sechs Reutern, die
Gegend von Jab anzufallen. Allein sie fanden die
Truppen der Amharenser so zahlreich, als wären's Heuschreken. Die Moslems fochten indessen sehr tapfer,
bis sie den lezten Athem aushauchten; denn die Wurf-
spieße fielen so dicht über sie her, daß sie wie der
Regen vom Himmel herabzukommen schienen; worauf
sie vollends mit dem Schwerde niedergemacht wurden.
Gott mög' ihnen gnädig seyn! Wo es aber am hizzigsten hergieng, war Tsabreddin immer gegenwärtig,
worüber er denn beinahe vom Feinde gefangen wurde;
er entwischte aber noch mit seinem schnellen Pferde, ob
ihm gleich auf der Flucht ein queerhinlaufender Fluß,
von beinahe zehn Ellen in der Breite, im Wege stand.
Er sezte nämlich mit einem Sprung darüber, und kam
glüklich ans andere Ufer. Auf diese Weise rettete ihn
Gott von seinen Feinden. Er hörte auch nicht auf,
die Sachen der Moslems mit größtem Beifall zu besorgen, bis er im Jahr 825 an einer Ruhr starb.

Auf ihn folgte sein Bruder Mantfur Ibn
Saadeddin, der an seinem Bruder Mohammed ei-
nen Kriegsgehülfen fand. Denn dieser zog mit einer
Armee nach Jedai, welches die Residenz des Hati und

seiner Familie war, trieb denselben in die Enge, bis er ihn gefangen bekam, und brachte ihn bald darauf unter den Augen mehrerer Zuschauer ums Leben.

Darauf flüchteten sich ungefähr dreissig tausend Menschen auf den Berg Moha, wo Mohammed sie über zwei Monate belagerte, und so einschloß, daß Hunger und Durst sie aufrieben. Er bot ihnen sodann durch den Herold die Kapitulazion an, ob sie den mohammedanischen Glauben annehmen, oder zu den ihrigen zurukkehren wollten? Zehn tausend ungefähr kamen dann vom frühen Morgen bis an den Abend zu Mohammed, und traten zu den Islems über, die andern aber kehrten am andern Tag in ihr Heimwesen zuruk.

Mantsur hingegen erbeutete zweihundert arabische Pferde, und lagerte sich zehn Tage lang daselbst. Die Amharenser aber kamen in so grosser Anzahl auf ihn zu, als wären sie ein Heer Heuschreken, die das Feld überziehen. Er schlug sich zwar muthig mit ihnen herum; nachdem aber seine Pferde und Reuter im hizzigsten Kampfe gefallen, und zehn Anführer von den Moslems getödtet waren, so wurde Mantsur selbst mit seinem Bruder Mohammed vom Hati Ishak Ibraim Ben David Ben Saif Arad gefangen. Dieser ließ sie dann voll Freude in Ketten und Bande werfen, und sorgfältig bewachen. Dies geschah im Jahr der Hedschira 828, im zweiten von Mantsurs Regierung.

So kam nun dieses Land auf einige Zeit an die amharischen Kristen. Dem gefangenen Mantsur aber folgte sein jüngster Bruder Jomaleddin Mohammed Ben Saadeddin in der Regierung nach. Dieser hatte den General Harb Javsh, einen von den Heerführern des Hati bei sich, der unter Saadeddins Regierung auf die Seite des Islams getreten war.

Dieser Mann, der wegen seiner ausnehmenden Tapferkeit, und der Menge seiner Anhänger unter die besten Feldherren gezählt wurde, begab sich zu Jomaleddin, von welchem er gegen die Barbaren, die mit einem starken Heere einfielen, geschikt wurde, um ihnen einen Frieden anzubieten. Die Barbaren aber, welche eine grosse Armee gesammelt hatten, in der sich sieben tausend Bogen und Degen befanden, nahmen sich vor, ein Treffen zu wagen. Nachdem also Harb Javsh die Zeit zu Abschliessung des Friedens vom Morgen bis auf den Mittag angesezt hatte, lieferte er ihnen ein hizziges Treffen, schlug sie mit Gottes Hülfe in die Flucht, und verfolgte sie auf ihrem Heimwege. Da sie nun solcher Gestalt unter Jomaleddins Botmässigkeit gebracht waren, huldigten sie ihm, und bezahlten den Tribut von ihrem Vermögen.

Als aber Harb Javsh von diesem Zuge siegreich heimgekommen war, schikte man ihn von neuem mit zwanzig Reutern nach der Gegend von Bali, um mit den Amharensern, welche eine grössere Armee als jemals zusammen gebracht hatten, zu streiten. Das Gefecht war von beiden Seiten hartnäkkig; er trug aber den Sieg davon.

Als der Hati nachher wieder eine grosse Armee auf die Beine gebracht hatte, nahm er Jedai, die königliche Residenz, weg. Jomaleddin aber überwand sie in einem zweiten Treffen. Die Amharenser machten hierauf einen Angriff auf das Land Jajzah, das der Hati auch eroberte. Dieser berief ungefähr hundert Generäle zu sich, und versammelte eine grosse Menge Reuter, in der Absicht, alle Moslems in Habessinien mit Stumpf und Stiel auszurotten. Aber Jomaleddin warf sich ihm mit fünfhundert Reutern entgegen. Beyden Theilen gieng an Tapferkeit nichts ab; mit Gottes Hülfe aber wurden die Amharenser überwunden, und drei Tage lang durch Jomaleddin auf ihrer Flucht verfolgt. Die Menge der Erschlagenen und Gefangenen war so groß, daß die Erde mit ihren Leichnamen ganz bedekt war. Ihre Tempel und Häuser wurden von den Moslems verbrannt, und ihre Weiber und Kinder sammt Haab und Gut weggeführt. Auf diesem dreimonatlichen Feldzug erbeuteten sie ungefähr hundert Pferde mit Sätteln, und mehrere ohne Sättel.

Harb Javsh wurde hernach wieder von Jomaleddin auf einen Zug beordert. Auf demselbigen schlug und erwürgte er die Einwohner von Bali, und führte auch sehr viele in die Gefangenschaft. Seine gemachte Beute aber war so groß, daß jedem Armen drei Sklaven zugetheilt werden konnten. Ja man verkaufte um ihrer Menge willen jeden Sklaven um einen sehr geringen Preiß. Siegreich und mit Beute beladen kam er wieder heim.

Nun zog aber Jomaleddin in eigener Person gegen die Amharenser zu Felde, und zwar mit einer so grossen Armee, wie seine Voraltern sie noch nie gehabt hatten. Denn er tödtete mit seinen Reutern tausend Feinde, machte viele Gefangene, und nahm ihnen alles, was sie hatten. Den Hati aber, der mit seinen übrigen Soldaten entfloh, suchte er fünf Monate lang auf, bis er ihn erwischte. Dieser wollte sich aber in kein Treffen einlassen, sondern floh nach der Mündung des Nils. Jomaleddin kam also mit seiner Beute zurük, die sich weder berechnen noch schäzen läßt. Darauf schikte er seinen Bruder Ahmed mit dem General Harb Jrvsh ins Königreich Davaru, wo sie sich unter seiner Anführung öfters mit den Feinden schlugen, drei ihrer Generäle in Ketten warfen, und nebst sechs Pferden noch viele andere Sachen mit sich fortschleppten. Als sie damit fertig waren, kehrten sie im Triumphe zurük.

Jomaleddin zog noch einmal aus, und erwürgte alle Einwohner in einer Strekke von zwanzig Tagereisen, und führte viele in die Gefangenschaft. Die Amharenser aber fielen von den verschiedenen Seiten in Jomaleddins Gebiet ein, um es ganz zu besezzen, und die königliche Familie gefangen zu bekommen. Jomaleddin, über diesen Anschlag aufgebracht, kam eilends zurük, indem er einen Weg von zwanzig Tagen in sieben machte, und die Amharenser in der Gegend von Harjah antraf. Er war aber mit seiner Armee sehr abgemattet, da die Feinde hingegen der Ruhe genossen hatten. Indessen stritten sie doch hartnäkkig, ja die Menge der Krieger, und die Hizze der Schlacht war so groß, daß man Freund oder Feind nimmer unterscheiden konnte. Anfangs stand Gott zwar den Moslems bei, daß die Schlachtordnung der Amharenser zu weichen anfieng. Endlich aber neigte sich das Kriegsglük wieder auf ihre Seite, wo sie dann der Moslems, so viel sie nur konnten, wegschleppten.

Nach diesem geschah es, daß die Vettern des Jomaleddin im lezten Monat Jomad des Jahrs 835 aus Neid über ihn herfielen, und ihn umbrachten, nachdem er sieben Jahre regiert hatte. Er war der beste König seines Zeitalters, gottesfürchtig, klug, tapfer, furchtbar seinen Feinden. Den Krieg gegen die Ungläubigen führte er auf Gottes Veranlassung so glüklich, daß er viele dem Hati ehmals unterworfene Länder ganz oder zum Theil unter seine Botmässigkeit brachte, und auch viele Statthalter und Anführer der Provinzen sich ihm unterwarfen. Unzählige ungläubige

Amharenser schlug er entweder todt, oder führte sie in Gefangenschaft. Ja er führte wirklich aus seinen verschiedenen Feldzügen so viele in die Dienstbarkeit, daß Indien, das glükliche Arabien, Hormuz, Hejaz, Egypten, Syrien, Griechenland, Irak und Persien voll habessinischer Sklaven waren. Weil ihm Gott diese Stärke verlieh, so trug er allezeit den Sieg über die Feinde desselben davon, bis ihn der Allerhöchste einen ruhmvollen Tod finden ließ; denn er starb als Verfechter der Sache Gottes.

Gegen die Priester und Arme, die sich durch Rechtschaffenheit auszeichneten, erwies er sich besonders gütig. Von seiner Gerechtigkeit, die er nicht nur gegen seine Unterthanen, sondern auch gegen seine eigene Familie und Kinder ausübte, wußte man viel grosses zu rühmen. Folgendes mag hievon als Beispiel gelten.

Als einst seine kleinen Kinder mit ihren Kameraden von gleichem Alter spielten, schlug einer davon einen andern, der kleiner als er war, und brach ihm die Hand. Jomaleddin aber erfuhr es erst einige Zeit hernach, und nahm es seinen Hofleuten sehr übel, daß sie es ihm verheelt hatten. Er ließ darauf die Aeltern des Kleinen, dem die Hand abgebrochen war, zu sich holen, und gab Befehl die Unterthanen zusammen zu berufen, und seinem Sohn, der seines Kameraden Hand gebrochen hatte, als einen, der sich der Strafe der Wiedervergeltung unterziehen muß, vorzufordern. Die Grossen des Reichs aber, die zunächst um den König standen, flehten ihn demüthig um Gnade an; ja die Familie des verletzten Kleinen versicherte, sie wäre schon zufrieden gestellt, und verlange keine Wiedervergeltung. Jomaleddin aber blieb nun einmal auf seinem Vorsaz. Als man darauf den Sohn herbeiführte, um das Wiedervergeltungsrecht an ihm auszuüben, fiengen alle Anwesenden ein lautes Klaggeschrei an; und die Familie des kleinen Knaben wollte durchaus verziehen haben, und erklären, daß sie auf das Recht der Wiedervergeltung Verzicht thue. Jomaleddin nahm auf das alles nicht die geringste Rüksicht, sondern ergrief die Hand seines herannahenden Sohnes, legte sie auf einen Stein, schlug mit einem Eisen darauf, und brach sie ihm ab. Der Knabe that einen lauten Schrei, und sank in Ohnmacht. Alle Umstehende aber weinten laut, und bedauerten das traurige Loos des Knaben. Denn die Sache war in der That schreklich. Jomaleddin aber blieb standhaft, und sagte, indem er sich zu seinem Sohne wandte: „So fühle denn jezt selbst, was du den andern fühlen machtest, der auch Menschen zu Aeltern hat."

Diese Geschichte hab ich von zuverlässigen Leuten, die selbst dabei gewesen waren, als Jomaleddin so verfuhr, erzählen gehört.

Nach diesem unterstanden sich seine Unterthanen nicht, ihre Hände nach frembem Gut auszustrekken, auch durfte weder der Vornehme noch der Geringe sich etwas unbilliges gegen den andern erlauben. Er war aber auch so gefürchtet, daß sich gewiß kein einziger unterstand, auf das, was er ihm gebot oder verbot, nicht zu achten. Denn alle Einwohner in den ihm unterworfenen Ländern hatten Achtung vor seinen strengen Befehlen, vor seinen harten Strafen und vortrefflichen Tugenden. Und daß ichs kurz fasse: der höchste Gott machte ihn zum Erweiterer der Religion. Denn unter seiner Regierung gewann der Islamism an Stärke, und die Glaubigen selbst erhielten Sicherheit. Darin aber glaubte er seine glänzendste Glükseligkeit gefunden zu haben, daß Gott während seiner Regierung das Oberhaupt der Unglaubigen, den Hati Ishak Ben Saif Arab, im Monat Dsulkadah 833 umkommen ließ.

Auf diesen Hati folgte Andreas Ben Ishak, der im vierten Monat seiner Regierung starb, und seinen Oheim Hazbana Ben David Ben Saif Arad im Amharischen Reiche zum Nachfolger hatte, welcher 834 im Monat Ramadan den Geist aufgab, nachdem er einige Monate regiert hatte. Sein Nachfolger war Salmoun Ben Ishak Ben David Ben Saif Arad, der innerhalb eines Jahrs der vierte König war.

Jomaleddin eroberte inzwischen mehrere Länder, lieferte oft gewagte und sehr blutige Schlachten, schlug zu seinen Ländern viele andere, vermehrte den Glanz seines Reichs, bereicherte sich mit grosser Beute, schlug viele in Ketten und Bande, schwächte die Gewalt der Feinde, und führte nicht wenige in die Gefangenschaft; denn Gott gab ihm die Gewalt auf dieser Erde, und und stärkte ihn durch unmittelbaren Beistand.

Während er diese weitgestrekten Länder besaß, nahmen auf seine Vorstellungen eine Menge Amharenser, die Gott ihm zuführte, um sie unter seiner glüklichen Regierung vom höllischen Feuer zu erretten, den Islam an. Denn dies ist die Gnade Gottes, die er angedeihen läßt, wem er will. Ja, Gott ist gnädig und groß!

Nach Jomaleddin regierte sein Bruder Shehaboddin Ahmed Badla. Dieser ließ den Mörder seines Bruders, nachdem er ihn aufgefunden hatte, hinrichten. Uebrigens folgte er dem Beispiele Jomaleddins, und unternahm einen Feldzug gegen die Amharenser; er unterjochte sich verschiedene Länder, tödtete viele feindliche Anführer, verbrannte die Städte, machte Beute, legte die Einwohner in Fesseln, und führte sie gefangen weg. Und so wie er sich grosse Reichthümer dabei sammelte, eben so hatten auch alle, die mit ihm waren, Ueberfluß an Gold, Silber, Kleidern und Harnischen, und machten überdies unzählige zu Sklaven.

Shehaboddin zerstörte sechs Tempel, und die meisten Städte, und eroberte das Land Bali wieder, das die Christen an sich gerissen hatten, worin er tausend muhammedanische Familien wieder herstellte. Unter seiner Regierung, nämlich im Jahr 839 geschah es, daß eine sehr grosse Menge Moslems und Kristen umkam, und daß der Hati selbst auch starb, dem man einen kleinen Knaben unterschob, welcher, so wie Sultan Badla, seine Residenz im Lande Dechr hatte, sein Bruder Haireddin aber residirte im Lande Rachlah.

Badla war um der Gerechtigkeit willen, die er in seinem Reiche in Ausübung brachte, sehr berühmt. Den Reisenden verschaffte er Sicherheit, seine Bürger schüzte er vor dem Unrecht, das ihnen entweder von Seiten der Soldaten oder anderer Menschen widerfuhr, und der Preiß der Lebensmittel war unter seiner ganzen Regierung wohlfeil.

Zugabe

einiger Anmerkungen

zu

Makrizi's historischen Nachrichten.

Es bedarf keiner Beweise, um jeden aufmerksamen Leser zu überzeugen, daß Makrizi's geographische Nachrichten von Habessinien von geringem Werthe sind, doch verdienen sie ihres Alters und Urhebers wegen, und besonders um des Umstandes willen, daß sie manche neuere Berichte bestätigen, einige Achtung. Auch dies giebt seinen historischen Nachrichten einigen Werth.

Seine geographischen Nachrichten von Habessinien wollen wir hier noch etwas auseinandersezzen.

a) **Gränzen von Habessinien** (S. 267.) nordöstlich das indische, d. h. das rothe Meer — durch die Küstenländer fließt der Sihoun — (Takazze?) — Die Westseite des Landes stößt an das Land Cachrur — wahrscheinlich Tokrur, ein Land in Nigrizien a). — Südliche Gränze: Vadi Borcha ein Name, der in andern arabischen Schriften nicht gefunden wird. b)

b) **Einzelne Landschaften von Habessinien** nennt Makriz:

---

a) Hartmanni Comment. de Geogr. Afr. Edris. p. 50.
b) Sollte es das Bucha des Scherif Edrisi (Hartmann, p. 72.) oder Botha des Herbelot — ein Ort in Sofala — seyn, so wäre hier Habessiniens südliche Gränze gewaltig weit ausgedehnt,

1). Amhar, das er auch Marada c) nennt — unser Amhara.

2) Schavah — ohne Zweifel Schoa.

3). Damout — Damot.

4). Lamanon — ? d)

5). Sanhou — (etwa Angot?)

6). Zeng —

7). Adeleomra — Adel? e)

8). Hamasa, vielleicht Hamasen? f)

9). Bareia.

10). Terazekeslami oder Zeila.

Von diesen zehn Landschaftsnamen können nur sechse mit Gewißheit erklärt werden, die übrigen viere widerstehen auch der eifrigsten Konjekturensucherei; sie haben einen einzigen ausgenommen gar keine Aehnlichkeit mit den bekannten habessinischen Ländernamen,

---

doch dies stimmte mit den falschen Nachrichten unseren ältern Geographen überein. (M. s. oben S. 6.) Wadi bedeutet im Arabischen: Thal, Tiefe, Flußbeet, auch Fluß.)

c) Dieses Markade ist ohne Zweifel mit Chrisi's Markata, einer Stadt in Habessinien, einerlei. (Hartmann, p. 58.)

d). Die Aehnlichkeit dieses Namens mit dem Namen des Berges Lamalmon möchte hier leicht zu gewagten Vermuthungen führen.

e). Adel el omra — ein zusammengesetztes Wort, wie der in der Mitte stehende Artikel zeigt — darf ich es dollmetschen: Gerechtigkeit der Fürsten? — So heißt es buchstäblich — oder soll es bedeuten das Land Adel der Fürsten — ? Dies el omra (die mehrere Zahl von Emir) ist hier sicher nicht eigner Name.

f) Doch schwerlich. (Oben. S. 58.)

auch findet man sie bei keinem der erforschten arabischen Geographen.

Als ehemalige Haupt- und Residenzstadt von Habessinien nennt Makrizi:

Saphrat oder Zarafratah, auch Ahsharam genannt. Andre nennen sie Saphuat, welche Stadt mit Nagiaza (des Scherif Edrisi) einerlei seyn soll, g) und diese Stadt liegt am Takazze. h)

Von dem Königreich Zeila, (welches Makrizi auch zu Habessinien rechnet i), gibt uns derselbe, als von dem Lande, das der eigentliche Siz der von ihm sogenannten rechtgläubigen (muhammedanischen) Habessinier war, eine genauere Beschreibung (S. 273. u. ff.) als uns irgend ein andrer Schriftsteller gegeben hat k), und diese macht den vorzüglichsten Theil seiner geographischen Nachrichten aus.

Als Provinzen dieses Königreichs nennt er:

1). Aufat, die Hauptprovinz, zu welcher die Halbinsel (nicht Insel?) Zeila mit der gleichnamigen Hauptstadt des ganzen Reichs gehört. — Die

---

g) Hartmann, p. 58. — Dies Nagiaga (Nadschiagah) möchte wol nicht mehr als: Nagaschs-Stadt bedeuten.

h) Hartmann, p. 56. — Sollte es nicht Axum seyn, welches auch nicht weit vom Takazze liegt? —

i) Weil es damals dem Beherrscher des habessinischen Reichs Tribut bezahlte.

k) Man vergleiche Hartmann, p. 59. Dappern u. A.

Namen Aufat und Auffa, als mit welchem leztern die Reisebeschreiber die Residenzstadt des Königs von Adel oder Zeila belegen, sind wol einerlei? — l)

(2). Davuru — dies ist die Landschaft Dawaro auf unsern Karten. m)

(3). Arababni — dieser Name fehlt auf allen Karten und bei allen andern Schriftstellern.

(4). Hadiah — Ist dies die Landschaft Kambat, die auch Adna oder Hadya genannt wird? — n)

[Bei dieser Provinz nennt Makrizi eine habessinische Stadt Daschlu, deren Name sonst nirgends vorkömmt.]

5). Scherha — ein unbekannter Name.

(6). Bali — eine Landschaft am Hawasch. o)

(7). Darah — sollte dies, nach der von Magrizi angegebnen Lage wol Dankali seyn? — p)

---

l) Um so wahrscheinlicher, da Makrizi bald darauf (S. 277.) auch eine Stadt Aufat nennt.

m) Oben, S. 79.

n) Dem Namen nach scheint es wol — aber weder der Lage noch Makrizi's Beschreibung nach. (M. s. oben, S. 80).

o) M. s. oben, S. 79.

p) Eine nicht sehr gegründete Vermuthung — doch wäre es wol möglich, daß dies dem Reiche Zeila so nahe liegende Dankali vormals auch dazu gehört habe.

So wie hier Makrizi dem Reiche Zeila oder Adel einen Umfang giebt, den es wol einst gehabt haben mag, aber nicht mehr hat, eben so passen auch seine angegebenen Gränzen von Habessiniens jezt nicht mehr. q) Seine übrigen Nachrichten von Habessinien natürlicher Beschaffenheit und Einwohnern sind zwar kurz und unbefriedigend, doch meist richtig, und dienen zur Bestätigung dessen, was uns neuere Schriftsteller davon berichtet haben, als womit jene beinahe ganz übereinstimmen.

Gar nicht reichhaltiger sind die kurzen Nachrichten von Habessinien, welche wir in den übrigen vorhandenen geographischen Schriften der Araber finden. r) Abulfeda gibt bloß die Lage dieses Landes an, und nent die Hauptstadt Garmi. s) — Der Scherif Edrisi, welcher auch Zeila zu Habesh rechnet, ist etwas ausführlicher; er beschreibt ganz kurz die Naturbeschaffenheit dieses Landes, zählt Flüsse und Berge auf, und nennt mehrere Städte t) — im Ganzen sehr mangelhaft! — Die nach kürzern Nachrichten des Massudi, Bakui und Ibn al Uardi u) können jene nicht viel ergänzen.

Ueberhaupt war Habessinien den Arabern nicht sehr bekannt, ob es gleich schon frühe von ihnen be-

---

q) M. s. oben, S. 9.

r) M. s. *Hartmann*, am angef. Orte.

s) Pag. 29. noch Eichhorns Ausgabe, und S. 353 der Reiskischen Uebersezzung im V. B. von Büschings Magazin.

t) *Hartmann*, am angef. Orte, und *Kurzmanni* Commentatio de Africa Geographi nubiensis, p. 36. sq.

u) In den *Notices & extraits des Manuscrits de la Bibl. du Roi* &c. T. I. & II.

sucht worden ist v) — und darum bleiben Makrizi's geographische Berichte von demselben ein schäzbarer Beitrag zur Erdkunde der Araber. w)

Was nun seine historischen Nachrichten betrift, so möchten sie wol noch von grösserm Werthe seyn, da sie theils mit der von Neueren geschriebenen Geschichte dieses Landes übereinstimmen, und ihre Angaben bestätigen x) — theils eine grosse Lükke in den habessinischen Annalen einiger Maßen ausfüllen helfen y) — wenn sie nur weniger partheiisch, und mit wenigeren Uebertreibungen geschrieben wären. z) —

Doch, wir müssen uns jezt damit begnügen, so wie sie sind!

---

v) M. s. *Renaudot*, Anciennes Rélations &c. p. 305.
w) Sprengels Geschichte der wichtigsten geograph. Entdekkungen, neue Aufl. S. 155.
x) Oben, S. 270.
y) Oben, S. 272.
z) S. 281. u. ff.

Nachtrag.

Zusäzze,

Anmerkungen und Verbesserungen

zu

dem ersten und vorzüglich zu diesem zweyten Theile.

Hier liefre ich noch eine Nachlese von Zusäzzen, Anmerkungen und Verbesserungen, die mich an der Vollendung dieses Bandes sehr aufgehalten hat; denn ich wartete lange, und leider vergeblich auf noch mehrere Hülfsmittel dazu — indessen erschien der langerwartete zweite Theil von des gelehrten Herrn Prof. Bruns zu Helmstädt Versuch einer systematischen Erdbeschreibung der entferntesten Welttheile ɪc. — und dieser zweite Theil enthält eine trefliche, kritisch bearbeitete Beschreibung von Habessinien, bei welcher vorzüglich Ludolf, Lobo, Pomet und Bruce benuzt sind. Da aber der Herr Verfasser auch einige andere Hülfsquellen, besonders ein hierunten angezeigtes französisches Manuscript, die für mich nicht zugänglich waren, dabei benuzt hat, so findet sich in dieser sorgfältig gearbeiteten Beschreibung Manches, das in der meinigen (die zwar hie und da ausführlicher und weitläufiger ist) fehlt, und um der Vollständigkeit willen hier in diesen Zusäzzen nachgeholt zu werden verdient. Zugleich will ich bei dieser Gelegenheit die Punkte anmerken, in welchen die Beschreibung Habessiniens des Herrn Bruns von der meinigen abweicht, um eine kritische Vergleichung zu erleichtern, die — ich gestehe es — zum Vortheile eines Mannes ausfallen muß, dessen grosses Uebergewicht auch öffentlich

(Lobo's Reise II. Theil.) U

anzuerkennen allerdings meine Schuldigkeit ist, und dessen Lage in jeder Rüksicht für die Wissenschaften weit günstiger ist, als die meinige.

Ausserdem was ich in dieser Nachlese zur möglichsten Vervollkommnung meines Werks aus gedachter Beschreibung (die ich zuspät erhielt, um sie zu meinem größten Vortheile bei der Ausarbeitung meiner in diesem Bande gelieferten historisch-geographischen Beschreibung benuzzen zu können) entlehnte, reihete ich hier auch einige seither aufgefundene oder mir von gelehrten Freunden mitgetheilte Bemerkungen und Verbesserungen zusammen, die ich zur gehörigen Ergänzung nöthig achtete. —

Ich zweifle nicht, daß auch hier noch Manches zu verbessern und nachzuholen übrig bleibt. — Unser Wissen ist ja Stükwerk! —

Zusäzze,
Anmerkungen und Verbesserungen.

Zur Litteratur von Habessinien.
(I. B. Seite 3 — 26. und S. 297 — 302.)

(a) Allgemeine Beschreibungen von Afrika, in welchen auch Habessinien beschrieben ist:

1). *Leonis Africani* (Joannis) totius Africæ Descriptio &c. Neueste Ausgabe, 8. Lugd. Bat. 1632.

Die verschiedenen Ausgaben und Uebersezzungen dieses Werks findet man angezeigt in *Menselii* Bibliotheca histor. Vol. II. I°. II. p 319. M s. auch Bruns Erdbeschreibung. II. Thl. S. 3.

2). *Marmol Caravajal* (*Luys del*) Descripcion general de Africa &c. en Grenada, fol 1573 — 99.

Franz. übersezt von d'Ablaucourt, 4. Paris, 3 Bde. m. K. — Marmol hat einen grossen Theil von Afrika selbst durchreiset.

3). *Grammaye* (J. B.) Africæ illustratæ Libri X. 4. Toruaci, 1622.

Auch dieser Geograph hat Afrika selbst durchwandert.

4). Dappers Werk ist schon (I. B. S. 5.) angeführt.

Die Quellen, welche dieser ziemlich sorgfältige und treue Kompilator benuzt hat, und welche er nennt, sind: Davity (der eine allg. Geographie herausgegeben hat) Sanuto (Verfasser von Geographie dell' Africa. Fol. in Venetia, 1588.) — Jarrik (von welchem hier unten) — *Godignus* und *P. Jovius* (von welchem I. B. S. 5. und 26.) Auch hat er den Alvarez Damian a Goez und Tellez zu Rath gezogen.

5). *De la Croix*, Rélation universelle de l'Afrique ancienne et moderne &c. 12. Lyon, 1688. IV. Vol. it. 8. ibid. 1713.

Eine brauchbare Umarbeitung und Erweiterung des Dapperschen Werks.

6). Afrika. Ein geographisch-historisches Lesebuch, von K. Hammerdörfer und M. Kosche. gr. 8. Leipzig, 1787.

Die Beschreibung von Habessinien in diesem Werke paßt recht gut zu dem Ganzen — das heißt, sie ist noch unter dem Mittelmäßigen, aus eben so schlechten Quellen geschöpft, als schlecht ausgearbeitet. (M. s. die Rezension in der Allg. Litt. Zeitung, 1787.

7). Versuch einer systematischen Erdbeschreibung der entferntesten Welttheile, Afrika, Asien, Amerika und Südindien. — Afrika — von Paul Jacob Bruns. Erster Theil: Aegypten. 8. Frankfurt, 1791. — Zweyter Theil: Nubien, Senner und Habesch. 1793.

Ohne mich in eine genauere Beurtheilung dieses Meisterwerks einzulassen, ist es genug, wenn ich sage, daß die kritisch bearbeitete Beschreibung Habessiniens im zweyten Theile, nicht nur aus den beßten Quellen geschöpft, sondern auch vortreflich ausgeführt ist. Auſser den Werken eines Alvarez, Godignus, Tellez, Ludolf, Lobo und Bruce benuzte der gelehrte Herr Verf. auch ein noch ungedrucktes Werk von *de la Croix* dazu (wovon hierunten noch) und verglich auch die Kenntnisse der arabischen Geographen von diesem Lande. Seine Beschreibung von Habessinien geht von 49 bis 232. Dann folgt die Geschichte dieses Reichs bis S. 284. — Wir werden hiernach die wichtigsten Zusäzze in Lobo's Reise daraus ausheben.

b) Zur Kenntniß der Araber von Habessinien gehören noch folgende in den Anmerkungen bereits angeführte Schriften:

1). *Abulfedæ* Africa, cur. *Eichhorn*. gr. 8. Gotting. 1791.

Ein sehr schäzbarer Abdruk des lat. Originals. Eine lateinische Uebesezzung von Reiske steht im IV. und V. B. von *Büsching's* Magazin. — Abulfeda's Nachrichten von Nigrizien und Habessinien stehen auch in Rinks (S. 301. des I. B. d. W. angeführten) Ausgabe von Makrizi.

2). Notices & extraits des Manuscrits de la Bibliotheque du Roi &c. &c. 4. Paris. 1787. & 1789. T. I. & II.

Diese (nun auch ins Deutsche übersezte) schäzbare Sammlung wichtiger Bruchstükke, enthält auch Auszüge aus arabischen, historisch-geographischen Schriftstellern, nämlich: Abul Hassan Ali, mit dem Beinamen Masudi — Jbn Al Uardi — Ahmed Schehabeddin und Bakui.

3). *Hartmanni* (J. M.) Commentatio de Geographia Africæ Edrisiana. gr. 4. Gotting. 1791.

Eine Preißschrift, welche sehr viel Licht über die Kenntniß der Araber von Afrika verbreitet, und mit grossem Fleisse ausgearbeitet ist.

4). *Kurzmanni* (J. P.) Commentatio de Africa Geographi nubiensis. gr. 8. Jenæ, 1791.

Diese Abhandlung hat neben erstgenannter das Akzessit erhalten; sie ist nicht ohne Verdienst, aber weit kürzer, und flüchtiger gearbeitet, als jene.

(Makrizi ist schon angeführt worden.)

c) Von andern Habessinien insbesondere betreffenden Schriften ist hier noch folgendes nachzuholen:

1). *Relation nouvelle de la haute Ethiopie ou Abissinie, vulgairement et Faussement le païs du Prete-Jean. Au très-révérend Pere de la Chaisse, Conseiller, Confesseur du Roi.* — Ad multos annos futuros & faustum sinem decurrentis 1700

Dies ist der Titel einer Handschrift, die in der Baron von Waarmannschen Bibliothek zu Leiden aufbewahrt wird, und welche von dem Hrn. Prof. Bruns auch bei seiner erwähnten Beschreibung von Habessinien benutzt worden ist. Als Verfasser wird ein Herr *de la Croix* genannt, welchen Hr. Bruns mit dem französischen Gelehrten *François Petit de la Croix*, welcher im J. 1713. starb, und von welchem man weiß, daß er im Orient gewesen ist, für Eine Person hält.*) Der Verfasser dieses Mscr. sagt auch, er sei in Kophira gewesen, wo er mehrere geschikte und aufrichtige Habessinier gesprochen hat, aus deren Berichten sowol, als aus Nachrichten, die er von Jesuiten erhielt, und aus den Schriften des Ludolf, Tellez, Barros, Girard, Marchand, Jansson und Genebrard Pinad er diese Beschreibung von Habessinien zusammengetragen hat. Sie ist in 27. Kapitel abgetheilt. Dabei ist auch eine kleine Karte von den Quellen des Nils, mit der Ueber-

---

*) Erdbeschr. II. Th. S. 65. u. ff. — Ist aber dies nicht derselbe *Sieur de la Croix*, welcher die oben angeführte Beschreibung von Afrika in 4 Bänden ausgearbeitet hat? — Und ist das hier beschriebene Manuscript nicht etwa bloß im Abschnitt von der damals noch ungedrukten zweiten Auflage dieser allg. Beschreibung von Afrika? — Ich wage diese Vermuthung, um Andre hierauf aufmerksam zu machen. Ich konnte die Sache nicht näher untersuchen, weil ich die mehrgenannte Beschr. v. Ohrfa, die auch auf hiesiger Herzogl. Bibliothek fehlt, nicht damit vergleichen konnte.

ſchrift: „*Carte particuliere du Nil en Ethiopie faite par les RR PP. Jeſuites Miſſ. qui ont trouvé la ſource inconnue.*" *)

2). Lobo, (P. Hieron.) von deſſen Reiſebeſchreibung, Le Grand'ſcher Ausgabe iſt mir ſeither auch die Quart-Auflage zu Händen gekommen, von welcher ich nur noch anzuzeigen habe, daß ſie in allem mit der Oktavausgabe (welche auch Hr. Bruns bei der Hand hatte) durchaus übereinſtimmt, auſſer daß ſie zwei Karten hat, welche bei dieſer fehlen, nämlich eine Karte von Habeſſinien, welche eine getreue Kopie der Ludolfſchen iſt, und zweitens die ſchöne d'Anvilleſche Karte von der Oſtküſte Afrika's.

Hr. Bruns, welcher unſerm Lobo alle Gerechtigkeit wiederfahren läßt, und (S. 60.) deſſen Werk die zweite Hauptreiſe nach Habeſſinien, und eine Hauptquelle zur Kenntniß dieſes Landes nennt, führt auch den (im I. B. d. W. S. 13 ſchon angezeigten) engliſchen Auszug aus Lobo's Reiſebeſchreibung an, deſſen vollſtändige Titel iſt:

A ſhort relation of the river Nile, of its ſource and current, of its overflowing the campagnia of Aegypt till it runs into the Mediterranean; and of other cocentries. Written by an Eyewittneſs, who lived many years in the chief Kingdoms of the Abyſſine Empire. —

Den von dieſem verſchiedenen alten deutſchen Auszug aus Lobo (m. ſ. S. 298. u. ff. im I. B. d. W.) ſcheint auch Hr. Bruns nicht zu kennen.

Der berühmte Johnſon iſt der Verfaſſer der engliſchen Ueberſezzung von Lobo's Reiſe, welche im I. B. d. W. S. 14. angezeigt iſt. (M. ſ. Boswell's Biographie Johnſon's.)

---

*) Dies Kärtchen ſcheint daſſelbe zu ſeyn, noch welchem im I. B. d. W. auch eine Kopie geliefert worden iſt. — ?—

3). Baratti's Reise — (I. B. d. W. S. 17. und II. B. S. 187. ff.)

Von diesem Reiseschreiber sagt Hr. Bruns (S. 61.) „Ludolf scheint von Baratti zu hart zu urtheilen, wenn er ihn ganz verwirft, und die geschehene Reise fast bezweifelt. Vieles mag dieser Reisende, der ein Soldat gewesen zu seyn scheint, falsch gehört oder unrichtig verstanden haben, und doch in dem, was er selbst beobachtet und gesehen hat, zu verläßig seyn."—

4). Bruce's Reise (I. B. d. W. S. 18. und Anfang, S. 300.) Hier ist noch anzumerken:

(1). Die Uebersetzung des Auszugs aus Bruce's Reisen, von Schaw. — 8. Erlangen, 1792.

(2). Der Auszug, welcher unter dem Titel: Kurze Beschreibung von Abyssinien und seinen heutigen Bewohnern. Ein historisch-geographischer Auszug aus James Bruce's Reise nach den Nilquellen. 8. Leipzig. (Bei Weigel und Schneider in Nürnberg) — als die zweite Abtheilung des XVIII. Bandes der Bibliothek der neuesten Reisebeschreibungen erschienen ist. — Dieser Auszug enthält bloß die geographischen und etheographischen Nachrichten aus der deutschen Leipziger Uebersetzung ausgezogen. *) Die beygefügte Karte ist ein verkleinerter Nachstich der grossen Bruceschen.

In seinem Urtheile von Bruce's Reisebeschreibung stimmt Herr Prof. Bruns ganz mit mir überein. Er sagt auch: (S. 63.) „Daß wir durch H. Bruce in

---

*) Dieser Auszug wird irrig mir (dem Herausgeber dieser Lobo'schen Reisebeschreibung) zugeschrieben, da ich doch keinen Theil daran habe, als daß ich den deßhalb erhaltenen Auftrag einem jungen Manne gegeben habe. Die Vorrede unter welcher zwar mein Name steht, ist dennoch auch nicht von mir.

der Kenntniß Abyssiniens nicht viel weiter fortgerükt sind, ist ein Saz, zu welchem die folgende Beschreibung die erforderlichen Belage enthält. Allein er kann doch nicht aus der Liste der Quellen ausgelassen werden. Manches Faktum beruhet allein auf seiner Aussage, und es muß denen, die Muth genug haben, in seine Fußstapfen zu treten, überlassen werden, darüber ein entscheidendes Urtheil zu fällen. Der Verfasser würde weit mehr geleistet haben, wenn er weniger gelehrt hätte seyn wollen, den Reisen seiner Vorgänger, insbesondere Lobo, nicht allen Werth abgesprochen, und seine Geschichtserzählung von der Beschreibung getrennt hätte. Wo er sich vorgenommen hat, von seinen Reisen zu sprechen, da glaubt er, durch übertriebene, auffallende, mit Hohnsprechung Anderer, und mit grossem Geräusch vorgetragene Nachrichten den Leser unterhalten zu müssen. Wann er nur beiläufig eines Umstandes erwähnt, ist er deutlicher und zuverläßiger." —

---

d) Zu den S. 20. und 23. des I. B. d. W. angeführten Reisebeschreibungen und anderen Habessinien betreffenden Schriften gehören auch noch folgende:

1). JARRIC (*Pierre du*) *Histoire de choses mémorables avenues taut ès Indes orientales, qu'autres pays de la découverte des Portugais &c.* 8. Bordeaux, 1609. II. Vol.

Lateinisch unter dem Titel: Thesaurus rerum Indicarum &c. Uebersezt und vermehrt von Martinez, 8. Kölln, 1615. 4 Theile.

Dies veraltete Werk wird von Dapper zitirt.

2). *Histoire de ce qui s'est passé au Royaume d'Ethiopie ès années 1624. 1625. 1626 tirées des Lettres ecrites et addressées au R. P.* MUTIO VITELESCHI, *Général de la C. de J. trad. del'Italien, par un Pere de la méme Comp. à Paris,* 1629. — und

Histoire de ce qui s'est passé és royaumes d'Ethiopie en l'année 1626. jusqu'au mois de Mars 1627. et de la Chine &c. à Paris 1629.

Dies ist der wahre Titel der S. 24. im I. B. d. W. kurz angeführten Schrift — aus welchem erhellet, daß sie keine Uebersetzung von de Veiga's Abhandlung ist. (Bruns, S. 60.) Es könnte eher eine Uebersetzung der Litteræ annuæ von Almeida seyn. (M. I. B. d. W. S. 24.)

3). Lettera di S. Ignazio di Loyola a Claudio Imperatore dell Etiopiæ e Re degli Abissini, nella quale si difende il primato e la suprema autorità del Romano Pontefice e l'unita della chiesa, tradotta dal latino ed illustrata con note dall Abbatte Niccolo de Lagua, con una preliminare notizia del medissimo intorno all Etiopia e ad alcune particolarità della stessa lettera. 8. Roma, 1790.

„Eine elende Broschüre" nennt Herr Prof. Bruns dies Werkchen, welches er S. 252. seiner Beschreibung von Habessinien anführt. Es enthält auch gar wenig Brauchbares.

Ferner können folgende beide Reisebeschreibungen hier noch angemerkt werden, die zwar nicht unmittelbar Habessinien betreffen, aber doch einige Nachrichten von diesem Lande enthalten:

4). Bernier's Reise nach Indien — *Voyages de* FRANÇ. BERNIER, *contenant la déscription des états du Grand Mogol &c.* neueste Aufl. 12. *Amst.* 4. *Vol. av. fig.*) von welcher ich nur die abgekürzte Uebersetzung in den asiatischen und afrikanischen Denkwürdigkeiten (m. s. I. B. d. W. S. 17.) bei der Hand habe.

Bernier erzählt (S. 84.) daß zu seiner Zeit eine habessinische Gesandtschaft nach Hindostan gekommen sei, durch welche er einige Nachricht über dieses Land erfuhr. (Wovon weiter unten.)

Zusäzze,

5). Sandys, eines Engländers Reise durch Europa, Asia und Afrika (im J. 1610. angefangen) nach Jerusalem u. s. w. 2. Frankf. 1669. im K.

Das Original ist 1632. zu London in Folio herausgekommen. —. Sandy's berichtet (S. 373.) auch Einiges von den Habessinern, bei Gelegenheit derer, die er zu Jerusalem traf.

Anmerkung zu Seite 25. des I. B. d. W.

Bruce zitirt (I. B. S. 480.) auch den Dos Santos bei Gelegenheit seiner Abhandlung über Ophir und die Fahrt der salomonischen Schiffe, verräth aber dabei, daß er diesen nicht selbst sondern bloß Le Grand's (m. s. I. B. d. W. S. 15.) dem Lobo beigefügte Abhandlung über denselben Gegenstand, worin Dos Santos wirklich angeführt wird, gelesen habe; denn er nennt den Herausgeber des Dos Santos — Le Grand, welches ganz irrig ist. Das Original ist lange vor Le Grands Zeit herausgekommen, und die auch früher erschienene französische Uebersezzung ist von Einem Namens *Charpy*.

Noch einige Zusäzze und Anmerkungen zum Ersten Bande dieses Werks.

Zu Seite 84. Anmerk. Ueber den Innenhandel von Südafrika findet man auch Einiges im I. B. des Repositoriums, von Bruns und Zimmermann. — Bruce's dahingehörige, unverbürgte Nachrichten (II. B. S. 308.) verdienten näher untersucht zu werden.

Zu Seite 87. Sind die Bresomas-Gallaer des Lobo nicht etwa einerlei mit den Bertoma-Gallaern des Bruce? (W. s. dessen Karte.)

Zu Seite 110. — Alvarez (Kap. 137.) spricht von einem in Nubien nordwärts von Habessinien wohnenden mohrischen Volke, das er Belloer nennt, welches an Habessinien Tribut bezahlt, und dem Könige desselben eine Menge Pferde liefert. Weiter gegen Norden (sagt derselbe) wohnen die Nubier, welche ehemals Kristen waren, jezt aber gar keine Religion mehr haben. —

Zu Seite 281. Im Anfang dieses Jahrhunderts (zwischen 1709. und 1714.) kamen unter der Regierung des Königs Oustas wieder drei europäische katholische Mönche nach Habessinien, wo sie sich lange verborgen hielten. Endlich wurden sie unter der folgenden Regierung hervorgesucht, verhört und gesteinigt. (Bruce II. B. S. 562. u. ff.) Es sollen dieselben gewesen seyn, auf deren Anstiften Du Raule um's Leben kam.

„Seitdem die Missionen der europäischen Mönche in Habesh (sagt Bruns, S. 284.) den in Rom gewünschten Endzwek nicht erreicht haben, scheint die Propaganda einen andern Weg einzuschlagen, der das Leben der Europäer nicht mehr in Gefahr sezt. Einges borne des Landes werden jezt auf ihre Kosten in ihrem Kollegium erzogen, und in ihr Vaterland zur Bekehrung ihrer Landsleute zurükgeschikt. Im J. 1788. wurde Tobias Ghbrazer, geboren den 15. Jun. 1755. zu Davala Marjam einer Stadt in der Provinz Ramiam im Reiche Dembea zu Rom zum Bischoff von Adäle nach dem griechischen Ritual konsekrirt. Er war vorher Mönch von dem Orden des H. Antonius in Egypten gewesen, und nachdem er seine Irrthümer abgeschworen, fünf Jahre in der Propaganda unterrichtet, und wurde dann in Gesellschaft eines gleichfalls aus Habesch gebürtigen Priesters nach diesem Lande zurükgeschikt." — (Lettera di S. Ignazio, wovon oben.)

Zu Seite 290. Zu den Versuchen der Europäer das Land Habesch zu erforschen, gehört auch die zu frühe verunglükte Unternehmung des Willhelm Lithgow, von welcher ich hier aus folgendes erzählen kann: *)

„Um die Mitte dieses Jahrhunderts faßte Willhelm Lithgow (auch eine Schotte, wie Bruce) den Entschluß, nach Habessinien zu reisen. Er wollte seinen Weg über Alexandrien nehmen, und begab sich deßwegen auf ein dahin segelndes französisches Schiff. dieses ankerte zu Malaga (in Spanien) und Lithgow

---

*) Aus dem was ich unter meinen Exzerpten davon fand — ohne mich jezt mehr besinnen zu können, woraus ich diese kurze Erzählung exzerpiert habe, da ich es leider vergaß meine Quelle beizusezzen. Ich habe jezt auch weder Zeit, noch Gelegenheit weiter darüber nachzuforschen.

stieg mit Andern ans Land, um daselbst bis zur Abfahrt seines Schiffes zu verweilen. Während seines Aufenthalts daselst kam auch ein englisches Geschwader auf jene Rhede, und Lithgow fand mehrere Bekannte auf demselben, mit welchen er sich besprach. Dieses segelte wieder ab, und Lithgow blieb zu Malaga um die Abfahrt seines Schiffes zu erwarten, und hielt sich während dieser Zeit ganz stille. Als er nun am Abend vor seiner Abreise in seine Herberge gieng, wurde er plötzlich von neun Soldaten überfallen, in einen scharzen Mantel verhüllt, und vor den Statthalter gebracht. Diesen fragte unser Reisende, was denn die Ursache seiner Gefangennehmung sei, aber man antwortete ihm bloß, er müsse das Verhör abwarten. Er wurde nun in Verwahrung gebracht. In dem darauf folgenden Verhöre mußte er zuerst schwören, daß er die reine Wahrheit bekennen wolle, und dann gefragt, warum er nicht mit dem englischen Geschwader abgereist sei? Wie die Kapitäns desselben hießen? u. s. w. Kurz, man hielt ihn für einen englischen Spion. *) Vergebens betheuerte Lithgow, daß er bloß ein reisender Privatmann wäre, vergebens berief er sich auf seine ganz unverdächtigen Schriften und Briefschaften. Man glaubte ihm nicht. Alles was er bei sich hatte wurde ihm weggenommen, und 200 Thaler von seiner Baarschaft wurden zur Erbauung eines Kapuzinerklosters hingegeben; das Uebrige ward unter die Soldaten vertheilt. Nun lag er in dem erbarmungswürdigen Zustande in einem scheußlichen Kerker, beladen mit Fesseln und ausgespannt in Eisen. Der Statthalter

---

*) Aus diesen und anderen Umständen zu schliessen scheint der Zeitpunkt gegenwärtiger Geschichte zwischen die Jahre 1749. und 1754. zu gehören. Doch kann ich dies jetzt nicht mit Gewißheit bestimmen

besuchte ihn hier selbst, um ihn zu dem Bekenntnisse zu vermögen, daß er ein Spion sei. Als er sich dessen weigerte, wurde er nach übler behandelt, bekam auf zwei Tage nur sechs Loth Brod und ein wenig Wasser; mußte auf faulem Strohe liegen, und das kleine Loch durch welches ihm noch einiges Licht zu schimmerte, wurde vermauert. Er wurde hierauf abermals befragt, und als er wieder nicht bekennen wollte, was er nicht bekennen konnte, so wurde er auf das grausamste gefoltert. Er überstand aber auch diese Pein, und ward wieder in das Gefängniß zurükgebracht, wo man ihn durch Androhung neuer Martern zu erschrökken suchte. Doch fand er einen mitleidigen Beistand von Seiten einer Magd des Statthalters und eines Mohrensklaven. Beide wurden von seinem elenden Zustande innigst gerührt. Jene brachte ihm einige Erfrischungen, und dieser reinigte ihn vom Ungeziefer. — Als nun der unglükliche Lithgow durchaus nicht eingestehen wollte, daß er ein Spion sei, so ward er der Inquisition als ein Erzkezzer übergeben. Der Statthalter, der Inquisitor und zwei Jesuiten kamen zu ihm in den Kerker und befragten ihn, wegen seines Glaubens. Er bekannte freimüthig, daß er ein Protestant sei. Darauf erhielt er zur Antwort, dies sei hinreichend ihn zum Scheiterhaufen zu bringen. Nun drang man heftig in ihn, seinen Glauben abzuschwören, und endlich ward er deßhalb wieder aufs schröflichste gefoltert. Aber er blieb standhaft und erwartete nun den Tod im Feuer. Doch seine Rettung war nahe. Ein Bedienter des Statthalters hörte, daß sein Herr mit Bedauern einem andern Vornehmen das traurige Schiksal des armen Britten erzählte — und eilte gerührt, es einem englischen Faktor anzuzeigen. Dieser versammelte sogleich alle anderen Engländer, man schloß, daß dieser Unglükliche kein anderer als der vermißte Lithgow seyn könne, und auf der Stelle ward ein Eilbote an den englischen Gesandten zu Madrid abgeschikt. Der Gesandte bewirkte darauf in Kurzem die Befreiung des armen Märtyrers. Lithgow war so kraftlos, als ihm diese frohe Botschaft angekündigt ward, daß ihn ein Sklave auf dem Rükken aus dem Kerker in das Haus eines Engländers tragen mußte. Er kehrte dann in sein Vaterland zurük." Und so zerschlug sich seine Reise nach Habessinien.*

---

*) Sollte nicht auch dieses sein Vorhaben, nach Habessinien zu reisen, die Jesuiten gegen ihn aufgebracht haben? —

Vierfaches Register

zu

Lobo's Reisen ꝛc. ꝛc.

Die römischen Zahlen bezeichnen den Band, und die andern die Seiten.

I.

Realregister
der vorzüglichsten Merkwürdigkeiten.

Abba Gumba. I. 160.
Abbuna. II. 123.
Aberglaube der Habessinier, I. 213. 233. 250. 253.
Abgraben des Nils, ob es in der Gewalt der Habeßinier ist? II. 24. ff.
Abschied von dem Könige von Dan-Sali. I. 133.
Abyssinien, m. s. Habessinien Unrichtigkeit dieses Namens I. 31.
Adel oder Zeila, s. Zeila.
Aderlässe, sonderbare eines mohrischen Barbiers. I. 88.
Afamafon. I. 153.
Affen. II. 45.
Afrika's Ostküste. I. 77.
Agaschirs. II. 111.
Agaus, Nachricht von diesem Volke. II. 144.
Akalexus, seine Schifsale. I. 244.
Akoba. I. 270.
Alkier. I. 249.

Amadmagda. II. 35.
Ambas, eine Art Berge. II. 15.
Ameisen. II. 50. rothe. 234.
Amphiblen. II. 48.
Anchay, Frucht. 239.
Annalen, habessinische. II. 175. u. ff.
Armee, habess. I. 202.
Assazoe, Schlangenkraut. II. 35.
Audienz bey dem Könige von Dankali. I. 126.
Audienz, Poncet's bey dem Könige von Habessinien. II. 225.
Audienzzeremonien bey dem Bubo. I. 83.
Auck, die Gottheit. I. 152.
Austreten des Nils. I. 229.
Argazze, Titel des Fürsten von Konntsch. II. 81.

B.

Baasa, ein Volk. II. 89.
Babelmandel, Insel. I. 103.
Bäume in Habessinien. II. 38.

Empörung aus Eifersucht. I. 208.
Ensete, Pflanze. Beschr. I. 231. II. 38.
Esel. II. 42.
Ethiopien, Unbestimmtheit dieses Namens, Begriffe, welche die Alten damit verbanden. I. 28. 29.
Exkommunikazion. I. 170.

F.

Falaschan. II. 89. m. s. Juden
Fasten, strenge der Habess. I. 170. II. 133.
Feitan Fawes. I. 160.
Feuergewehr, Furcht der Gallaer vor demselben. I. 82.
Finanzwesen, in Habess. I. 141.
Fischfang. I. 54
Fleisch, rohes, Genuß desselben. I. 162. II. 100. 269. 289. m. s. auch Mahlzeiten blutige.
Fliegen. II. 50.
Flüsse von Habess. II. 17. ff. wie man in Hab. über d. setzt. 176.
Flußpferd. I. 227. II. 44.
Fontan. I. 161.
Freiheit der Weiber in Habess. I. 164.
Fremona, Beschr. I. 177. 187. belagert, 241.
Frohndienste der Bauern im Krieg. I. 203.

G.

Gabar. I. 153.
Gafater. II. 90.
Gallaer, Nachrichten von diesem Volke. I. 81. 151. 205. II. 153.
Galle, wird von den Habessiniern als ein Leckerbissen genossen. I. 179. m. s. Speisen.

Ganscharen. II. 88.
Gastfreiheit der Habessinier. I. 163. 165.
Gebräuche der Habess. sonderb. I. 166. bei dem Essen. 162.
Geburt, leichte, der Habessinierinnen. II. 110.
Geezsprache. II. 97.
Geflügel in Habessinien. I. 160. II. 47.
Geisterglaube. I. 137.
Geister die Schätze hüten. I. 270.
Geld. I. 165. II. 115.
Gerste. II. 33.
Gesandschaft der Portugiesen nach Habessinien. I. 45. der habess. K. Helena nach Portugal. I. 45. zweite Gesandschaft. 46.
Geschenke. I. 124. 127.
Geschenke-Bettelei. I. 121. 126. 127.
Getränk der Habessinier. I. 163.
Glaubensprediger, junge protestantische, aus Enthusiasm. I. 283.
Gold. I. 164. II. 29.
Goldgruben. II. 233.
Goldstückchen, s. Geld. I. 166.
Goldsucherey. I. 270.
Gondar, Hauptstadt von Habessinien. II. 69. Beschreibung derselben. 230.
Gras. II. 34.
Grausamkeit der Gallaer gegen ihre Kinder. I. 81.
Gregorius (Abba) seine Schicksale. I. 291.
Gummi von Zwiebelgewächsen. I. 100.
Guragher. II. 90.

Gurguta-Kuchen. I. 143.

H.

Haber. II. 34.
Habeßinien Name und Lage I. 27. Ursprung des Namens. 30. Kenntniße der Alten von diesem Lande. 32. Südliche Nachbarn von Habeßinien. I. 86. Name und Geschichte. 147. Ehmalige Größe des habeßinischen Reichs. 149 Regierung. 153. Produkte. 154. Klima. 154. Wilde Thiere. 155. 156. Einhörner. 157. zahmes Vieh. 158. 159. Viehzucht. 158. 159. Geflügel. 160. Tauschhandel und Geld. 167. Justizpflege. 166. Religionszustand, 169. Menge der Geistlichen, Kirchen und Klöster. 171. Witterung dieses Landes, Sommer und Winter. 175. 176. 177. Landplagen. 177. 188. Lage, Gränzen, Größe. II. 5. Natürl. Beschaffenheit, Klima Jahrszeiten, Witterung. 10. Boden, Berge, Flüße, Seen. 14. Produkte, Mineralien. 29. Pflanzen. 33. Thiere. 41. Topographie. 51. Einwohner. 83. 144. Staatsverfaßung, Thronfolge, königl. Gewalt, Hofstaat, Zeremoniel. 135. Königl. Einkünfte, Kriegswesen. 141. Habeßiniens Geschichte. 177. ff. Poncet's allgemeine Nachricht von diesem Lande. II. 233. u. ff. Habeßinien und Habeßinier nach Makrizi's Schilderung. II. 267.

Habeßinier. Ursprung. I. 146. Karakter. 148. 155. Kristenthum. 152. Wohnungen und Dörfer. 153. Beamte. 153. Tapferkeit. 155. Speise und Getränke. 162. 163. Kleidung. 163. Puz. 164. Uneingezogenheit der Weiber. 164. Gastfreiheit. 165. Geld. 165. Andere Sitten. 167. Religion. 169. Taufnamen. 173. Ursprung, Gestalt, Karakter. II. 92. Sprachen. 93. Lebensart, Nahrung, Speisen und Getränke, Kleidung und Wohnung. 98. Ehestand, Geburt, Erziehung, Ergözlichkeiten, Krankheiten, Tod und Begräbniß. 109. Künste, Gewerbe, Handel, Reisen, Wissenschaften. 114. Religion, Religionsschriften, Tempel, Priester, Mönche, Gottesdienst, Religionsgebräuche, Kirchenfeste, Zeitrechnung. 120. Beamte, Justizwesen, Strafen. 139. Poncet's allgemeine Bemerkungen über dieselben. II. 232. 237. u. ff.

Handel II. 115 mit einem Minister um die Erkaufung seines Vorworts. I. 132.

Häuser in Habeßinien. I. 153.

Heiquell, abgesonderte Kapelle II. 122.

Heldenthat J. Leans. 201.

Heurath frühe. I. 170.

Heuschrekken. I. 124. 125. 177. II. 49.

Heuschrekkenesser. I. 187.

Heylings (P.) Reise nach Habeßinien. 282. ff.

Hirse, welscher. II. 33.
Hizze, ungeheure in Dankali. I. 136.
Hörner, grosse. I. 159.
Hofmusik von Dankali, Beschenkung derselben, um sie schweigen zu machen. I. 129.
Honig. I. 161.
Honigvogel. I. 160.
Hülsenfrüchte. II. 34.

I.
Jagd. II. 111.
Jahrszeiten in Habeß. I. 175. II. 12.
Jesuiten, zwey, werden in Auffa von dem Könige von Adel ermordet. I. 72. aus Habeß. verbannt. I. 245. den Türken überl. 277. unglükliches Schiksal derer in Habeßinien. 272. u. ff.
Innenhandel von Hab. I. 165.
Jubo, Beschreibung dieses Königreichs. I. 78. ff.
Juden in Habeßinien, Nachricht von denselben. II. 150.
Justizwesen in Habeßinien. I. 166. II. 139.

K.
Kambaja, seichter und gefährlicher Meerbusen. I. 92.
Kameele. II. 42.
Kardinäle, Vögel. I. 160.
Katholiken, ihre Feinde ꝛc. I. 179.
Katholische Missionare, Furcht der Habeß. vor dens. 180.
— — Sorgfalt selbst der Kezzer für sie. I. 187.
Katre oder Palankin. I. 94.
Kattun, Handel damit. I. 165.

Kinderaussezzen der Gallaer. I. 81.
Kirche, Menge in Habeßinien. I. 171. II. 121.
Kirchenmusik. I. 171.
Kleidung der Habeßinier. I. 163.
Klima Habeßiniens. I. 154. II. 10.
König von Habeßinien, sein Ansehen, Hofstaat, u. s. w. II. 136. u. ff.
Kohol. II. 32.
Kokosnüsse, malbovische. I. 79.
Kavillan's Reise nach Habeßinien und Aufenthalt daselbst. I. 44.
Krankheiten. I. 177.
Kraut, giftiges I. 217.
Kriegsmacht von Habeßinien. II. 236.
Kristof v. Gama, dessen Gesch. seine Gebeine werden aufgesucht. I. 189.
Krokodill. I. 227. II. 48.
Kühe. I. 158.
Kunstfleiß der Habeß. II. 117.
Kusso. II. 39.

L.
Lärm in den Kirchen der Hab. I. 171.
Lager der Hab. I. 203.
Landplagen. I. 177.
Lebensart der Habeß. II. 98.
Legenden d. Hab. I. 213.
Leibesfarbe, die Weisse erwekt den Negern Ekel. I. 81.
Litteratur der Kunde von Habeßinien. I. 3. u ff. der Hab. II. 117.
Lobo (Pater Hieronymus) er-

hält Befehl als Glaubensbote nach Indien zu gehen und gehorcht. I. 49. die Schiffe müssen aber nach Lisboa zurückkehren. 51. zweyte Abreise. 52. glückliche Fahrt bis zur Zusammenkunft und dem Seegefechte mit den Feinden. 56. gefahrvolle Ankunft zu Mozambik. 60. Aufenthalt daselbst. 61. Abreise von da 62. Ankunft zu Kochin. 64. Ankunft und Aufenthalt zu Goa. 67. wird bestimmt als Missionnar nach Habessinien zu gehen. 68. Reise nach der Küste von Afrika, und Begebenheiten auf derselben. 73. Rückreise nach Indien und Ankunft zu Diu. 90. Abreise von Diu, Fahrt nach Sokotora. 97. Fahrt durch die Meerenge von Babelmandeb 103. Ankunft zu Baylur. 117. Reise durch Dankali, und Aufenthalt in diesem Königreich. 123. Abreise von Baylur. 123. Ankunft bey dem Hoflager des Königs. 125. langer verdrüßl. Aufenthalt daselbst. 126. Fortsetzung der Reise nach Habessinien. 133 Reise durch das Salzthal. 137. Ankunft in Habessinien. 145. und zu Fremona. 146. Missionsreisen. 178. Reise durch einen Theil von Habessinien, um die Gebeine d. Kristoff's von Gama aufzusuchen. 189. Anfang der Verfolgungen. 208. Reise zu den Milquellen. 218. fernere Reisen und Abentheuer in Habessinien. 234. Trübsale. 239. er macht den Arzt. 249. Flucht aus Habessinien. 252. Ankunft und Gefangennehmung zu Suakem. 258. Rükreise nach Indien. 261. Ankunft zu Goa und Unterredung mit dem Vizekönig daselbst. 265. Rükkehr nach Europa. 258. seine Vorschläge wegen Habessinien. 275. Vertheidigung gegen Bruce's Ausfälle. I. Vorr. S. 10. ff.

Löwen, kühne Verfolgung derselben. I. 155.

— — und andre reissende Thiere. II. 45.

Lubo, Königstitel. I. 81.

Luxus der Hab. I. 164.

M.

Mahamet Gragne, seine Gesch. I. 190. u. f.

Maigoga, Beschr. I. 174.

Makrizi's historische Nachrichten von Hab. II. 263.

Malzeiten, blutige. II. 101.

Manta, ein Beiessen. I. 163.

Marakatten, Nachricht von diesem Volke. I. 80.

Massuah, Beschreibung dieser Insel. I. 113. 255.

Meergötter, so nennen die Gallaer die Portugiesen. I. 84.

Meinungen, relig. der Hab. I. 172.

Mendez (Alfons) Patriarch von Ethiopien, seine Reise nach

Indien und Habessinien. I. 90. u. f.
Menschenfresser. I. 76.
Meth. I. 163. II. 106. 229.
Mildthätigkeit d. Hab. I. 107.
Mineralien von Habessinien. II. 29.
Minutal, ein Senf. II. 100.
Missionswerk. I. 178. u. ff.
Mission, kathol. in Habess. weitere Geschichte nach Lobo. I. 271.
Missionsreisen. I. 178.
Mobilien der Hab. I. 164.
Mönche, habess. I. 212.
— — in Hab. II. 125.
Mohren, ihr übles Betragen gegen Christen. I. 135. Bosheit eines derselben gegen die Jesuiten. 131. er wird dafür von ihren Bedienten geprügelt. 130. bringen Habess. in Noth. 190.
Morok. I. 160.
Mozambik, Beschreibung dieser Insel. I. 61.
Musik der Habessinier. II. 245.

N.

Nachtigallen. I. 160.
Namen d. Hab. I. 173.
Nil, Kenntnisse der Alten von diesem Flusse und seinen Quellen. I. 34. ff. seine Nähe am rothen Meere. 109. Beschreibung dieses Flusses und seines Laufs. 218. ff. — II. 17. u. ff.
Nildienst. I. 222.
Nilpferd. II. 44.
Nilquellen, Versuche zu ihrer Entdeckung. I. 38. u. ff. Lobo's Reise dahin und Beschreibung derselben. 219. ff. II. 18. u. ff. 239.
Nuk. II. 36.

O.

Obstbäume. II. 39.
Ochsen. I. 159. II. 42. kleine ohne Hörner. 247.

P.

Pächter. I. 187.
Pallast, königl. zu Gondar. II. 229.
Pangajen, Küstenschiffe. I. 56.
Paradies-Muse. II. 38.
Pate, Beschreibung dieser Insel. I. 75.
Pferde. I. 158. II. 42.
Pferdgras. II. 33.
Pflanzen von Habess. II. 30.
Pipi. I. 161.
Poncet's, Karl, Reise nach Habessinien. II. 197.
Portugiesen — ihre Entdeckung und Reisen nach Habessinien. I. 43. ihre Ankunft daselbst ist Ursache heftiger Kriege. 46. ihre Thaten daselbst. 47. Thaten in Hab. 191. u. f.
Priester Johannes, Nachrichten von demselben. I. 44.
Produkte Habessiniens. I. 154. von Habess. II. 29. ff.
Proviant d. Hab. I. 302.
Prozesse. I. 166.
Prozession der Ankömmlinge zu Kochin. I. 65.
Puz der Habess. I. 164.

R.

Rak-Holz. II. 41.
Ras. I. 153. Premierminister. II. 137.

Regenzeit. I. 175. II. 234.
Reisen der Hab. II. 116.
— — nach Habessinien in den ältern Zeiten. I. 38. u. f.
— — sehr leicht in Habess. I. 165.
Relatina Fala. I. 153.
Religion der Hab. I. 169.
Religionsschriften der Habess. II. 120.
— — streitigkeiten in Habessinien. Anfang derselben. I. 47.
Residenz des Königs von Dankali. I. 125.
Revoluzion, grosse, in Habess. II. 182.
Rhinozeros. II. 44.
Rindvieh, II. 42.
Rothe Meer, Beschreibung desselben. I. 105. Name desselben. 114.

S.

Saflor. II. 36.
Sage, abergl. I. 200.
Sakalas. I. 153.
Salz. II. 31.
— — statt Geld. I. 165.
Salzthal. I. 137.
Samum oder Samiel. I. 112.
Sauakem, Beschreibung dieser Insel. I. 109. 110. 111.
Schaf, Symbol bey dem Eide der Gallaer. I. 85.
Schafe. II. 42.
Schanambo. I. 100.
Schangallaer, Nachricht von diesem Volke. II. 163.
Schazgräberei. I. 250.
Schelven, Schiffe auf dem rothen Meere. I. 102. 114.
Schiffbruch. I. 59.
Schiffe, in Habessinien. II. 209.

Schiffe, reichbeladene, gehen nach Dschidda. I. 107.
Schlange, die ihr Gift weit verbreitet. I. 237.
Schlangen. II. 48.
— — bändigung. II. 35.
Schriftsteller von und über Habessinien. I. 3. u. ff.
Schumo, Beamter. I. 122. 187.
Seegefecht. I. 57.
Seen in Habess. II. 28.
Seeräuber, indische. I. 265.
— — im rothen Meere. I. 107.
Seewasser, Destillirung desselben, um es trinkbar zu machen. I. 93.
Senf, eine ekelhafte Art. I. 163. II. 228.
Sesam. II. 36.
Silber. II. 31.
Sokotora, Nachricht von dieser Insel. I. 100.
Sommer. I. 176.
Sonnendienst der Gallaer. I. 151.
Sorgosamen. II. 33.
Speisen, Kocherei und Geschirre der Habessinier. I. 162. II. 99. 228.
Spießglas. II. 32.
Sprache, ethiopische und amharische II. 95.
Staatseinkünfte von Habess. II. 141.
Staatsgefängniß der k. Prinzen in Habessinien. II. 135.
Staatsverfassung von Habess. II. 135.
Straßenräuber. I. 254.
Strauß. II. 47.
Stürme. I. 176.
Suff. II. 38.

T.

Tabbo. II. 38.
Tauben. I. 160.
Taufe. I. 173. II. 128.
Tauschhandel. I. 165.
Teff, Getraideart. II. 33. Brod daraus. Ebend.
Teffbrod. II. 99.
Tekla Georgis, empört aus Eifers. I. 208. verfolgt die K. Miss. 214. wütet gegen die K. R. 217. wird geschl. und gehängt. 216.
Teufel, Gl. der Hab. von ihm. I. 213.
Teufelspferd. I. 160.
Thiere in Habess. II. 41.
Tigre, Beschreibung dieser Landschaft. II. 54.
Todesstrafen. I. 206.
Tokussogras. II. 33.
Transsubstanziazion, Glaube der Habessinier von derselben. II. 127.
Trauer der Habess. II. 251.
Trinkgefässe. II. 107.
Tukus, Bezeichnung der Kühe. I. 159.

U.

Ueberschwemmungen des Nils. I. 176. II. 23.
Uk. I. 152.
Ungeziefer. II. 50.
Unwissenheit der Hab. II. 118.
Usoro, Prinzess. I. 209.

V.

Varek. I. 114.
Verehrung der Jungfr. Maria. I. 169.
Verfolg. der Miss. I. 214.
Verfolgungen der Katholiken in Habess. I. 239. 274.
Verproviantierung der Armee. I. 202.
Viehweide in Habess. II. 34.
Viehzucht. I. 158.
Völker, welche in Habessinien wohnen. II. 144.
Vorbedeutung, üble, wenn ein Vogel zur L. singt. I. 253.

W.

Waito. II. 89.
Wasser in Dankali. I. 123. 125.
Wassermangel. I. 139.
Wege, höchst gefährliche, zwischen Dankali und Habessinien. I. 141. 142.
Weiber von den Männern getrennt beim Gottesdienst. I. 171.
Weiberkleidung I. 165.
Wein in Habessinien. I. 163. II. 37. 229.
Weizen. II. 33.
Wildpret in Habessinien. I. 158. II. 46.
Wind, erstickender. I. 112.
Windstille, widrige. I. 50.
Wirbelwinde, Sendo. II. 13.
Wissenschaften der Habessinier. II. 117.
Wölfe, heißhungrige. I. 188.
Wüsteneien in Dankali. I. 123.

Z.

Zebra. II. 45.
— — Preiß von vier Jesuiten. I. 69.
Zechgelage der Habess. I. 163.
Zeila, Beschreibung dieses Königreichs. II. 273. ff.
Zeitrechnung der Hab. II. 134.
Zitteraal. II. 51.
Zügellosigkeit, moral. II. 105.
Zucker. II. 37.

II. Register

der in diesem Werke vorkommenden geographischen Namen.

A.

Abagner. I. 77.
Abasa. II. 22.
Abargale. II. 54.
Abawi. I. 219. II. 18.
Abba Abraham. II. 72.
Abba Garima. I. 213.
Aber. I. 31. II. 54.
Abuob. II. 222.
Abotfna. II. 221.
Abra. II. 217.
Abugafar. II. 257.
Abugana. II. 78.
Abyssinien, m. s. Habessinien.
Abra. II. 80.
Adefalo. I. 272.
Adel. I. 69. 71. 189.
Adelelomra. II. 267.
Adet. II. 55.
Adiaer. I. 87.
Adifota. I. 249.
Adisalem. I. 226.
Adowa. II. 55.
Adua. II. 247.
Adulis. I. 37.
Afä Makuanen. II. 55.
Agaazi. II. 59.
Agamja. II. 55.
Agaus. I. 151. 219. II. 75. 144. 233.
Agazi. I. 27.
Agbabisch. I. 30.
Abscharam. II. 267.
Aiborer. I. 87.
Afomba. II. 77.
Aksum. II. 55.
Albomata. II. 126.

Albanier. I. 110.
Alfon. II. 210.
Amba Sánet. II. 55.
Ambasal. II. 77.
Ambasi. I. —
Ammhara. I. 150. 225. II. 76. 267.
Anbabet. II. 66.
Angot. II. 79.
Angrab. II. 63.
Anzikoer. I. 84.
Arababni. II. 273.
Araber. II. 91.
Arbarer. I. 87.
Arebja. II. 69.
Argos. II. 204.
Arkifo. I. 37. II. 61.
Arkuva (Arkifo). II. 274.
Armon-sem. II. 77.
Arringon. II. 236.
Arwisaer. I. 87.
Asborer. —
Aschguagua. II. 22.
Assa. I. 273.
Asaboras. I. 35.
Aswari. II. 22.
Atbara. II. 53.
Atkána. II. 66.
Atranzá-Marjam. II. 77.
Aufat. II. 273.
Ausser-Ethiopien. I. 29.
Aura. I. 71.
Auxuma. I. 35.
Auxum. I. 35. II. 55.
Auxumiten. I. 35.
Anzo. II. 163.
Azab. II. 56.

Register.

B.

Baab. I. 230.
Baasa. II. 64. 89. 165.
Bab Basa. II. 73.
Babelmandeb. I. 36.
Bábá-Báb. II. 77.
Bátla. II. 58.
Bárara. II. 77.
Bátáta. —
Bagember. I. 150. II. 65.
Baha. II. 217.
Bahar el Abiad. I. 35. II. 22.
— — Assergh. I. 35.
Bahr Dembea oder Tzana. II. 28.
Balbau. II. 231.
Bali. II. 79. 273.
Balus. I. 110.
Barangoa. II. 223.
Bareia. II. 267.
Barko. II. 72. 223.
Baroch, Barontsch. I. 91.
Basaim. — —
Basbach. II. 217.
Baschlo. II. 22.
Baylur. I. 114. 117.
Beda-Gáwál. II. 77.
Begember. I. 225. II. 65.
Belad-Allah. II. 209.
— — al Nubah. I. 34.
Belassen. II. 67.
Bellut. I. 192.
Belowi. II. 61. 91.
Belsen. II. 67.
Beremce. I. 36.
Berghiba. II. 28.
Bero. II. 22.
Bersaum. I. 285.
Bertuma-Gallaer. II. 155.
Besan. I. 108.
Bet-Abba-Garima. II. 56.
Betkuhm. II. 53.
Bihuda. II. 208.
Bischarin. I. 110.
Bizamo. I. 225.
Bizen. II. 126.
Bora. II. 55.
Boren-Gallaer. II. 155.
Brantoy. II. 20. 22.
Bresomaer. II. 87.
Briguiba. II. 74.
Broach. I. 91.
Bugoa. II. 78.
Bulbul. II. 217.
Buro. II. 56.

C.

Caxem. I. 70.
Chabbe. II. 203.
Chau. II. 221.
Chelga. II. 223.
Chiurma. II. 260.
Cio. I. 75.
Columa. II. 163.

D.

Dabr. II. 66.
Dad, Daba. II. 77.
Dader. I. 87.
Dábra Antons. II. 28.
— — Marjam. —
Dága. — —
Dafui. I. 101.
Daga. II. 74.
Dagher. I. 96.
Dalaka. I. 114.
Dalef. I. 110.
Daman. I. 91.
Damo. II. 126.
Damot. I. 150. 217. 225. 231. II. 75.
Damoter. I. 171.
Damout (Damot). II. 267.
Dankali. I. 68. 122. II. 71.

Daraħ. II. 273.
Dabaru. II. 273.
Dawaro. II. 79.
Debarke. II. 217.
Debaroa. I. 239.
Dehelek, Dahalak. II. 256.
Dehhana. II. 69.
Dek. II. 28.
Dekul-Arwa. II. 69.
Deleb. II. 221.
Dema. II. 77.
Dembea. II. 68.
— — See v. II. 28. 239.
Dengla. II. 20.
Derdera. II. 73.
Derkin. II. 53.
Derreira. II. 209.
Dezhin. II. 27.
Diawi. II. 75. 163.
Dingleber. II. 73.
Diu. I. 70.
Dixan. II. 59.
Doba. II. 56.
Dobaar. II. 89.
Dobarwa. II. 59. 248.
Dobmahs. II. 165.
Dofarse. II. 57.
Dongola. II. 204. 207.
Drida. II. 68.
Dschidda. I. 107. II. 257. 258.
Duan. I. 143.
Duvarna. II. 248.

E.

Eden. II. 69.
Edschu-Gallaer. II. 76. 163.
Egála. II. 58.
Elma-Badena. II. 162. Elma-Dulo. — Elma-Guderu, — Elma-Horreta. — Elma-Killelu. — Elma-Koboli. — Elma-Michaeli. —
Emfras. II. 68. 240.
Enarja. II. 81.
Enderta. II. 56.
Engana. II. 82.
Esta. II. 66.
Ethiopien. I. 27. 28.
Ewárza. II. 77.
Exprata. —

F.

Falaschan. II. 62. 149.
Fartach, Fartaki. I. 71. II. 101.
Fatagar, Fatigar. I. 79.
Fazuklo. I. 226.
Feresbahr. II. 77.
Foggora. II. 67. 68.
Fremona. I. 174. II. 55.
Fundschi. II. 91.

G.

Gába. II 69.
Gálila. II. 28.
Ganáta Ghiorghis. II. 77.
Garalta. II. 56.
Gafat. II. 80.
Gafater. I. 51. II. 75. 90.
Gaighe. II. 74.
Gallaer. I. 151. II. 153. 235.
Gahmala. II. 22.
Gamarkausa. I. 225.
Gandova. II. 222.
Gaaeta Jkos. I. 236.
Ganjar. II. 71.
Gann. II. 79.
Ganz. II. 80.
Garbor. I. 92.
Gascheg. II. 74.
Gawasa. II. 80.
Gebda. II. 257.

Gebm. II. 79.
Geesim. II. 219.
Geez. I. 27.
Gemma. II. 20. 22.
Germe. II. 56.
Geschen. II. 16.
— — Fl. II. 22.
Geschá-Bár. II. 78.
Gewürze, Kapder. I. 101.
Ghebran. II. 28.
Ghel. II. 78.
Ghescheh. II. 78.
Gheschen. —
Ghisch. I. 221.
Giannamora. II.
Gibbertis. II. 85.
Giranna. II. 220. 223.
Girge. II. 200.
Goa. I. 66. 67.
Gojam, Gojama. I. 150. 219. II. 74. 233. 239.
Gombo. II. 80.
Gondar. II. 69. 223.
Gonea. II. 81.
Gonga. II. 74.
Gongaer. II. 90.
Gorgora. I. 236. II. 72.
Gosham. II. 74.
Griechen. II. 90.
Grungbe. II. 78.
Guardaful. I. 74. 101.
Guangue. II. 22.
Gubaer. II. 91.
Guberu. II. 80.
Guender. II. 69. m. s. Gonbar.
Guerri. II. 209.
Guesgue. II. 74.
Guix. I. 221.
Gult. II. 22.
Guma. II. 66.

Gundar. I. 92.
Gundur. I. 69.
Guraghe. II. 80.
Guragher.

H.
Habab. II. 59.
Habesch. I. 27. — Küste. II. 54.
Habessinien. m. s. das Sachregister.
Habassa. II. 59.
Habawi. II. 60.
Habea. II. 80.
Hadiah. II. 268. 273.
Hagárá-Christos. II. 78.
Halimun. II. 74.
Hallanga. I. 110.
Halleluja. II. 116.
Hamasa. II. 267.
Hamasen. II. 58.
Hanazo. II. 27.
Hangot. II. 79.
Hassamo. II. 260.
Hawasch. II. 27.
Hazárai. II. 56.
Hazorta. II. 59. 91.
Helaue. II. 201.
Heleni. II. 250.
Hermanas, das, J. I. 101.
Hinter-Ethiopien. I. 29.
Hobusch, Hobschon. I. 30.
Hobeida. I. 106.
Hoe Kakamut. II. 64.

J.
Jabarta. II. 270.
Jaizah. II. 288.
Jambo. I. 107.
Jannamara. II. 79.
Jbaba. II. 75.
Jboali. II. 199.
Jema. II. 22.

Jemma. II. 19. 22.
Jerusalem. I. 285.
Jet. II. 81.
Jfat. II. 79.
Indus. I. 93.
Inner-Ethiopien. I. 29.
Itiopjowian. I. 27.
Jubo. I. 78.
Juden. II. 149.
Judenfels. II. 62.

K.

Kárná-Marjam. II. 78.
Kaffa. II. 81.
Kabha. II. 69.
Kahira. I. 284. II. 199.
Kajafer. I. 87.
Kaitschitaer. —
Kamaran. I. 106.
Kambahat. I. 92.
Kambaja. —
Kambat. II. 80.
Kamin. II. 210.
Kanal, ethiopischer. I. 104.
Kangan. II. 81.
Kantumbaul. II. 257.
Kapdas Anguillas. I. 54.
Karuta. II. 68.
Kaschen. I. 70.
Kelty. II. 20. 21.
Kemmonts. II. 70.
Kesem. II. 22.
Kisarja. II. 78.
Kochin. I. 64.
Koga. II. 246.
Koma. II. 66.
Konnt. II. 81.
Konsita. II. 257.
Kontsch. II. 81.
Korti. II. 208.
Koskam. II. 70.
Kosseir. I. 108.

Kotran. II. 210.
Kuamasluh. I. 57.
Kuara. II. 71.
Kusch. I. 28.
Kuschen. I. 70.

L.

Lai-Kuejta. II. 78.
Lamalman. II. 15. 65.
Lamanan. II. 267.
Lamo. I. 75.
Lasta. II. 67.
Lautora. II. 200.
Liber. I. 106.
Liebfrauenkap. I. 67.
Lingonaus. I. 231.
Lizamo. II. 80.
Loheja. I. 106.
Lootsendort. I. 104.

M.

Machou. II. 204.
Mátaná-Selasse. II. 78.
Máket. II. 66.
Málza. II. 78.
Márata. II. 58.
Máschálámja. II. 66.
Magadoxo. I. 74.
Maigoga. I. 174.
Maitscha. II. 75.
Makana-Selasse. I. 291.
Makara. II. 65.
Makoko. I. 84.
Maldivische Inseln. I. 63.
Male. — —
Maleg. II. 22.
Malta. I. 284.
Manfelut. II. 199.
Manghestá Itiopja. I. 27.
Marada. II. 267.
Marakatten. I. 79.
Maret. II. 27.

Register

Marjan. II. 38.
Maſſuah. I. 69. 255. II. 60. 254.
Matſchi. II. 27.
Matſchibaer. I. 86.
Mazaga. II. 53.
Medeghe Ag-azjan. I. 27.
Melinde. I. 70.
Memberta. II. 56.
Membret. I. 195.
Meroe. I. 34.
Meſſua. II. 254.
Meth. I. 103.
Metzle. II. 28.
Mezratha. II. 28.
Midra-Bahr. II. 58.
Mieula. II. 260.
Mokka. I. 96. 105. 196.
Monbaza. I. 77. 89.
Mondsberge. II. 18.
Moraba. II. 248. 274.
Mozambik. I. 61.
Muga. II. 22.
Mugar. II. 80.

N.

Naber. II. 56.
Náfasmuza. II. 66.
Nara. II. 71.
Narea. II. 81. 233.
Natas Muſa. II. 66.
Nerea. II. 233.
Nieder-Ethiopien. I. 29.
Niger. II. 22.
Nil. II. 17.
Nimiemaner. I. 84.
Ninina. I. 158.

O.

Ober-Bura. II. 56.
Ober-Ethiopien. I. 29.
Ogara. II. 69. 246.
Ogge. II. 79.
Ohobuſch. I. 30.
Olafa. I. 227. II. 76.
Ombarká. I. 226.
Ormuz. I. 51.

P.

Pate. I. 74. 75.
Porka. I. 64.
Ptolemais in der Wildniß. I. 37.

R.

Rab. II. 238.
Rame. I. 66.
Ras el Fihl. II. 64.
Rettungsgötterhaven. I. 37.
Rinia. II. 28.
Roma. II. 22.
Rondelo. I. 108.

S.

Seba. I. 147.
Sabalet. II. 27.
Sáhart. II. 56.
Sálawa. —
Sánafe. —
Sárake. II. 71.
Sárawe. II. 58.
Sakahala. I. 219.
Salaman. I. 122.
Salao. II. 56.
Samba. II. 22.
Samen. II. 62.
Samhar. II. 59. 61.
Sana. I. 106.
Sangara. II. 80.
Sanhou. II. 267.
Sankaho. II. 64.
Saphrat. II. 267.
Saraoe. I. 239.
Saravi. II. 248.
Sauakem. I. 109.
Sauami. I. 122.

Register.

Vorder-Ethiopien. I. 29.

W.

Wågda. II. 78.
Wånz egr. —
Wag. II. 57.
Wagara. II. 65.
Wainagd. II. 67.
Wairot. II. 57.
Waito. II. 89.
Walaka. II. 76.
Walbubba. II. 63.
Walkajit. —
Walsa. II. 78.
Walwab. II. 63. 72.
Waro. II. 78.
Wed. II. 79.
Woggora. II. 65.
Wudo. II. 67.

X.

Xoa. II. 76.

Y.

Yambo. II. 260.

Z.

Zångåren. II. 58.
Zaila. II. 268. 273.
Zanguebar. I. 70.
Zarafratah. II. 267.
Zar-amba. II. 78.
Zawaja. II. 27.
Zebeh. II. 27.
Zeila. I. 68. 71.
Zeng. II. 267.
Zibid. I. 196.
Zohha. II. 22.
Zul. —

III. Register.

aller eigenen Namen von Personen, welche in diesem Werke genannt werden.

Abba, Schach. I. 52.
Abreu, Lopo Gomez de. I. 95.
Achoreus. I. 41.
Acuosa, Gonzalo Rodriguez. I. 50.
Adamas Segued. K. I. 174.
Aelius Gallus. I. 41.
Agatange. I. 274.
Akaláros I. 288. 294.
Akan, Johann. I. 249.
Albuquerque. II. 26.
Alexander, d. Gr. I. 40.
Alexander Nahum. I. 189.
Almeida, P. Apoll. v. I. 272.
Alvarez. I. 45.
Andrad, v. I. 46.
Andreas, K. II. 272.
Anton, Pater. I. 277.
Antonio de Lisboa, I. 44.
Aspha-Christos. I. 273.
Augustus, K. I. 41.

B.
Balmana. I. 283.
Barabas, P. I. 145.
Baratti, Jak. II. 189.
Basilides, K. I. 276.
Bernaudes, Joh. I. 46. 152.
Blumenhagen, Andr. I. 283.
Bobelko, P. I. 278.
Brevedent, P. I. 280. II. 199. 224.
Broms. I. 283.
Bruni, Bruno. I. 273.

C.
Cäsar, Jul. I. 41.
Calaca, P. Damian. I. 277.
Cardeira, Ludw. I. 273.

D.
David. II. K. v. H. II. 270.
David. III. K. v. H. II. 270.
David. III. K. v. H. I. 46. 189.
Dorn, Hier. v. I. 283.

E.
Edesius. I. 42.
Emanuel, K. v. Port. I. 190.
Enriquez, Franz. I. 50.
Ernst, J. I. 283.
Eutyches. I. 149.

F.
Fernandez, Anton. I. 96. 268.
Figueira, Gonsalo. I. 53.
Francisco. I. 272.
Frerez Nunho Pereira. I. 50. 53.
Frumentius. I. 42. 74.
Furt, Scheich. I. 119.

G.
Gama, Christoph de. I. 47. 152. 189. ff.
Gama, Stephan de. I. 107. 190. ff.
Gideon. II. 152.
Gragne, Mahamet, (auch Grain, Grainus) I. 72. 190.
Gregorius, Abba. I. 286. 291.
Guebra-Christos. I. 273.
Guebra Manifez Kedus. I. 213.

H.
Harb Jarsch. II. 288.
Helena, K. I. 45. 191.
Heyling, Peter. I. 274. 282.

J.
Jakob, Pater. I. 215.
Jesus (Jasous) K. v. H. II. 237.
Jnda. I. 148.

Register.

Johannes. III. K. v. P. I. 190.
Jomaleddin. II. 289.
Isaak. I. 247.
Ischak. II. 271.
Judith. I. 148. II. 151.

K.
Kaftamariam. I. 272.
Kambyses. I. 39.
Kandace. I. 148.
Keba Christos. I. 215.
Klaudius, K. I. 48. 152. 189.
Kovillan, P. van. I. 45.
Kyrus. I. 39.

L.
Le Noir, Jak. I. 281.
Lean, Peter. I. 201.
Lobo, Franz. I. 50. 53. 58.
Lobo, Philipp. I. 53.
Lobo, Rodriguez. I. 50.

M.
Machado, Franz. I. 70.
Macheda, K. I. 147.
Mahamet, m. s. Gragne.
Markus, Abuna. I. 274. II. 231.
Marquez, Franz. I. 260.
Mascarenhas, Franz. I. 53.
Matthäus, der Armenier. I. 45.
Mattos, Diego de. I. 260.
Melek Segued, K. I. 48. 68.
Mendez, Alfons. I. 90. 274.
Menelech. I. 148.
Meropius. I. 42.
Michael, Ras. II. 60.
Mura, Anton de. I. 95.
Murad. I. 290.
Murat, Gesandter. II. 253.
Mustanstr. II. 24.

N.
Nagisa-Azeb. I. 147.
Nero, K. I. 41.

Nikaula. I. 147.
Nogueira, Paul. I. 122.
Noronha, Alfons de. I. 49.

O.
Ogane. I. 44.
Oviedo, F. A. I. 146. 174.

P.
Paiva, Alf. de. I. 45.
Pays, Kaspar. I. 214.
Pereira, Bernhard. I. 70.
Pereira, P. Joh. I. 272.
Philipp, v. H. I. 148.
Poncet, Karl. I. 280. II. 197.
Ptolemäus Evergetes. I. 40.
Ptolemäus Philadelphus. —

R.
Ras Sela Christos. I. 226.
Rodriguez, Franz. I. 272.
Roule, du. I. 281.

S.
Salomo. I. 148.
Segued, K. I. 149.
Sesostris. I. 39.
Sethos. —
Socinios, K. I. 48. 68.
Susa-Carvallo, Anton de. I. 95.

T.
Tekla Aimanot. I. 213.
— Emanuel. I. 273.
— Georgis. I. 201.
— Haimanout. I. 281.

V.
Vidigueira, Graf von. I. 52. 201. Warendorg. I. 283.

Z.
Za Denghel. I. 48.
Zaga-Christ. I. 16.
Zaga-Zaab. I. 46.
Zebo Amlak. I. 216.
Zoalda Maria. —

IV. Verzeichniß
der in diesem Werke angeführten Schriftsteller.

A.
Abulfeda. I. 28.
Adanson. I. 178.
Almeyda, Manoel de, I. 6. 24.
Alvarez. I. 10. 11. 12.
Anquetil du Perron. I. 91.
Anville, D'. I. 37.
Aston. I. 26.
Azevedo, Lud. v. I. 13.

B.
Bakui. II. Zugabe.
Baratti, Jak. I. 17.
Barthema, Lud. v. I. 21.
Baumgarten. I. 4.
Bellera, J. I. 10.
Benjamin von Tudela. I. 21.
Bergeran. I. 20.
Bermudes J. I. 13.
Blumenbach, Fr. I. Vorr. X. XI. S. 8.
Bœmus, Joh. I. 26.
Breuning v. Buochenbach. I. 21.
Briemle, Vinc. I. 22.
Brown, Edw. I. 18. II. 100.
Bruce, J. I. 18. 19. (man s. das Sachregister.)
Bruns. II. Nachtr.
Bucquoy, J. de, I. 61.
Büsching. I. 106.

C.
Caleb, W. I. 8.
Campbell. I. 18. II. 101.
Castannoso, Mich. de. I. 13.
Castro, J. de. I. 20.
Charpy. I. 25.
Colazzi, Anton. I. 5.
Corsali. I. 11.
Cosmas Indikopleustes. I. 34.
Coulon. I. 21.
Cuhn, E. W. I. 19.

D.
Dapper, O. I. 5.
Dabity. II. Nachtr.
De la Croix. II. Nachtr.
Diodor, v. Sizil. I. 34.
Dresser, Matth. I. 23.
Dulcebenius, Lud. I. 24.

E.
Edrisi, Scherif. I. 4.
Eichhorn. I. 28.
Elmazin II. 24.

F.
Fourmont. I. 24.
Francisci Erasmus. I. 26.

G.
Gabriel, Joh. I. 9.
Gebauer. I. 21.
Gebbes, Mich. I. 24.
Geographus Ravennas. I. 3
Geraldinus, Alex. I. 12.
Glazemaker. I. 21.
Gmelin, J. F. I. 19.
Godignus, Nic. I. 5.
Goes, Damian a, I. 10. 23
Grammaye. II. Nachtr.
Grose. I. 91.
Guido. I. 31.

H.
Häseus, J. I. 13.
Hartmann. I. 111.
Heller, Joach. I. 11.
Herbelot. I. 30.
Herodot. I. 33.
Homer. I. 32.
Huet. I. 41.

Register.

J.
Jablonski. II. 17.
Jacquin, II. 34.
Ibn al Uardi. II. Zugabe.
Jovius, P. L. 26.
Irwin L. 94.

K.
Kircher, P. Ath. L. 9. 26.
Kosmas. m. f. Cosmas.
Kriegk. L. 24.
Krump, Theodor. L. 24.
Kurzmann. II. Zugabe.

L.
La Croze. L. 13. 25.
Lampe. L. 37.
Le Blanc, Vinc. L. 21.
Le Grand. L. 14. 15.
Lenglet du Fresnoy. I. 3.
Leo Afr. L. 10.
Leon, Ant. de. L. 3.
Lima, Roder. de. L. 10.
Linne. L. 79.
Lobo. L. Vorr. — 6. 7. 13. 14. II. Nachtr.
Lorenz. L. 39.
Lucanus. L. 41.
Luders. L. 24.
Ludolf, Job. L. 3. 7. 8.

M.
Maffejus. L. 25.
Makrizi. L. 301. II. 265.
Marinus Tyrius. L. 33.
Marmol. II. Nachtr.
Massudi. II. Zugabe.
Matthäus, Anton. L. 20.
Megiser. L. 22.
Meiners. L. 36.
Mela, Pompon. L. 33.
Mendez, Alfons. L. 9.
Mesquita, Pedro de. I. 9.
Meusel. l. 4.

Michaelis. L. 16.
Müller, Ph. St. L. 54.
Münster, Sebast. L. 29.

N.
Niebuhr. L. 19. 94. II. 7.
Norden. L. 226.

O.
Oberlin. L. 37.
Oertel. L. 25.
Osarius. L. 26.

P.
Padilla Thomas de. L. 10.
Pays, P. P. L. 9.
Plinius. L. 28.
Poissonnier. L. 94.
Polo, Marko. L. 20.
Poncet, K. L. 17.
Postius. L. 9.
Potkenius, J. L. 23.
Prayart, II. 85.
Ptolomäus. L. 33.
Purchas L. 13.
Pyrard L. 63.

Q.
Querubin, Jer. L. 9.

R.
Ramusio. L. 10.
Rauwolf. L. 20.
Raynal. L. 52.
Rechac. L. 16.
Reichard. L. 17.
Renaudot. II. Zugabe.
Romanus, Hier. L. 25.

S.
Sandoval, Al. de. L. 6.
S. Maria, Joh. a. L. 16.
Santos, Joan dos. l. 25.
Sanuto. II. Nachtr.
Saris. L. 102.
Schweigger. L. 22.
Selves, Mich. de. L. 10.

Seneka L. 42.
Shaw. L. 18.
Sonnerat. L. 63.
Sprengel. L. 64. 157.
Stephanus Byzant. L. 31.
Strabo. L. 33.
Stuck. L. 4.
Surgy, de. L. 17.

T.

Tellez, Balth. L. 6.
Thevenot. L. 14. 22.
Titelmann, Fr. L. 23.
Torne, Alof. L. 91.
Tychsen. II. 8.

U.

Uardi, Ibn al. L. 110.
Urreta, Lud. L. 5.

V.

Varsewiz, Stanisl. L. 9.
Vartomannus, Lud. L. 21.
Veigo, Eman. de. L. 23.
Vierthaler. L. 37.
Volkmann. L. 18.

W.

Wansleben. L. 184
Wild, Joh. L. 22.
Wild, Joh. Ulr. L. 24.

Z.

Zimmermann, E. A. W. L. 19. 85. 156.

Nachschrift.

Hindernisse, die ich nicht zu heben vermochte, und dann die zu schnell herannahende Michaelmesse, welche nicht versäumt werden durfte, sind Ursache, daß ich Manches, was ich noch zu diesem zweiten Bande zu liefern wünschte, auf einen künftigen Dritten versparen muß, welcher unter besonderem Titel die so interessante Reisebeschreibung des Franz Alvarez nach Habessinien, und als Anhang die Erzählung des Joh. Bermudes, neuverdeutscht und mit Anmerkungen erläutert enthalten soll. Dieser dritte Band dann auch apart verkauft, und kein Käufer der beiden ersten ist genöthiget, denselben nachzunehmen, es sei denn, daß er wünschte, diese Sammlung aller interessanten Reisen und Nachrichten von Habessinien vollständig zu haben. Diesem dritten Bande wird dann eine Nachlese von Beiträgen zur Kunde Habessiniens, und eine Anzeige der wichtigsten Drukfehler der beiden ersten Bände beigefügt. Auch die in der Anmerkung Seite 96. d. B. versprochene Tafel des ethiopischen Alphabets wird dann nachgeliefert, und wenn es die Umstände und besonders meine Augen erlauben, so hätte ich auch Lust, nach dem Vorschlag des berühmten Herrn Prof. Bruns in Helmstätt eine neue Karte von Habessinien zu zeichnen und als Zugabe zu diesem Werke stechen zu lassen. Doch — wie wenig hängt von mir ab! Wie wenig vermögen meine Kräfte, unter so mancherlei ungünstigen Umständen!

Stuttgart, im September 1793.

T. F. Ehrmann.

www.ingramcontent.com/pod-product-compliance
Lightning Source LLC
Chambersburg PA
CBHW031852220426
43663CB00006B/598